现代人力资源管理

主 编 肖 艳 方玉辉 王 瑾
副主编 赵 晨 秦 群 孙媛媛

东北林业大学出版社
Northeast Forestry University Press
·哈尔滨·

版权专有　侵权必究
举报电话：0451-82113295

图书在版编目（CIP）数据

现代人力资源管理 / 肖艳，方玉辉，王瑾主编 . —哈尔滨：东北林业大学出版社，2024.4
　　ISBN 978-7-5674-3504-9

Ⅰ . ①现… Ⅱ . ①肖… ②方… ③王… Ⅲ . ①人力资源管理 Ⅳ . ① F243

中国国家版本馆 CIP 数据核字 (2024) 第 072535 号

责任编辑：任兴华
封面设计：北京研杰星空
出版发行：东北林业大学出版社
　　　　　　（哈尔滨市香坊区哈平六道街 6 号　邮编：150040）
印　　装：北京佳益兴彩印有限公司
开　　本：787 mm×1 092 mm　1/16
印　　张：20
字　　数：322 千字
版　　次：2024 年 4 月第 1 版
印　　次：2024 年 4 月第 1 次印刷
书　　号：ISBN 978-7-5674-3504-9
定　　价：80.00 元

如发现印装质量问题，请与出版社联系调换。（电话：0451-82113296　82191620）

前　言

在当今这个快速变化的时代，人力资源管理已经成为企业竞争的核心要素。随着全球化、技术进步和人才市场的不断演变，人力资源管理的重要性日益凸显。本书致力于深入探讨现代人力资源管理的理论和实践，旨在为企业提供全面、实用的指导，以应对日益复杂的挑战。

本书共分为十六章展开论述，具体内容如下：

第一章为人力资源管理的历史与发展，在阐述人力资源管理的起源的基础上，介绍了人力资源管理的演变与发展，分析了现代人力资源管理的新趋势。

第二章为人力资源战略规划，在概述人力资源战略规划的定义与重要性的基础上，介绍了制定人力资源战略规划的步骤，探讨了人力资源战略规划的实施与评估。

第三章为职位分析与设计，介绍了职位分析的目的与方法，探讨了职位说明书的编制与管理，研究了职位设计的原则与实践。

第四章为招聘与选拔，在分析了招聘渠道的选择与管理的要点后，介绍了选拔方法与技巧，探讨了招聘与选拔的评估与改进。

第五章为培训与发展，在概述了培训需求分析与实施的基础上，研究了培训效果评估与反馈，探讨了员工发展规划与设计的策略。

第六章为绩效管理，在阐述了绩效管理的意义与作用的基础上，介绍了绩效考核方法与实施，探讨了绩效反馈与面谈技巧。

第七章为薪酬福利管理，在概述了薪酬体系的设计与管理的基础上，介绍了员工福利的规划与实施，探讨了员工激励与奖励措施。

第八章为员工关系管理，在介绍了员工沟通与冲突处理的基础上，探讨了员工关怀与支持措施，研究了员工满意度调查与改进的方法。

第九章为人力资源信息系统管理，在概述了人力资源信息系统的选择与实施的基础上，介绍了系统维护与更新管理，探讨了系统安全与隐私保护的策略。

第十章为跨文化人力资源管理，在分析了文化差异对人力资源管理的影响的基础上，介绍了跨文化沟通与合作技巧，探讨了国际人力资源管理策略与实践。

第十一章为人力资源风险管理与法律法规遵守，在分析了人力资源风险的识别与评估的基础上，介绍了劳动法律法规的遵守与执行，探讨了法律纠纷的处理与预防措施。

第十二章为人力资源效能评估与改进，在概述了人力资源效能评估的方法与指标的基础上，探讨了问题诊断与改进措施制定，研究了持续改进与卓越管理实践的策略。

第十三章为人力资源数据分析与应用，在概述了人力资源数据分析的重要性与意义的基础上，介绍了人力资源数据分析的常用方法与技术，探讨了数据驱动的人力资源管理策略与实践。

第十四章为员工心理健康关怀管理，在分析了员工心理健康对组织效能的影响的基础上，介绍了员工心理健康问题的识别与评估，探讨了实施员工心理健康关怀的措施与方法。

第十五章为灵活用工与人力资源管理创新，在分析了灵活用工的背景与趋势的基础上，介绍了灵活用工模式下的人力资源管理挑战与机遇，探讨了创新人力资源管理策略以适应灵活用工模式。

第十六章为未来人力资源管理趋势与挑战，在分析了技术变革对人力资源管理的影响的基础上，介绍了组织变革对人力资源管理的挑战与机遇分析，探讨了未来人力资源管理的新趋势与展望。

本书由曲阜市公共就业和人才服务中心的肖艳、山东省核事故应急管理中心的方玉辉、莱西市体育中心的王瑾主编，以及山东省乐陵市人民医院的赵晨、毕郭镇经济管理服务中心的秦群、烟台高新区招商局的孙媛媛副主编共同完成。具体编写分工如下：主编肖艳负责第二、第三、第四、第六章及辅文内容的编写，约10万字；主编方玉辉负责第一、第七、第八、第十四章内容的编写，约8万字；主编王瑾负责第九、第十、第十二章内容的编写，约6万字。副主编赵晨负责第五、第

十一、第十三章内容的编写,约5.1万字;副主编秦群负责第十五、第十六章内容的编写,约3.1万字。副主编孙媛媛参与了统稿校对工作。

  由于时间仓促,加之作者水平有限,书中难免存在不足之处,恳请读者提出宝贵意见。

编　者

2024年3月

目 录

第一章 人力资源管理的历史与发展 ·················· 1
    第一节 人力资源管理的起源 ·················· 1
    第二节 人力资源管理的演变与发展 ·················· 4
    第三节 现代人力资源管理的新趋势 ·················· 12

第二章 人力资源战略规划 ·················· 19
    第一节 人力资源战略规划的定义与重要性 ·················· 19
    第二节 制定人力资源战略规划的步骤 ·················· 25
    第三节 人力资源战略规划的实施与评估 ·················· 33

第三章 职位分析与设计 ·················· 44
    第一节 职位分析的目的与方法 ·················· 44
    第二节 职位说明书的编制与管理 ·················· 49
    第三节 职位设计的原则与实践 ·················· 57

第四章 招聘与选拔 ·················· 64
    第一节 招聘渠道的选择与管理 ·················· 64
    第二节 选拔方法与技巧 ·················· 71
    第三节 招聘与选拔的评估与改进 ·················· 78

第五章 培训与发展 ·················· 82
    第一节 培训需求分析与实施 ·················· 82

第二节　培训效果评估与反馈 ································ 85
　　第三节　员工发展规划与设计 ···································· 95

第六章　绩效管理 ·· 99
　　第一节　绩效管理的意义与作用 ································ 99
　　第二节　绩效考核方法与实施 ···································· 104
　　第三节　绩效反馈与面谈技巧 ···································· 115

第七章　薪酬福利管理 ·· 124
　　第一节　薪酬体系的设计与管理 ································ 124
　　第二节　员工福利的规划与实施 ································ 132
　　第三节　员工激励与奖励措施 ···································· 136

第八章　员工关系管理 ·· 145
　　第一节　员工沟通与冲突处理 ···································· 145
　　第二节　员工关怀与支持措施 ···································· 154
　　第三节　员工满意度调查与改进 ································ 157

第九章　人力资源信息系统管理 ································ 166
　　第一节　人力资源信息系统的选择与实施 ················ 166
　　第二节　系统维护与更新管理 ···································· 168
　　第三节　系统安全与隐私保护 ···································· 176

第十章　跨文化人力资源管理 ···································· 185
　　第一节　文化差异对人力资源管理的影响 ················ 185
　　第二节　跨文化沟通与合作技巧 ································ 191
　　第三节　国际人力资源管理策略与实践 ···················· 200

第十一章　人力资源风险管理与法律法规遵守 203

  第一节　人力资源风险的识别与评估　203

  第二节　劳动法律法规的遵守与执行　205

  第三节　法律纠纷的处理与预防措施　210

第十二章　人力资源效能评估与改进 220

  第一节　人力资源效能评估的方法与指标　220

  第二节　问题诊断与改进措施制定　222

  第三节　持续改进与卓越管理实践　233

第十三章　人力资源数据分析与应用 242

  第一节　人力资源数据分析的重要性与意义　242

  第二节　人力资源数据分析的常用方法与技术　244

  第三节　数据驱动的人力资源管理策略与实践　248

  第四节　数据安全与隐私保护在人力资源数据分析中的应用　255

第十四章　员工心理健康与关怀管理 258

  第一节　员工心理健康对组织效能的影响　258

  第二节　员工心理健康问题的识别与评估　260

  第三节　实施员工心理健康关怀的措施与方法　263

  第四节　构建积极健康的工作环境与文化　270

第十五章　灵活用工与人力资源管理创新 277

  第一节　灵活用工的背景与趋势分析　277

  第二节　灵活用工模式下的人力资源管理挑战与机遇　279

  第三节　创新人力资源管理策略以适应灵活用工模式　283

  第四节　实现灵活用工与人力资源管理创新的协同发展　286

第十六章　未来人力资源管理趋势与挑战 ……………………… 292

　　第一节　技术变革对人力资源管理的影响与应对策略 …………… 292

　　第二节　组织变革对人力资源管理的挑战与机遇分析 …………… 295

　　第三节　未来人力资源管理的新趋势与展望 ……………………… 301

参考文献 …………………………………………………………………… 308

第一章 人力资源管理的历史与发展

第一节 人力资源管理的起源

一、劳动分工的出现：人力资源管理的前身

在人类社会的早期，每个人都必须参与各种不同的活动以维持生计。但随着社会生产力的提升，人们发现如果将工作细分，让每个人专门从事某项工作，可以大大提高工作效率。这种劳动分工的现象不仅使得生产过程更为专业和高效，而且也催生了专门负责协调和管理这些不同工种的"人"。这些人的角色逐渐从单纯的任务分配和监督，扩展到对人员的招聘、培训、薪酬和福利等全方位的管理。这种对专门从事人力资源管理的需求，便是人力资源管理的前身。

（一）劳动分工的背景与原因

劳动分工的出现是社会生产力发展的必然结果。随着生产工具的改进和生产规模的扩大，原先由个人或小团体完成的工作，变得不再可行或效率低下。为了适应这种变化，人们开始尝试将工作分解，让不同的人专门从事某项工作，从而提高整体的生产效率。例如，在农业社会，原先的农民需要自己种植、收割、打谷、储藏等，但随着社会的发展，这些工作被分解为不同的环节，由专业的农夫、收割者、谷物商等来完成，大大提高了整个社会的粮食生产效率。

（二）劳动分工对人力资源管理的影响

劳动分工的出现使得人们意识到对人力资源进行专门管理的重要性。因为随着工作分工的细化，人员的招聘、培训、考核和激励等工作变得越来越复杂。需要有人专门负责协调和管理这些人员，以确保整个工作流程的顺畅进行。这种专门的管理人员逐渐形成了我们现在所说的"人力资源管理"的雏形。

（三）劳动分工在当今社会中的应用

尽管劳动分工的现象在早期社会就已经出现，但直到今天，它仍然在许多行业中发挥着重要的作用。尤其是在制造业和一些服务业中，劳动分工被广泛应用。通过将工作细分为不同的环节或岗位，组织能够更加高效地完成工作，同时也能够提高员工的工作效率和技能水平。而这种专业化的分工也需要人力资源管理的配合，以确保人员的招聘、培训和管理都能够得到有效进行。

（四）劳动分工的未来发展趋势

随着科技的不断进步和社会的发展，劳动分工的现象可能会发生一些变化。例如，随着自动化和人工智能技术的不断发展，一些重复性的工作可能会被机器所取代，而对员工的创新能力和人际交往能力的要求则会越来越高。这也意味着未来的人力资源管理将更加注重员工的个人发展和激励，而不仅仅是作为生产工具的一部分。

二、人事管理的起源：从工业革命到20世纪初

工业革命后，随着工厂制度的兴起和大规模生产的出现，人员管理变得尤为重要。为了提高生产效率和产品质量，企业开始设立专门的人事部门来负责员工的招聘、培训、薪酬和福利等工作。人事管理在这个阶段主要关注的是如何通过科学的管理方法提高员工的生产效率和工作质量。

（一）人事管理出现的背景与原因

工业革命的到来使得工厂制度成为主流，大规模的生产线需要大量的工人来维持运转。为了确保生产的高效进行，企业开始意识到对人员进行有效管理的重要性。于是，人事管理作为一门学科和职能开始逐渐兴起。它旨在通过科学的方法来管理和激励员工，以提高生产效率和工作质量。

（二）人事管理的主要内容和方法

人事管理主要关注员工的招聘和选拔、培训和发展、薪酬和福利、绩效评估等方面的内容。为了实现这些目标，人事部门采用了许多科学的方法和技术。例如，通过制定详细的工作规范和操作流程来确保员工能够按照标准完成工作；通过员工培训和发展计划来提高员工的技能和素质；通过绩效评估和激励机制来激发员

工的工作积极性和创造力等。

（三）人事管理在当今社会中的应用

尽管人事管理起源于工业革命时期，但它的理念和方法至今仍然在许多组织中得到广泛应用。人事管理不仅关注员工的生产效率和生产质量的提高，还关注员工的个人发展和福利。通过制定科学的人力资源政策和措施，组织能够吸引和留住优秀的员工，提高员工的工作满意度和忠诚度，从而为组织的长期发展奠定基础。

（四）人事管理的未来发展趋势

随着社会和经济的发展，人事管理也面临着一些新的挑战和机遇。例如，随着人口结构和就业观念的变化，组织需要更加灵活和多样化的人力资源政策来吸引和留住员工。同时，随着技术的不断进步，数字化和智能化的人力资源管理也逐渐成为趋势。这些变化需要人事管理不断更新理念和方法，以适应新的市场需求和变化。

三、科学管理与人本管理的融合：人力资源管理概念的萌芽

20世纪初，一些学者和企业家开始意识到单纯依靠科学管理无法满足员工的情感需求和自我实现的需要。于是，他们提出了"人本管理"的理念，强调尊重员工的个性、关注员工的发展和福利，以及建立良好的企业文化等。这种将科学管理与人本管理相结合的管理方式，为人力资源管理概念的萌芽奠定了基础。

（一）科学管理与人本管理融合的背景与原因

随着社会和经济的发展，人们开始意识到单纯依靠科学管理无法满足员工的情感需求和自我实现的需要。员工不仅仅是为了获得经济报酬而工作，他们还需要得到尊重、关注和发展机会等。同时，随着消费者需求的多样化和市场竞争的加剧，企业也需要更加灵活和多样化的产品和服务来满足市场需求。这些变化促使企业开始注重员工的个人发展和创造力，以及建立良好的企业文化等。

（二）人本管理的核心理念与实践方法

人本管理的核心理念是尊重员工的个性、关注员工的发展和福利以及建立良好的企业文化等。为了实现这些目标，企业采用了许多实践方法。例如，通过制

定个性化的人力资源政策和措施来满足员工的多样化和个性化需求;通过建立良好的企业文化来提高员工的归属感和忠诚度;通过提供培训和发展机会来激发员工的创造力和创新能力等。

(三) 人本管理在当今社会中的应用

人本管理的理念和方法至今仍然在许多组织中得到广泛应用。越来越多的企业开始注重员工的情感需求和自我实现的需要,通过制定个性化的人力资源政策和措施来提高员工的工作满意度和忠诚度。同时,随着消费者需求的多样化和市场竞争的加剧,企业也需要更加注重员工的创造力和创新能力,以提高组织的竞争力和市场份额。

(四) 人本管理的未来发展趋势

除了前述发展趋势外,随着可持续发展理念的普及,企业也开始注重员工的健康和安全,以及企业的社会责任和环保责任等。这些新的因素也将成为人本管理未来发展的重要方向。

总之,人力资源管理起源于劳动分工、人事管理和科学管理与人本管理的融合等多个方面。随着社会和经济的发展,人力资源管理也面临着许多新的挑战和机遇。为了适应新的市场需求和变化,人力资源管理需要不断更新理念和方法,注重员工的情感需求和自我实现的需要,以及制定个性化的人力资源政策和措施。同时,企业也需要注重员工的创造力和创新能力,以及企业的社会责任和环保责任等。只有这样,企业才能不断提高组织的竞争力和市场份额,实现长期可持续的发展。

第二节 人力资源管理的演变与发展

一、人事管理阶段:以"事"为中心的管理

(一) 事务性工作的主导

在人事管理阶段,人力资源部门的日常工作内容繁杂,主要是处理员工的入职、离职、考勤、工资发放等琐碎的事务性工作。这一阶段,人力资源部门的运作

以事务性工作为主导,员工的管理也主要是基于一系列标准化流程和规范。这种以"事"为中心的管理方式,缺乏对员工个体差异的关注,员工的个性化需求往往被忽视。

随着社会的发展和市场竞争的加剧,人力资源管理部门逐渐认识到员工是组织最宝贵的资源,单纯的事务性管理方式已无法满足组织发展的需求。此时,人力资源管理开始逐渐向现代人力资源管理过渡。

(二)规章制度的执行

在人事管理阶段,规章制度是维持组织稳定性和效率的关键。企业通过制定详细的规章制度来约束员工的行为,确保组织的正常运转。这些规章制度通常涉及员工的招聘、培训、薪酬、福利等方面,并要求员工严格遵守。

然而,这种强调规章制度执行的管理方式也存在一些问题。过于僵化的规章制度可能导致组织缺乏灵活性,难以适应快速变化的市场环境。同时,过于强调规章制度的执行也可能抑制员工的创造力和积极性,不利于组织的长期发展。

(三)以组织需求为导向

在人事管理阶段,人力资源管理的主要目标是满足组织的需求。这意味着人力资源部门需要确保有足够的人员填补组织的岗位空缺,并提升员工的技能以满足组织的发展需要。这种管理方式以组织需求为导向,但往往忽略了员工的个人需求和职业发展。

以组织需求为导向的管理方式可能导致员工满意度下降和人才流失。如果员工感到自己的需求被忽视,他们可能会选择离开组织,这将对组织的长期发展产生负面影响。因此,人力资源管理需要更多地关注员工的个人需求和职业发展,以激发员工的积极性和创造力。

(四)缺乏对员工发展的关注

在人事管理阶段,员工的职业发展往往被忽视。组织很少为员工提供系统的职业规划和发展的机会,员工的晋升通常基于资历和绩效,而非能力和潜力。这种管理方式限制了员工的成长空间,影响了员工的积极性和创造力,进而影响了组织的长期发展。

随着人力资源管理理念的不断演变,越来越多的组织开始意识到员工发展对组织的重要性。为了激发员工的潜力，提高员工的综合素质和专业技能，组织需要为员工提供更多的培训和发展机会。通过系统的职业规划和培训，员工可以更好地实现自我价值，提高工作满意度和忠诚度，为组织的长期发展做出更大的贡献。同时，组织也需要建立完善的员工晋升机制，让员工看到自己在组织中的未来，从而更加积极地投入工作。

二、人力资源管理阶段：以"人"为中心的管理

（一）强调员工的重要性

在人力资源管理阶段，员工被视为组织最重要的资源。这种管理方式不仅注重员工的工作表现，更关注员工的需求、动机和发展。组织通过提供良好的工作环境和福利待遇，以及关注员工的职业发展和个人成长，来吸引和留住人才。这种管理方式体现了对员工价值的认可和尊重，将员工视为组织发展的核心动力。

在现代社会中，知识、技能和创新能力成为组织竞争的关键因素。而员工是这些关键因素的载体和创造者。因此，强调员工的重要性不仅是对员工的尊重，也是组织发展的需要。只有当组织真正重视员工，关注员工的需求和发展，才能激发员工的创造力和创新精神，推动组织的持续发展。

（二）关注员工个体差异

每个人都是独一无二的，具有不同的背景、经历、价值观和能力。在人力资源管理阶段，组织开始关注员工的个体差异，并尊重员工的多样性。这意味着组织需要了解每个员工的特点和需求，为他们提供个性化的管理和发展支持。

关注员工个体差异要求组织在制定人力资源策略时，采取灵活多变的方法。例如，在招聘过程中，组织需要制定包容性的招聘政策，吸引不同背景和能力的候选人。在培训和发展方面，组织需要为员工提供定制化的培训计划和职业发展路径，帮助他们充分发挥潜力并实现个人目标。

此外，关注员工个体差异还要求组织尊重员工的个性和独特性。组织需要营造一个开放、包容和多元化的工作环境，鼓励员工展现自己的才华和创意。通过关注员工的个体差异和多样性，组织可以激发员工的创造力和创新精神，推动组织的创新和发展。

（三）以员工发展为导向

在人力资源管理阶段，员工的职业发展不再是一个被动的过程，而是组织积极关注和推动的重要目标。这意味着组织将员工的职业发展视为自身发展的重要组成部分，通过为员工提供职业规划和发展的机会，鼓励员工不断提升自己的能力和技能。这种管理方式有助于激发员工的潜力，促进组织的持续发展。

以员工发展为导向要求组织为员工制定明确的职业规划和发展目标。这需要组织与员工共同制定个性化的职业发展计划，明确每个阶段的职业目标和发展路径。同时，组织还需要为员工提供丰富的培训和学习资源，帮助他们不断提升自己的能力和技能。这些培训和学习资源可以包括内部培训课程、在线学习平台、外部研讨会和认证考试等。通过这些培训和学习机会，员工可以不断更新自己的知识和技能，提高自己在工作中的竞争力和适应能力。

除了提供培训和学习资源外，以员工发展为导向的组织还需要关注员工的工作表现和绩效评估。这可以帮助组织了解员工的实际能力和潜力，并为员工提供有针对性的反馈和指导。同时，绩效评估结果也可以作为员工晋升和奖励的依据，激励员工不断提升自己的工作表现。

（四）强调团队合作与沟通

在人力资源管理阶段，团队合作与沟通被视为提升组织绩效和凝聚力的关键要素。这意味着组织需要建立良好的沟通机制和团队合作精神，以促进员工之间的合作与协调。这种管理方式有助于激发员工的创造力和创新精神，推动组织的创新发展。

强调团队合作与沟通要求组织建立良好的沟通氛围和机制。这包括定期的团队会议、部门间沟通、上下级沟通等。通过这些沟通活动，员工可以及时了解组织的目标、政策和重要信息，同时也可以分享自己的想法和意见。这种开放、透明的沟通方式有助于增进员工之间的相互理解和信任，促进团队合作的顺利进行。

同时，强调团队合作与沟通还要求组织培养员工的团队精神和合作意识。这可以通过团队建设活动、协作项目等方式来实现。通过这些活动和项目，员工可以学会如何与他人合作、分享资源和信息以及解决团队中出现的问题和挑战。这种团队合作精神的培养有助于提高团队的凝聚力和整体绩效。

三、战略人力资源管理阶段：企业战略与人力资源的紧密结合

（一）与企业战略紧密结合

随着市场竞争的加剧和企业对于竞争优势追求的迫切，人力资源管理逐渐进入了战略人力资源管理阶段。这一阶段的核心思想是实现人力资源管理与企业战略的紧密结合。人力资源部门不再仅仅处理日常的事务性工作，而是需要更加深入地参与到企业的战略规划和决策中。

人力资源管理部门需要对企业的发展目标、市场定位、竞争优势等有清晰的认识，并以此为基础制定相应的人力资源策略。例如，对于一个追求创新的企业，人力资源部门可能需要制定更加注重员工创造力和创新能力的招聘、培训和激励策略。而对于一个以成本领先为目标的企业，人力资源部门则需要制定更加注重成本控制和流程效率的策略。

这种管理方式有助于确保人力资源管理与企业战略的一致性，使人力资源成为企业竞争优势的重要来源。通过合理的人力资源配置和战略性的管理，企业能够提高自身的竞争力，实现可持续发展。

（二）强调人力资源的战略价值

在战略人力资源管理阶段，人力资源被视为企业的战略资源之一，具有不可替代的价值。组织开始意识到人力资源的潜在能力，并努力通过科学的管理和开发来释放这种能力。人力资源管理部门不仅负责员工的招聘、培训和福利等事务，还积极参与企业的战略规划和业务发展，为企业的发展提供有力支持。

为了更好地发挥人力资源的战略价值，组织需要制定科学的人力资源规划和管理策略。这些策略包括员工的招聘与选拔、培训与开发、绩效管理、薪酬福利等方面的策略。通过这些策略的实施，企业能够有效地开发和利用人力资源，提高企业的绩效和市场竞争力。

这种管理方式不仅提升了人力资源在企业中的地位和作用，还促使组织更加注重员工的个人发展和职业规划。员工不再是被动的执行者，而是成为企业发展的重要推动力量。通过激发员工的潜力和创造力，企业能够实现更大的商业目标。

（三）注重人才培养与激励

在战略人力资源管理阶段，组织对于人才的培养和激励给予高度的重视。随着知识经济的兴起和人才竞争的加剧，优秀的人才成为企业最宝贵的资源。为了吸引和留住这些人才，组织需要制定完善的人才培养计划和激励机制。

人才培养计划不仅包括员工的技能培训和专业发展，还包括领导力培养和团队建设等方面。组织通过提供学习和成长的平台，帮助员工不断提升自己的能力和价值。激励机制则包括薪酬福利、奖金激励、股票期权等多种方式，旨在激发员工的创造力和工作热情。通过合理的激励机制，组织能够更好地调动员工的积极性和主动性，推动企业的发展和创新。

这种管理方式有助于提高员工的综合素质和企业的创新能力。员工在得到充分的培训和发展机会后，能够为企业带来更多的价值和创新成果。同时，合理的激励机制也有助于降低员工流失率，保持企业的人才竞争力。

（四）强调变革与创新管理

在当今快速变化的市场环境中，变革和创新已成为企业生存和发展的关键。战略人力资源管理阶段强调变革和创新管理的重要性，鼓励组织不断适应市场的变化和技术的创新，以保持领先地位。

人力资源管理部门需要积极应对市场变化和技术创新，不断调整和优化人力资源策略。这包括招聘具有创新精神和适应能力的员工、培养员工的变革意识、建立鼓励创新的激励机制等方面。通过这些措施的实施，组织能够激发员工的创造力和创新精神，推动企业的变革和发展。

这种管理方式有助于提高企业的适应能力和创新能力，使企业在激烈的市场竞争中保持领先地位。同时，变革和创新也有助于企业抓住市场机遇，实现更大的商业价值。

四、全球人力资源管理阶段：跨文化管理与国际视野

（一）跨文化管理的挑战与机遇

随着全球化的不断加深，企业逐渐走出国门，在全球范围内寻求发展机会，这使得人力资源管理面临着一个新的阶段——全球人力资源管理阶段。在这一阶段，

跨文化管理成为企业必须面对和解决的重大问题。不同国家和地区的员工拥有不同的文化背景、价值观念和工作方式,这使得传统的人力资源管理方法难以应对。然而,跨文化管理也为企业带来了机遇,通过有效整合和利用多元文化资源,企业可以提升创新能力和市场竞争力。

在全球人力资源管理阶段,企业需要关注文化差异对人力资源管理的影响。文化差异会导致沟通障碍、合作困难和冲突等问题,从而影响员工的工作表现和企业的运营效率。为了应对这些挑战,企业需要制定相应的管理策略。首先,企业需要加强跨文化培训,提高员工的跨文化意识和交流能力。其次,企业需要建立多元化的组织结构和管理方式,尊重并包容不同文化背景的员工。最后,企业需要建立有效的沟通机制和冲突解决机制,促进不同文化背景员工之间的合作与协调。

(二)国际视野下的人力资源策略

在全球人力资源管理阶段,企业需要具备国际视野来制定人力资源策略。国际视野意味着企业需要关注全球范围内的人力资源市场动态和趋势,了解不同国家和地区的法律法规、文化习俗和劳动力市场状况等因素对企业人力资源管理的影响和要求。

首先,企业需要了解目标国家和地区的法律法规对人力资源管理的规定。这包括劳动法、社会保障法、移民法等方面的内容。企业需要确保自身的人力资源管理策略符合当地的法律法规要求,避免因违反规定而面临法律风险和经济损失。

其次,企业需要了解目标国家和地区的文化习俗对人力资源管理的影响。文化习俗会影响员工的价值观念、工作方式和沟通方式等方面。企业需要尊重并适应目标国家的文化习俗,避免因文化差异导致的管理冲突和员工不满。同时,企业也可以利用多元文化资源来提升自身的创新能力和市场竞争力。

最后,企业需要了解目标国家和地区的劳动力市场状况对人力资源管理的要求。这包括劳动力市场的供求关系、薪资水平、教育水平、技能需求等方面的内容。企业需要根据目标国家的劳动力市场状况来制定相应的人力资源策略,如招聘策略、培训策略、薪资策略等。同时,企业还需要关注国际人才市场的动态和趋势,积极吸引和培养具备国际视野和跨文化交流能力的人才来推动企业的国际化发展。

（三）跨文化领导力与团队建设

在全球人力资源管理阶段，跨文化领导力与团队建设对于企业的成功至关重要。领导者需要具备跨文化领导力，能够理解和尊重不同文化背景的员工，并激发他们的积极性和创造力。同时，企业还需要重视团队建设，打造具有多元文化背景的协作团队。

跨文化领导力要求领导者具备开放的心态和全球化的视野。他们需要了解不同文化背景下的员工需求和工作方式，并灵活调整自己的领导风格来适应多元文化环境。领导者还需要通过有效的沟通和激励手段来激发员工的积极性和创造力，促进团队的合作与协调。

团队建设在全球人力资源管理中同样具有重要意义。企业应该积极打造具有多元文化背景的协作团队，利用不同文化背景员工的优势来提升企业的创新能力和市场竞争力。在团队建设中，企业需要注重团队成员之间的沟通和协作能力培养，建立良好的团队氛围和合作机制。同时，企业还需要关注团队成员的职业发展和个人成长需求，为他们提供必要的培训和发展机会。

（四）全球化背景下的人力资源信息系统建设

在全球人力资源管理阶段，人力资源信息系统建设对于提高企业的管理效率和决策水平具有重要作用。全球化背景下的人力资源信息系统需要具备跨地域、跨文化和跨语言的特点，能够支持企业在全球范围内的人力资源管理需求。

首先，人力资源信息系统需要支持多语言功能，以便不同国家和地区的员工能够使用自己熟悉的语言操作系统和进行交流。这有助于降低沟通障碍，提高工作效率和员工满意度。其次，人力资源信息系统需要支持跨地域的数据存储和处理功能，以便企业能够实时掌握全球范围内的人力资源数据，并进行有效的分析和决策。再次，人力资源信息系统还需要支持跨文化的管理功能，以便企业能够根据不同文化背景的员工需求制定相应的人力资源管理策略。在全球化背景下，建设有效的人力资源信息系统对企业实现高效的人力资源管理和决策具有重要意义。企业应该根据自身的发展需求和全球化战略选择合适的人力资源信息系统，并进行定制化的开发，以满足自身在全球范围内的人力资源管理需求。最后，企业还需要注重系统的维护和更新,以保持系统的稳定性和先进性,并适应不断变化的市场环境和业务需求。

第三节　现代人力资源管理的新趋势

随着社会和经济的发展,人力资源管理也在不断演变和进步。近年来,出现了一些新的趋势,这些趋势正在改变人力资源管理的实践和理念。以下是现代人力资源管理的三个新趋势。

一、数据化人力资源管理:大数据技术的应用

随着大数据技术的快速发展和应用,人力资源管理正逐渐向数据化转型。大数据技术的应用,使得人力资源管理者能够更好地收集、分析和利用数据,从而做出更科学、更准确的决策。

(一)数据驱动的决策

随着大数据技术的不断发展,人力资源管理正逐步向数据驱动的决策方式转变。大数据技术的应用为人力资源管理者提供了大量的数据支持,包括员工绩效、人才流动率、招聘渠道效果等,使得管理者能够更加客观、科学地做出决策。

在传统的人力资源管理中,决策往往基于经验和直觉,这种方式虽然有一定的效果,但也可能存在主观性和片面性的问题。而数据驱动的决策方式则能够通过数据分析,揭示出隐藏在大量数据中的规律和趋势,为决策提供更加准确和有效的依据。

通过数据分析和挖掘,人力资源管理者可以更加清晰地了解员工的绩效表现和潜在能力,制定更加有针对性的培训计划和职业发展规划。同时,通过对人才流动率和招聘渠道效果的数据分析,组织可以更加精准地定位人才需求和招聘策略,提高招聘效果和人才引进的质量。

数据驱动的决策方式不仅可以提高人力资源管理的效果和准确性,还可以增强组织的竞争力和可持续发展能力。因此,对于现代组织而言,掌握大数据技术

并将其应用于人力资源管理中已经成为一种必然趋势。

（二）个性化人力资源管理

在当今人才竞争激烈的市场环境下，员工的个性化需求和特点对于组织的吸引力至关重要。个性化人力资源管理是组织为了更好地满足员工的多样化和个性化需求而采取的一种管理方式。通过大数据分析，组织可以对员工的个性、需求和行为特点进行深入了解，制定出更加符合员工需求的招聘、培训、绩效评估和福利计划。

个性化招聘是组织吸引优秀人才的关键。通过大数据分析，组织可以更加精准地定位符合职位要求的候选人，并通过个性化的招聘广告和信息传递方式吸引他们的注意。在培训和发展方面，组织可以通过分析员工的技能和能力差距，提供更加有针对性的培训和发展机会，帮助员工提升自身能力和职业发展。

绩效评估方面，组织可以制定更加公正和客观的评估标准，并根据员工的个人特点和绩效表现进行差异化评估。福利计划方面，组织可以根据员工的需求和偏好提供个性化的福利组合，提高员工的工作满意度和忠诚度。

个性化人力资源管理有助于组织更好地满足员工的多样化和个性化需求，提高员工的工作满意度和忠诚度。同时，这种管理方式也有助于组织在人才市场中获得竞争优势，吸引和留住优秀的人才。

（三）人力资源数据分析

数据分析在人力资源管理中发挥着越来越重要的作用。通过收集和分析各种人力资源数据，组织可以更好地了解人力资源管理的现状和问题，预测未来的人力资源需求和趋势，从而制定更加合理和有效的人力资源计划。

人力资源数据分析可以帮助组织揭示出隐藏在大量数据中的规律和趋势。例如，通过分析员工绩效数据，组织可以找出影响员工绩效的关键因素和改进方向；通过分析人才流动率数据，组织可以了解员工离职的原因和人才市场的变化趋势；通过分析招聘渠道效果数据，组织可以评估不同招聘渠道的效果和优化招聘策略。

此外，人力资源数据分析还可以帮助组织制定更加合理的人力资源预算和规划。通过分析历史数据和市场数据，组织可以预测未来的人力资源需求和成本，制定更加精确的预算和规划。同时，数据分析还可以帮助组织优化人力资源配置和提高人力资源的效率。

人力资源数据分析是提高组织竞争力和可持续发展能力的重要手段。通过数据分析,组织可以更好地了解自身的优势和不足之处,制定更加合理的人力资源政策和措施,推动组织的长期发展。

二、人才管理一体化:从招聘到离职的全过程管理

随着人才竞争的加剧,组织需要更加全面和系统的人才管理方式。人才管理一体化就是一种从招聘到离职的全程管理方式,旨在提高人才管理的效率和效果。

(一)招聘流程优化:精准匹配,高效吸纳

1. 招聘流程优化的重要性

在人力资源管理中,招聘是组织获取优秀人才的关键环节。一个科学、有效的招聘流程不仅能够帮助组织吸引到最适合的人才,还能够提高招聘的效率和准确性,降低招聘成本。因此,优化招聘流程对于组织来说具有重要意义。

2. 职位分析与需求明确

职位分析是招聘流程的第一步,它涉及对职位的详细描述和要求。通过职位分析,组织可以明确该职位的工作职责,所需技能、工作经验等要求,从而为后续的招聘活动提供准确的依据。同时,明确的职位要求也能够帮助候选人更好地了解职位,判断自己是否适合该职位。

3. 招聘渠道选择与拓展

选择合适的招聘渠道对于提高招聘效率和质量至关重要。组织需要根据职位的特点和要求,选择适合的招聘渠道,如社交媒体、招聘网站、校园招聘等。同时,还可以考虑拓展一些新兴的招聘渠道,如远程招聘、在线招聘会等,以吸引更多的优秀人才。

4. 简历筛选与面试流程

简历筛选和面试是招聘流程中的关键环节。在简历筛选阶段,组织需要设定明确的筛选标准,快速准确地筛选出符合职位要求的候选人。在面试阶段,需要设计合理的面试流程和问题,全面评估候选人的能力、经验、性格等方面。同时,还可以采用数字化面试工具和技术,提高面试的效率和准确性。

5. 背景调查与录用决策

在做出录用决策之前,组织需要对候选人进行背景调查,以验证其提供的信息和经历的真实性。背景调查可以包括学历验证、工作经历核实、信用记录查询等方面。通过背景调查,组织可以降低用人风险,确保招聘到的人才符合职位要求和组织文化。

(二)培训与发展计划:个性定制,全面成长

1. 培训与发展计划的重要性

在人力资源管理中,培训与发展计划是提高员工技能和素质的重要手段。一项个性化的培训和发展计划可以帮助员工提升工作能力、适应组织变革和发展需要。同时,这也是激发员工潜力、增强工作积极性和创造力的关键措施。

2. 培训需求分析与课程设计

制定个性化的培训和发展计划首先需要进行培训需求分析。这可以通过与员工沟通、绩效评估、职业发展目标设定等方式进行。在了解员工的培训需求后,组织需要设计相应的培训课程和项目,包括技能培训、领导力培训、团队建设等。课程设计需要注重实用性和针对性,确保培训内容能够满足员工的实际需求。

3. 培训实施与效果评估

培训实施是培训计划的关键环节。组织需要选择合适的培训方式和方法,如在线学习、面对面培训等。同时,还需要为员工提供必要的学习资源和支持,确保培训计划的顺利进行。在培训结束后,组织需要对培训效果进行评估,以了解培训的实际效果和员工的反馈。这可以通过问卷调查、考试评估、绩效改善等方式进行。通过效果评估,组织可以不断完善培训计划,增强培训效果,提高培训质量。

(三)绩效管理:科学评估,公正激励

1. 绩效管理的重要性

绩效管理是人才管理的核心环节之一,它涉及对员工工作绩效的客观评价和激励措施。一个科学、合理的绩效管理体系能够帮助组织了解员工的工作表现和贡献度,为薪酬调整、晋升决策等提供依据。同时,绩效管理也是激发员工工作积极性和创造力的关键措施之一。

2.绩效评估体系建立与实施

建立科学、合理的绩效评估体系是绩效管理的关键步骤之一。这包括设定明确的绩效指标和评价标准、制定合理的评估周期和流程等。在实施绩效评估时，需要确保评估的公正性和客观性，避免主观偏见和误差。同时，还需要与员工进行有效的绩效沟通，帮助他们了解自己的绩效表现和不足之处。

3.绩效反馈与改进措施

绩效反馈是帮助员工改进工作表现的关键环节之一。在与员工进行绩效沟通时，需要明确指出其优点和不足之处，并提出具体的改进建议和措施。同时，还需要为员工提供必要的支持和资源，帮助他们实现绩效改进、提高工作效率和质量。通过持续的绩效反馈和改进措施的实施，可以激发员工的工作积极性和创造力，推动组织的持续发展。

（四）离职管理：妥善处理，维系关系

1.离职管理的重要性

离职管理是人才管理的重要环节之一。一个有效的离职管理策略可以帮助组织降低员工离职率、减少人才流失带来的损失。同时，对离职员工进行妥善处理和后续沟通也是维护组织声誉和员工关系的关键措施之一。因此，离职管理对于组织的长期发展具有重要意义。

2.离职面谈与原因分析

在员工离职时，组织需要进行离职面谈以了解员工离职的真实原因和意见反馈。这可以帮助组织发现潜在的问题和改进方向，提高员工满意度和留任率。通过离职原因分析，组织可以深入了解员工离职的动机和需求，从而优化人才管理策略，提高员工满意度和忠诚度。例如，如果员工离职是因为缺乏晋升机会或培训，那么组织可以加强这方面的投入以满足员工的需求。此外，离职面谈还可以帮助组织了解员工对工作环境、薪酬福利等方面的看法，为改进人力资源管理提供参考。同时，组织需要尊重和保护离职员工的权益，如提供合理的离职补偿和保密协议等，以确保离职过程的顺利进行并维护组织的声誉和形象。通过与离职员工保持良好的沟通和关系，组织可以树立良好的雇主品牌形象，吸引更多优秀人才的加入，促进组织的持续发展和成功。

三、灵活工作模式：远程办公与弹性工作制度的普及

（一）远程办公：重塑工作模式的未来

随着科技的飞速发展，传统的办公模式正在发生深刻的变革。远程办公，这一新型的工作方式，正逐渐成为越来越多企业和员工的选择。通过互联网和其他通信技术，员工不再受地理位置的限制，可以在远离办公室的地方高效地完成工作。远程办公不仅能减少通勤时间和成本，还能提高工作效率和员工的自由度。员工可以根据自己的生活和工作习惯安排工作时间，更加灵活地处理工作任务。这种工作模式的推广，不仅能够为员工带来实质性的便利，更能为企业节省大量的办公成本。然而，远程办公也带来了新的挑战。组织需要建立有效的沟通和协作机制，以确保远程办公的效率和效果。利用各种数字化协作工具，如视频会议、在线文档编辑等，可以有效地解决这一问题。同时，为了确保远程办公的持续发展，企业需要关注员工的成长和培训，提供更多的学习和发展机会。

（二）弹性工作制度：以人为本的工作设计

弹性工作制度是为了满足员工的个性化需求和工作习惯而设计的。它给予员工更大的自主权和灵活性，使他们能够在特定的范围内自由安排工作时间和地点。这种制度不仅有助于提高员工的工作满意度和忠诚度，还有助于提高工作效率和质量。为了实施弹性工作制度，企业需要制定明确的工作标准和要求，以确保弹性工作不会对工作质量和效率产生负面影响。此外，企业还需要提供相应的培训和技术支持，帮助员工更好地适应新的工作模式。

（三）数字化协作工具：提升团队效率的关键

在灵活的工作模式下，数字化协作工具发挥着至关重要的作用。这些工具可以帮助员工更好地沟通和协作，提高工作效率和质量。例如，视频会议软件可以使分布在不同地点的团队成员进行实时交流，在线文档编辑工具可以方便团队成员共同编辑和审阅文档。此外，各种项目管理工具也可以帮助团队更好地跟踪和管理任务。为了充分利用这些工具，企业需要为员工提供必要的培训和技术支持。通过定期的培训课程和技术支持，员工可以更好地掌握数字化协作工具的使用方法，提高工作效率和团队协作能力。同时，企业也需要关注数字化协作工具的选

择和整合。选择适合企业需求和员工习惯的工具，并确保这些工具之间的兼容性和整合性，是提升团队协作效率的关键。

（四）适应性和创新能力：员工的必备素质

在灵活的工作模式下，员工需要具备适应性和创新能力。由于工作环境和工作要求的变化速度加快，员工需要能够快速适应新的挑战和变化。为此，企业需要注重员工的个人发展和培训。通过提供持续的学习和发展机会，鼓励员工不断更新自己的知识和技能，以满足组织和市场的需求。同时，企业也需要营造创新的文化氛围。鼓励员工积极尝试新的方法和思路，激发他们的创新精神和实践能力。通过培养员工的适应性和创新能力，企业可以打造一支高素质、高效率的团队，为企业的持续发展提供有力支持。

第二章 人力资源战略规划

第一节 人力资源战略规划的定义与重要性

一、人力资源战略规划的定义

人力资源战略规划是一个组织对未来人力资源需求和供给进行预测,并根据预测结果制定相应的策略和措施的过程。它包括了对人力资源的获取、开发、利用和保持等方面的规划和安排,旨在实现组织战略目标。

（一）人力资源战略规划：长期视角与全局规划

人力资源战略规划对于组织发展的重要性不言而喻。它不仅是组织实现长期目标的重要手段,更是组织在日益激烈的市场竞争中保持领先地位的关键。

1. 长期规划的性质

人力资源战略规划着眼于组织的长期发展,而不仅仅局限于短期的利益。它不是应对即时问题的应急计划,而是一个有意识的、系统性的规划,旨在预测和适应未来环境的变化。通过这样的规划,组织可以更好地应对未来的挑战,抓住未来的机遇。

2. 全局性视角

人力资源战略规划的全局性意味着它不仅仅关注人力资源的某一个方面或某一个环节,而是对整个人力资源体系进行全面的审视和规划。它不仅涉及人力资源的获取、开发、利用和保持等各个环节,还与组织的整体战略、组织结构、文化等多个方面密切相关。

3. 对未来环境变化的预测

人力资源战略规划基于对未来市场、技术和社会环境的深入分析和预测。这要求组织对未来的变化保持高度的敏感性和预见性,及时调整人力资源策略,确保组织始终处于有利的位置。预测未来环境的变化是制定有效的人力资源战略规划的重要前提。

(二)人力资源战略规划与组织战略的匹配

1. 明确组织战略目标

制定人力资源战略规划的首要任务是明确组织的战略目标。这不仅涉及对市场、竞争者和资源的全面分析,还需要深入理解组织的使命、愿景和价值观。只有明确了组织的战略目标,才能准确地评估实现这些目标所需的人力资源条件。

2. 评估人力资源需求

基于组织战略目标,组织需要评估实现这些目标所需的人力资源类型、数量和技能。这需要深入研究组织的业务模式、市场定位以及产品或服务的特性,同时还需要考虑组织文化和人员结构等因素。通过评估人力资源需求,组织可以明确未来的人力资源发展方向,为制定有针对性的人力资源策略提供依据。

3. 匹配人力资源策略与组织战略

人力资源策略必须与组织整体战略相匹配。这意味着人力资源策略不仅需要支持组织目标的实现,还需要考虑如何通过人力资源管理实践如员工激励、绩效管理等来实现这些目标。这种匹配性可以确保人力资源策略的有效性和适应性,从而更好地服务于组织战略的实施。

(三)系统性视角下的人力资源战略规划

1. 系统性规划的重要性

人力资源战略规划不仅仅关注单一的人力资源管理活动,如招聘、培训或绩效评估等,而是将这些活动置于一个更广泛的系统之中。这意味着要综合考虑组织结构、业务流程、文化和外部环境等多个因素,以确保各项措施之间的协调性和一致性。这种系统性视角有助于组织更好地整合资源、优化流程和提高效率。

2. 各环节的相互关联性

在系统性视角下,人力资源的获取、开发、利用和保持等各个环节是相互关联的。例如,招聘高素质的员工是重要的第一步,但如何留住和激励这些员工同样关键。此外,人力资源的培训和发展、绩效管理、薪酬福利等各个环节都是相互关联的,任何一个环节的失误都可能影响整个规划的效果。因此,在制定人力资源战略规划时,需要综合考虑各个环节之间的联系和影响,确保整体效果的优化。

3. 跨部门与跨领域的协同

人力资源战略规划需要与其他业务部门和职能部门进行密切合作与协调。例如,与市场营销部门合作了解未来的人才需求,与财务部门合作制定合理的薪酬策略等。这种跨部门和跨领域的协同是确保人力资源战略规划有效实施的关键。通过加强部门间的沟通和合作,可以更好地整合资源、优化流程和提高整体效率。同时,这也能够促进组织文化的建设和发展,增强组织的凝聚力和竞争力。

4. 持续优化与调整

随着内外部环境的变化,人力资源战略规划需要不断地进行优化和调整。这包括对招聘策略的重新评估、培训计划的更新、绩效管理制度的改进等。这种持续的优化和调整能够确保人力资源战略规划始终与组织的发展目标保持一致。同时,通过不断学习和改进,组织可以更好地应对未来的挑战和机遇,实现可持续发展和提高竞争力。

二、人力资源战略规划的重要性

(一)保障组织战略目标的实现

人力资源作为组织中的核心资源,对于实现组织战略目标具有至关重要的作用。通过制定合理的人力资源战略规划,组织可以确保拥有足够数量和优良素质的人力资源,从而保障组织战略目标的顺利实现。具体来说,人力资源战略规划在以下几个方面对保障组织战略目标的实现发挥着重要作用。

人力资源供给与需求的平衡:通过人力资源战略规划,组织可以预测未来的人力资源需求,并制定相应的人力资源供给计划。这有助于确保组织在需要时能够及时获得所需的人才,避免因人力不足或人力过剩而影响组织战略目标的实现。

人才选拔与培养:人力资源战略规划要求组织制定科学的人才选拔和培养机制,以确保组织能够吸引到优秀的人才,并通过系统的培训和发展计划帮助他们不断提升能力,为实现组织战略目标提供强有力的人才保障。

员工激励与绩效管理:人力资源战略规划强调建立有效的员工激励和绩效管

理体系,以激发员工的工作积极性和创造力,提高他们的工作绩效。通过合理的薪酬福利设计、晋升机会、认可奖励等激励措施,组织可以引导员工积极投入工作,为实现组织战略目标贡献力量。

组织文化与行为规范的建立:人力资源战略规划还包括组织文化和行为规范的建立与维护。通过塑造积极向上的组织文化,制定明确的行为规范,组织可以营造良好的工作氛围,增强员工的归属感和忠诚度,从而为实现组织战略目标提供有力的文化支持。

(二)提升人力资源管理水平

人力资源管理是组织中一项至关重要的管理活动,它涉及员工的招聘、培训、绩效管理和薪酬福利等多个方面。通过制定和实施人力资源战略规划,组织可以提升自身的人力资源管理水平,从而更好地满足组织发展的需求。具体来说,人力资源战略规划在以下几个方面有助于提升人力资源管理水平。

预测未来环境变化:人力资源战略规划要求组织对未来环境变化进行预测和分析。这包括经济、政治、社会、技术等方面的变化对人力资源管理的影响。通过预测未来环境变化,组织可以及时调整自身的人力资源管理策略,以适应外部环境的变化。

制定科学的人力资源管理方案:基于对未来环境变化的预测和分析结果,人力资源战略规划要求组织制定相应的人力资源管理方案。这些方案应该包括员工招聘、培训、绩效管理、薪酬福利等方面的具体措施和计划。通过制定科学的人力资源管理方案,组织可以确保各项人力资源管理活动的顺利开展和实施效果。

加强人力资源管理的基础工作:人力资源战略规划强调加强人力资源管理的基础工作,如职位分析、人才测评、劳动法规遵守等。这些基础工作是人力资源管理的重要组成部分,对于提升人力资源管理水平具有重要意义。通过加强这些基础工作,组织可以建立更加完善的人力资源管理体系,提高人力资源管理的效率和效果。

推动人力资源管理的创新与发展:人力资源战略规划鼓励组织进行人力资源管理的创新与发展。这包括探索新的人力资源管理方法和技术,推动人力资源管理的数字化转型和智能化发展等。通过创新与发展,组织可以不断提升自身的人力资源管理水平,适应时代发展的需要。

(三) 增强组织的竞争力

在当今激烈的市场竞争中,组织的竞争力是其生存和发展的关键。而人力资源作为组织的核心资源之一,对于增强组织的竞争力具有不可替代的作用。通过制定和实施合理的人力资源战略规划,组织可从吸引和留住优秀人才、提高员工的工作积极性和绩效水平、促进员工的个人成长和组织发展相结合等方面来增强自身的竞争力。

吸引和留住优秀人才:优秀的人才是组织赢得竞争优势的关键因素之一。通过制定具有吸引力的人才招聘策略、提供优厚的薪酬福利待遇和良好的职业发展机会等措施,人力资源战略规划可以帮助组织吸引和留住优秀人才。这些人才将为组织带来先进的理念、技能和经验,为组织的创新发展提供强大的动力支持。

提高员工的工作积极性和绩效水平:员工的工作积极性和绩效水平直接影响组织的整体绩效和竞争力。通过制定合理的激励机制、完善的绩效管理体系和公正的奖惩制度等措施,人力资源战略规划可以激发员工的工作热情和创新精神,提高他们的工作投入度和绩效水平。这将有助于提升组织的整体运营效率和市场竞争力。

促进员工的个人成长和组织发展相结合:员工的个人成长和组织发展是相互促进、密不可分的。通过制定个性化的员工发展计划、提供多元化的培训和发展机会等措施,人力资源战略规划可以促进员工的个人成长和组织发展相结合。这将有助于培养员工的忠诚度和归属感,增强组织的凝聚力和向心力,从而提升组织的整体竞争力。

(四) 降低组织的人力成本

人力成本是组织运营过程中的一项重要支出,对于组织的经济效益和竞争力具有重要影响。通过制定和实施合理的人力资源战略规划,组织可以降低人力成本并提高人力资源的利用效率。

优化人员配置和控制人员规模:合理的人力资源配置和规模是降低人力成本的关键措施之一。通过对业务需求进行深入分析并结合组织的战略目标和发展规划,来制定科学的人员配置计划和控制人员规模策略,可以有效地避免人力浪费或人力不足的情况发生,并降低人力成本支出。同时,根据业务需求的变化灵活调整人员配置和人员规模策略,可以确保人力资源的高效利用,并进一步提升组织的经济效益和市场竞争力。

提高招聘和培训效率:招聘和培训是组织中人力成本的重要组成部分。通过优化招聘流程和选拔标准、提高招聘渠道的效率和准确性等措施,可以降低招聘成本并提高招聘质量;同时通过制定合理的培训计划和课程设计、采用高效的培训方法和技术等措施,可以提高培训效率并降低培训成本支出。从而帮助组织在降低人力成本的同时,提升员工的能力和素质,为组织的长期发展奠定坚实基础。

完善绩效管理和薪酬福利体系:绩效管理和薪酬福利体系是影响人力成本的重要因素之一。通过建立科学的绩效管理体系和公正的奖惩制度,可以激发员工的工作积极性和创造力,提高他们的工作绩效,从而降低人力成本支出;同时通过制定合理的薪酬福利政策和福利计划,可以吸引和留住优秀人才,并提高员工的工作满意度和忠诚度,进一步降低人员流失率和招聘成本支出,为组织的稳定发展提供有力保障。

推动人力资源管理的数字化转型:随着信息技术的不断发展和应用,数字化转型已经成为人力资源管理的重要趋势之一。通过推动人力资源管理的数字化转型,如采用人力资源管理信息系统、云计算、大数据等技术手段,可以提高人力资源管理的效率和准确性,降低人力成本支出,并优化员工的工作体验,提高员工的工作效率和满意度,为组织的创新发展提供有力支持。

总之,通过制定和实施合理的人力资源战略规划,组织可以在优化人员配置、提高招聘和培训效率、完善绩效管理和薪酬福利体系以及推动人力资源管理数字化转型等方面采取措施,降低人力成本并提高人力资源的利用效率。这将有助于组织实现经济效益最大化并保持竞争优势。

第二节 制定人力资源战略规划的步骤

一、明确发展战略与业务目标

(一)确定组织愿景与使命

在制定人力资源战略规划之前,首先要明确组织的愿景和使命。愿景是组织未来的发展方向和期望达到的状态,它体现了组织的核心价值和长远目标。使命则是组织为实现愿景所承担的责任和任务,它明确了组织存在的意义和价值。通过确定清晰的愿景和使命,可以激发员工的归属感和使命感,从而更好地为实现组织目标而努力工作。

为了确保愿景和使命的有效性,需要注意以下几点:

(1)愿景和使命要具有明确性和可操作性,能够为员工提供具体的指导。

(2)愿景和使命要与组织的核心观念相一致,体现组织的独特性和文化。

(3)愿景和使命要能够反映市场和客户需求,以便组织能够更好地满足外部利益相关者的期望。

(二)分析外部环境与内部能力

了解组织所处的外部环境是制定人力资源战略规划的重要步骤。外部环境包括经济、政治、社会、技术等方面的变化,以及竞争对手的情况。通过分析外部环境,组织可以把握市场趋势和机遇,了解自身在行业中的地位和优势。同时,内部能力的分析也是必不可少的。内部能力包括资源、技术、人才等方面的优势和不足。通过分析内部能力,组织可以明确自身的发展潜力和挑战,以及在实现业务目标方面所需提升的能力和资源。

在分析外部环境和内部能力时,需要注意以下几点:

(1)要进行综合性和系统性的分析,综合考虑各种因素对组织发展的影响。

(2)要关注市场和竞争对手的变化,及时调整自身的战略和策略。

(3)要结合组织的实际情况和发展需求,制定有针对性的改进措施和发展计划。

(三)制定业务目标与战略

基于组织的愿景、使命以及外部环境和内部能力的分析,制定具体的业务目标和战略是至关重要的。业务目标是组织在一定时期内要实现的具体成果和业绩指标,通常包括财务、市场、产品、技术等方面的目标。战略则是为实现业务目标所采取的行动计划和资源配置,包括市场定位、产品策略、组织结构等方面的决策。业务目标和战略的明确为制定人力资源战略规划提供了方向和依据。

在制定业务目标和战略时,需要注意以下几点:

(1)业务目标要具有挑战性和可实现性,能够激发员工的积极性和创造力。

(2)战略要具有可行性和灵活性,能够适应市场变化和组织发展需求。

(3)业务目标和战略要与组织的愿景和使命保持一致,体现组织的长期发展目标和核心观念。

(四)制定与业务目标相一致的人力资源战略规划

在明确了业务目标和战略之后,需要制定与业务目标相一致的人力资源战略规划。这一步是确保人力资源战略规划与业务目标一致性的关键。人力资源战略规划应该根据组织的业务目标和战略来确定人力资源的配置、开发、激励等方面的政策和措施。具体来说,包括以下几个方面。

1. 人力资源配置

根据组织的业务目标和战略确定所需的人才类型、数量和质量,制定有针对性的人才招聘和选拔计划。

2. 人力资源开发

通过培训和发展计划提高员工的能力和潜力,满足组织对人才的需求和提高组织的竞争力。

3. 绩效管理

建立有效的绩效管理体系,明确绩效标准和期望,提供必要的反馈和辅导,以及给予员工激励和奖励。通过绩效管理激发员工的潜力,提高工作质量和效率。

4. 薪酬福利

制定合理的薪酬福利方案,激励员工更加努力地工作并提高工作满意度和忠诚度。薪酬福利方案应该与市场竞争力相匹配,并能够反映员工的绩效表现和贡献。

5.组织文化和团队建设

通过培育积极向上的组织文化,增强员工的归属感和凝聚力,提高组织的整体绩效和竞争力。同时加强团队建设,促进员工之间的合作与沟通,提高组织的协同效应和工作效率。

二、进行人力资源现状分析

(一)现有人力资源盘点

在对组织现有的人力资源进行盘点时,我们需要深入了解员工队伍的数量、结构、素质和绩效等多个方面。这些因素直接影响到组织整体的能力和未来发展潜力。

1.员工数量

了解员工的总数、各部门的员工分布情况以及各层级员工的数量,有助于判断组织规模和人力资源需求是否匹配。

2.员工结构

分析员工的年龄、性别、学历、工作经验等方面的结构,可以了解组织的多样性程度和员工队伍的年龄结构趋势。

3.员工素质

通过评估员工的技能、能力和潜力,了解员工的整体素质水平,为人力资源的开发和培训提供依据。

4.员工绩效

分析员工的绩效表现,包括个人和团队的工作完成情况、工作质量、工作效率等,可以了解员工的工作状态和绩效水平。

通过以上分析,我们可以全面了解组织人力资源的现状,为制定人力资源战略规划提供基础数据和决策依据。

(二)人力资源效能评估

在了解现有的人力资源状况后,我们需要进一步评估人力资源的效能。效能评估可以让我们明确人力资源的价值和存在的问题,从而有针对性地进行改进。

1. 投入产出比

分析人力资源的投入与产出的比例,衡量人力资源的使用效率。这可以帮助组织识别是否存在人力浪费或人力资源不足的情况。

2. 员工满意度

通过调查问卷、访谈等方式了解员工对工作环境、工作内容、福利待遇等方面的满意度,判断员工的工作积极性和忠诚度。

3. 员工流失率

分析员工的流失率,包括主动离职和被动离职的情况,可以了解员工的稳定性以及组织对员工的吸引力。

通过这些评估方法,我们可以深入了解人力资源的优势和不足,为制定有针对性的改进措施提供依据。同时,也有助于发现潜在的人才资源,提高人力资源的利用效率和价值。

(三)人力资源管理问题诊断

在了解了人力资源的现状和效能后,我们需要进一步诊断人力资源管理存在的问题,以便明确人力资源战略规划的重点和方向。

1. 招聘难度

分析招聘过程中遇到的问题,如招聘渠道有限、招聘流程烦琐等,确定是否有改善招聘流程和提高招聘效率的需求。

2. 培训不足

评估现有培训体系的有效性,了解员工对培训的需求和期望,判断是否需要加强培训力度或改进培训内容。

3. 激励机制

分析现有的激励机制是否满足员工的期望和发展需求,是否有激励不足或激励过度的情况存在。

4. 绩效管理

评估绩效管理体系的合理性,了解员工对绩效评估的看法和建议,判断是否有优化绩效管理的需求。

5. 工作环境与文化

了解员工对工作环境和工作文化的满意度，判断是否有改善工作环境和工作文化的需求。

通过以上诊断方法，我们可以全面了解组织在人力资源管理方面存在的问题和不足之处。这些问题的发现将有助于明确人力资源战略规划的重点和方向，为制定针对性的改进措施提供依据。同时，也有助于提高员工的满意度和工作积极性，增强组织的凝聚力和竞争力。

三、制定人力资源供需计划

（一）预测人力资源需求

预测人力资源需求是人力资源规划的首要步骤，它涉及对组织未来发展方向的深入理解以及对市场环境、技术进步等因素的敏锐洞察。只有准确预测人力资源需求，组织才能确保在合适的时间、合适的岗位上有合适的人才，从而支撑业务目标的实现和战略的落地。

在进行人力资源需求预测时，组织应首先明确自身的业务目标和战略。这包括确定组织未来的发展方向、重点领域、市场拓展策略等。基于这些信息，组织可以进一步分析为实现这些目标和战略所需的关键能力和人才类型。例如，如果组织计划在未来几年内大力拓展海外市场，那么可能需要增加具备国际化背景和跨文化交流能力的人才。

除了考虑组织的业务目标和战略外，预测人力资源需求还需要关注市场变化和技术进步对人力资源需求的影响。市场变化可能带来消费者需求的转变、竞争格局的调整等，从而要求组织在人才结构、素质等方面进行相应调整。例如，随着消费者对产品个性化需求的增加，组织可能需要更多具备创新能力和用户研究能力的人才。而技术进步则可能改变工作方式、提高工作效率，但同时也可能对某些传统岗位带来冲击，需要组织在人才培养和引进方面进行前瞻性的布局。

在预测人力资源需求时，组织可以采用多种方法和技术，如趋势分析、回归分析、德尔菲法等。这些方法可以帮助组织更加科学、准确地预测未来的人力资源需求，从而为后续的人力资源规划和管理工作提供有力支持。

(二)分析人力资源供给

分析人力资源供给是人力资源规划的另一个重要环节。它涉及对组织内部和外部人才资源的全面盘点和评估,旨在了解组织在获取所需人才方面的难易程度和成本。

在组织内部,人力资源供给分析主要关注现有员工的晋升、转岗等潜力。这包括评估员工的绩效表现、能力素质、职业发展规划等因素,以确定哪些员工有可能通过培训和开发满足未来的人力资源需求。同时,还需要考虑员工流失率、退休计划等因素对内部供给的影响。通过内部供给分析,组织可以更加合理地利用现有人才资源,降低人力成本,并提高员工的工作满意度和忠诚度。

在组织外部,人力资源供给分析主要关注市场人才供给状况。这包括了解各类人才的数量、质量、结构以及流动情况等信息。通过分析外部供给,组织可以了解在获取所需人才方面的难易程度和成本,并为制定招聘策略提供依据。例如,如果某一类人才在市场上供不应求,那么组织可能需要提前进行人才储备或者通过提高薪酬福利等措施吸引这类人才。

为了更加有效地分析人力资源供给,组织可以采用多种方法和技术,如人才盘点、市场调查、数据挖掘等。这些方法可以帮助组织更加全面、深入地了解内外部人才资源的状况,从而为制定合理的人力资源规划提供有力支持。

(三)制定人力资源供需平衡计划

基于人力资源需求和供给的分析结果,制定人力资源供需平衡计划是人力资源规划的最终目标。该计划旨在确保组织在需要时能够获得所需的人才,并实现人力资源的优化配置和高效利用。

在制定人力资源供需平衡计划时,组织需要考虑多个方面的因素。首先是招聘策略的制定,包括确定招聘渠道、招聘流程、选拔标准等。招聘策略应根据组织的人才需求和市场供给状况进行灵活调整,以确保能够吸引到合适的人才。其次是培训和开发计划的制定,旨在通过培训、轮岗、导师制等方式提高员工的技能水平和综合素质,满足组织未来的人力资源需求。同时,还需要考虑员工职业发展规划和福利待遇等因素,以提高员工的满意度和忠诚度,降低人员流失率。

除了招聘和培训策略外,制定人力资源供需平衡计划还需要考虑其他措施,如晋升、转岗等。这些措施可以帮助组织更加灵活地调整人力资源配置,满足不断变化的市场和业务需求。同时,也有利于激发员工的工作积极性和创造力,提高整体绩效水平。

四、制定人力资源战略规划方案

(一)确定人力资源战略目标

在制定人力资源战略规划的过程中,需要明确人力资源战略目标。这些目标应该与组织的整体战略目标相一致,并体现人力资源管理的核心价值。具体来说,人力资源战略目标应该包括提高员工素质和能力、优化人力资源配置、提升组织绩效等方面的内容。

为了确保人力资源战略目标的可行性和可操作性,需要进行充分的市场调研和内部分析,了解组织在行业中的地位和优势,以及员工的需求和期望。同时,还需要将人力资源战略目标分解为具体的阶段性目标和行动计划,以便于实施和监控。

(二)设计人力资源管理策略

为实现人力资源战略目标,需要设计相应的人力资源管理策略。这些策略应该包括招聘与选拔、培训与发展、绩效管理、薪酬与福利等方面的内容,并根据组织的实际情况和员工的需求与期望进行个性化的定制。

招聘与选拔策略:根据组织的业务需求和战略目标,制定有针对性的人才招聘计划和选拔标准。通过建立完善的招聘流程和选拔机制,确保组织能够吸引和选拔到符合组织文化和业务需求的高素质人才。

培训与发展策略:制定个性化的培训和发展计划,以提高员工的素质和能力。通过提供多元化的培训内容和方式,满足不同层次和岗位的员工需求。同时建立完善的职业发展通道和晋升机制,激发员工的积极性和创造力。

绩效管理策略:建立科学的绩效管理体系,明确绩效标准和期望,提供必要的反馈和辅导。通过合理的绩效考核和激励措施,激发员工的潜力,提高工作质量和效率。同时及时调整和完善绩效管理体系,确保其科学性和可行性。

薪酬与福利策略:制定合理的薪酬福利方案,激励员工更加努力地工作并提高工作满意度和忠诚度。薪酬福利方案应该与市场竞争力相匹配,并能够反映员工的绩效表现和贡献。同时建立完善的福利体系,为员工提供多元化的福利选择和关怀措施。

(三)制定实施计划和时间表

为确保人力资源管理策略的有效实施,需要制定详细的实施计划和时间表。实施计划应该包括各项策略的具体措施、责任人、完成时间等内容,以便于实施和监控。时间表则是对实施计划的进度安排和监控,以确保各项策略按时完成。

在制定实施计划和时间表的过程中,需要考虑组织内部各部门之间的协调与合作,以及外部环境的变化和市场需求等因素的影响。同时,还需要建立有效的沟通机制和反馈渠道,及时解决实施过程中出现的问题和困难,确保实施计划的顺利进行。

(四)建立监控与评估机制

为确保人力资源战略规划的实施效果和质量,需要建立监控与评估机制。监控机制应包括对各项策略实施过程的监督和反馈机制以及风险防范措施等内容;而评估机制则是对策略实施效果的定期评估和总结反馈机制等内容。通过监控与评估机制的建立可以及时发现并解决问题确保人力资源战略规划的顺利实施并取得预期效果。

在建立监控与评估机制的过程中,需要制定具体的监控指标和评估标准,以便于对实施过程和效果进行量化和评估。同时还需要建立有效的反馈渠道和风险防范措施,及时发现并解决实施过程中出现的问题和困难。通过定期对实施效果进行评估和总结反馈可以及时调整和完善人力资源战略规划以确保其可行性和有效性。

第三节 人力资源战略规划的实施与评估

一、实施人力资源战略规划

（一）明确目标与责任

在实施人力资源战略规划的过程中，明确目标和责任是至关重要的。目标为组织的发展提供了方向，而责任则是确保这一目标得以实现的基础。

1. 目标设定

首先，组织需要清晰地设定人力资源战略规划的目标。这些目标应与组织的整体战略目标相一致，并确保人力资源管理工作能够为组织的长期发展提供支持。例如，目标可以包括提高员工素质、优化人才结构、提升组织绩效等。

2. 责任分配

明确目标后，需要将责任分配给各个部门和员工。这不仅包括明确各个部门在人力资源管理中的职责，如招聘、培训、绩效管理等，还要确保每个员工都了解自己在实现这些目标中扮演的角色。通过明确的责任分配，能够确保每个参与者都为实现共同的目标而努力。

3. 沟通与协作

为了确保目标的实现，良好的沟通与协作至关重要。组织需要定期召开会议，让各部门和员工分享实施过程中的进展和遇到的问题，共同探讨解决方案。同时，还需要鼓励员工之间的协作，通过团队合作共同推动目标的实现。

通过明确目标和责任的分配，组织可以更好地统一行动方向，提高整体执行力和效率。

（二）制定实施计划

在明确了目标和责任后，下一步是制定具体的实施计划。这一计划应详细列出每一步的行动步骤，以确保规划的有效实施。

1. 详细规划

实施计划需要详细列出每一步的行动步骤，包括招聘计划、培训计划、绩效管理方案、薪酬福利调整等。这些计划不仅需要明确目标和时间表,还需要具体列出每一步的负责人和所需资源。

2. 资源需求

在制定实施计划时,需要考虑所需的资源。这包括人力资源、时间、物资和资金等。组织需要根据自身的实际情况,合理评估所需的资源并制定相应的获取和分配计划。

3. 风险管理

实施人力资源战略规划时,可能会面临各种风险和挑战。因此,组织需要制定风险管理计划,预测可能遇到的问题并提前制定应对措施。这有助于确保在遇到问题时能够迅速调整计划,确保实施的顺利进行。

4. 持续优化

实施计划并非一成不变的,需要根据实际情况不断进行调整和优化。组织需要定期评估计划的执行情况,总结经验教训,并根据反馈和效果进行必要的调整。

通过制定详细的实施计划,组织可以确保各部门和员工清楚自己的任务,避免实施过程中的混乱,从而确保人力资源战略规划的有效实施。

(三)优化资源配置

为了确保人力资源战略规划的实施效果,优化资源配置是关键的一环。合理的资源配置能够更好地支持战略规划的实施,提高人力资源的利用效率。

1. 资金投入

组织需要确保有足够的资金投入人力资源管理工作。资金可以用于招聘高素质员工、提供培训和发展机会、改进薪酬福利等。合理的资金投入,可以提高员工的积极性和工作满意度,进而提升组织的整体绩效。

2. 人力资源分配

优化人力资源的配置是提高组织效率的重要手段。组织需要根据不同部门和岗位的需求合理分配人力资源,避免人才浪费或人力不足的情况发生。同时,还需要关注员工的个人发展需求,提供适当的培训和晋升机会,激发员工的潜力。

3. 组织结构优化

合理的组织结构能够更好地支持人力资源战略规划的实施。组织需要定期评估其结构是否适应内外部环境的变化,并进行必要的调整和优化。例如,通过扁平化或矩阵化的组织结构来提高决策效率和团队协作能力。

4. 技术应用

随着科技的不断发展,人力资源管理工作也可以借助先进的技术手段来提高效率。例如,利用人力资源管理信息系统进行员工信息管理、招聘流程自动化、在线培训等。通过合理应用技术手段,可以减轻工作负担并提高工作效率。

通过优化资源配置,组织可以更好地支持人力资源战略规划的实施,提高人力资源的利用效率和管理水平。这有助于增强组织的竞争力并实现可持续发展。

(四)持续改进与反馈机制

人力资源战略规划的实施是一个持续的过程,需要不断地进行改进和调整。建立持续改进和反馈机制是确保规划有效性的关键。

1. 持续改进

组织需要不断地进行自我评估和改进。通过定期审查实施情况、收集和分析数据、总结经验和教训等手段,发现存在的问题并采取措施进行改进。同时,还需要关注行业的最新动态和最佳实践,不断学习和借鉴先进的理念和方法来完善人力资源管理工作。

2. 反馈机制

建立有效的反馈机制是持续改进的基础。组织需要鼓励员工提供意见和建议,及时了解员工的实际需求和工作中的问题。通过定期的调查问卷、座谈会等方式收集员工的反馈意见,并将其作为改进的依据。同时,还需要及时向员工传达改进的成果和进展情况,提高员工的参与度和满意度。

3. 人才培养与激励

持续改进和反馈机制的建立还需要关注人才培养和激励方面的工作。组织需要为员工提供培训和发展机会,提升其专业技能和综合素质;同时建立科学的激励机制以激发员工的积极性和创造力推动人力资源战略规划的实施不断迈上新的台阶。

二、建立监控与评估机制

（一）设立监控机构

在人力资源战略规划的实施过程中，为了确保其有效性和高效性，设立一个专门的监控机构显得尤为重要。这个机构的主要职责是对人力资源战略规划的执行情况进行持续的监控和评估。这样，组织能够及时发现和纠正实施过程中出现的问题，确保战略规划与组织的总体目标保持一致。

首先，监控机构应由具备专业知识和经验的人员组成。这些人员应具备深厚的人力资源管理知识，熟悉组织的业务流程和战略目标，能够准确判断战略规划的实施效果。同时，他们还应具备良好的沟通能力和团队合作精神，以便与各部门和员工进行有效的沟通和协作。

其次，监控机构应定期评估人力资源战略规划的实施情况。这包括评估各部门和员工在战略规划执行过程中的表现，以及评估战略规划对组织整体绩效的影响。通过定期评估，监控机构可以及时发现并解决实施过程中出现的问题，确保战略规划的顺利实施。

最后，监控机构应及时向高层管理团队报告评估结果。这有助于高层管理团队全面了解人力资源战略规划的实施情况，并根据评估结果做出相应的决策和调整。同时，向高层管理团队报告也有助于提高监控机构的透明度和可信度，增强其在组织内部的影响力。

（二）制定评估标准与指标

为了确保人力资源战略规划的有效实施，制定明确的评估标准与指标至关重要。这些标准与指标应与战略规划的目标相一致，并且具有可衡量性，以便对实施效果进行客观、准确的评估。

首先，评估标准与指标应与组织的业务目标和战略紧密相关。这意味着它们应反映组织在人力资源方面的关键因素，如员工绩效、员工满意度、人才流失率等。通过将这些关键成功因素纳入评估标准与指标，可以确保人力资源战略规划与组织的总体战略保持一致。

其次，评估标准与指标应具有可衡量性。这意味着它们应能够以数量化或定性的方式进行度量和评估。例如,员工绩效可以通过完成任务的数量、质量、时效性等指标来衡量;员工满意度可以通过定期的员工满意度调查来评估。通过使用可衡量的评估标准与指标,可以更加客观地评估人力资源战略规划的实施效果。

最后,制定评估标准与指标时还应考虑数据的可获得性和可靠性。这意味着所选择的指标应能够方便地从现有系统中获取数据,并且这些数据应具有足够的准确性和可靠性,以便进行准确的评估和分析。

(三)收集与分析数据

为了对人力资源战略规划的实施效果进行准确评估,收集与分析相关数据是至关重要的步骤。这涉及收集各种与员工绩效、人才储备、培训与开发等相关的数据,并进行深入的分析和解读。

首先,需要收集员工绩效数据。这包括员工完成任务的数量、质量、时效性等方面的数据。通过对这些数据的分析,可以了解员工在工作中的表现如何,以及他们是否达到了预期的目标。此外,还可以将员工绩效数据与组织的业务目标进行对比,以评估人力资源战略规划对员工绩效的影响。

其次,需要收集人才储备情况的数据。这包括组织内部的人才结构、人才流动情况、关键岗位的人才储备等方面的数据。通过对这些数据的分析,可以了解组织在人才储备方面的优势和不足,以及是否存在人才短缺或浪费的情况。根据这些数据,组织可以及时调整人力资源策略,以确保有足够且合适的人才来支持业务的发展。

最后,需要收集培训与开发数据。这包括员工培训的次数、培训内容、培训效果等方面的数据。通过对这些数据的分析,可以了解组织的培训与开发工作是否有效,以及员工在培训后是否有所提升和进步。此外,还可以通过对比不同培训项目的效果和成本效益来优化培训策略,提高培训资源的利用效率。

在收集和分析数据时,还需要注意数据的准确性和可靠性问题,以避免误导决策和浪费资源。同时,为了更好地理解和解释数据,还需要运用适当的统计方法和工具进行深入的数据挖掘和分析,以发现数据背后的规律和趋势,为决策提供更加全面和准确的信息支持。

(四)定期报告与沟通

定期报告与沟通是确保人力资源战略规划有效实施的重要环节之一。通过定期向相关人员报告和沟通评估结果,可以促进信息的共享和理解,加强组织内部的协调与合作,推动问题的解决和改进措施的实施,进而提高整体效率。

首先,定期报告可以提供关于人力资源战略规划实施情况的全面概述。这包括对战略规划目标的达成情况、关键绩效指标的完成情况以及任何重要变化或趋势的分析。通过定期报告,相关人员可以了解战略规划的整体进展情况以及可能存在的挑战或机遇,从而做出相应的决策和调整。

其次,定期沟通可以促进信息的交流和反馈。通过与相关部门和人员进行定期的面对面会议、电话会议或电子邮件沟通等方式,可以及时传达评估结果和关键信息,并就存在的问题或挑战进行讨论和协商。这种沟通方式有助于建立信任和合作关系,促进各部门之间的协同工作,推动问题的解决和改进措施的实施。

最后,定期报告与沟通还可以提供机会对人力资源战略规划进行持续的改进和优化。通过收集反馈意见和建议,组织可以了解员工和相关利益方对战略规划的看法和感受,发现其中可能存在的不足或缺陷,进而进行相应的调整和改进。这种持续的改进和优化有助于确保人力资源战略规划与组织的发展目标和业务需求保持一致,并提高其有效性和可持续性。

三、定期评估与调整规划

(一)设定评估周期

评估周期的设定是确保评估工作有序进行的关键。这个周期应该根据人力资源战略规划的实施阶段和目标进行合理安排,既要保证评估的有效性,也要注重提高评估的效率。通常情况下,评估周期可以分为短期、中期和长期三个阶段。

短期评估周期通常为半年或一年,主要关注战略规划实施初期的关键指标和短期目标,对战略规划的实施情况进行初步评估和反馈,以便及时发现问题并进行调整。

中期评估周期通常为两到三年,重点评估战略规划的中期目标完成情况,分析实施过程中出现的问题和挑战,对战略规划进行中期审查和调整。

长期评估周期通常为五年以上,主要关注战略规划的长期目标和愿景实现情况,对整个战略规划的实施效果进行全面评估和总结,为下一轮战略规划的制定提供依据。

(二) 全面评估与反馈

在评估周期内,需要对人力资源战略规划的实施情况进行全面的评估与反馈。这一环节是确保评估工作深入、全面的关键。

首先,要对各部门和员工的绩效进行评估。这包括对招聘、培训、绩效管理、薪酬福利等各个模块的实施效果进行评估,了解各部门和员工在实施过程中的表现和贡献。通过绩效数据的收集和分析,可以客观地评价战略规划的实际效果,并发现存在的问题和不足。

其次,要对实施过程中出现的问题和挑战进行分析。这需要深入了解各部门和员工在实施过程中遇到的问题和困难,分析原因并寻求解决方案。通过及时的沟通和反馈,可以确保问题得到有效解决,并避免类似问题再次出现。

最后,要收集员工的反馈意见。员工是战略规划实施的重要参与者和受益者,他们的意见和建议对于完善战略规划具有重要意义。通过问卷调查、座谈会等方式收集员工的反馈意见,了解员工的需求和期望,可以为战略规划的调整和完善提供有力支持。

(三) 调整规划与策略

根据评估结果和反馈意见,需要对人力资源战略规划进行调整和优化。这一环节是确保战略规划始终与组织实际情况相符合、能够持续发挥其作用的关键。

首先,要对招聘策略进行调整。根据评估结果和反馈意见,分析招聘过程中存在的问题和不足,优化招聘流程、改进招聘渠道、提高招聘质量,以满足组织发展的需求。

其次,要对培训计划进行完善。基于评估结果和反馈意见,了解员工在培训和发展方面的需求和期望,制定有针对性的培训计划和课程,增强培训效果和提高员工素质。

再次,要对绩效管理制度进行改进。根据绩效评估结果和员工反馈意见,分析绩效管理中存在的问题和不足,优化绩效指标和考核标准,完善绩效激励和奖惩机制，提高绩效管理的科学性和有效性。

最后，要对薪酬福利方案进行调整。基于市场调查和员工反馈意见，了解薪酬福利方案的优势和不足，制定更具竞争力的薪酬福利方案，提高员工的工作满意度和忠诚度。

（四）持续改进与优化流程

除了对战略规划本身进行调整外，还需要对整个实施过程进行持续的改进和优化。这一环节是确保组织始终保持高效运作、推动战略规划不断发展的重要保障。

首先，要优化招聘流程。通过分析招聘过程中存在的问题和不足，优化招聘渠道、改进招聘流程、提高招聘效率和质量，以满足组织发展的需求。同时要加强对招聘人员的培训和管理，提高招聘工作的专业性和规范性。

其次，要改进培训方法。基于员工培训需求调查和分析结果，制定有针对性的培训计划和课程，采用多种形式的培训方法和技术手段，增强培训效果和提高员工素质。同时要加强对培训工作的评估和反馈，不断完善培训体系和方法。

最后，要加强对人力资源数据的收集和分析工作，为决策提供有力支持；同时要加强对人力资源市场的动态监测和分析，及时掌握市场变化趋势，为组织的发展提供有力保障；此外，还要加强与其他组织的交流与合作，分享经验和资源，共同推动人力资源管理的进步和发展。

四、确保战略规划与业务目标的一致性

（一）明确业务目标与需求

在任何组织中，业务目标和需求都是制定人力资源战略规划的基础。只有深入理解组织的愿景、使命、市场定位等情况，才能确保人力资源战略规划能够紧密围绕业务目标展开。明确业务目标和需求，有助于确定组织需要的人才类型、数量和技能要求，为招聘和选拔提供明确的指导。同时，也有助于制定与业务目标相一致的人力资源政策和措施，如培训计划、绩效管理方案和薪酬福利方案等。

为了明确业务目标和需求，人力资源部门需要与高层管理团队密切合作，深入了解组织的战略规划和业务计划。他们需要分析市场趋势、竞争态势和客户需

求等信息,以确定组织在市场中的定位和发展方向。同时,他们也需要了解组织的内部资源和能力,包括员工技能、组织文化和业务流程等方面的情况,以确保人力资源战略规划与组织的实际情况相符合。

(二)分析人力资源与业务的关系

在制定人力资源战略规划之前,需要对人力资源与业务之间的关系进行深入分析。这种分析有助于理解人力资源如何影响组织的绩效和业务目标的实现。通过分析人力资源与业务的关系,可以发现潜在的人才缺口和技能需求,为制定有针对性的人力资源战略规划提供依据。

为了分析人力资源与业务的关系,人力资源部门需要收集和分析各方面的数据。这些数据包括员工绩效数据、人才储备情况、培训与开发数据等。通过数据分析,可以了解员工的技能水平和绩效表现,以及组织在人才招聘、培训和绩效管理等方面的实际情况。这些数据也可以帮助组织发现潜在的人才缺口和技能需求,以及人力资源政策和实践中的不足之处。

在分析人力资源与业务的关系时,还需要考虑组织文化和价值观对人力资源战略规划的影响。组织文化和价值观对员工的思维和行为方式产生深远影响,并影响员工的工作表现和组织绩效。因此,在制定人力资源战略规划时,需要充分考虑组织文化和价值观的特点,以确保人力资源战略规划与组织文化和价值观相符合。

(三)制定与业务目标相一致的人力资源战略规划

在明确了业务目标和需求,并分析了人力资源与业务的关系之后,需要制定与业务目标相一致的人力资源战略规划。这一步是确保人力资源战略规划与业务目标一致性的关键。

首先,需要将业务目标分解为具体的人力资源需求。这包括人员数量、技能要求、工作经验等方面的需求。通过将业务目标分解为具体的人力资源需求,可以确定组织需要的人才类型和数量,为招聘和选拔提供明确的指导。同时,也有助于制定有针对性的人才招聘计划和选拔标准。

其次,要制定相应的培训和发展计划。培训和发展计划应该与组织的战略目标相一致,并有助于提升员工的技能和能力,促进员工的职业发展。培训和发展计划的实施,可以帮助员工适应新的工作任务和角色要求,提高员工的绩效表现和工作满意度。同时,也有助于培养员工的领导力和团队合作精神,促进组织的可持续发展。

再次,还需要制定有效的绩效管理方案。绩效管理方案应该明确绩效标准和期望,提供必要的反馈和辅导,并给予员工激励和奖励。通过有效的绩效管理,可以激发员工的潜力,提高工作质量和效率。同时,也有助于发现和培养高绩效员工,为组织的长期发展提供有力支持。

最后,要设计和实施合理的薪酬福利方案。薪酬福利方案应该与市场竞争力相匹配,并能够反映员工的绩效表现和贡献。合理的薪酬福利方案可以激励员工更加努力地工作,提高工作满意度和忠诚度。同时,也有助于吸引和留住优秀的人才,为组织的长期发展提供人才保障。

(四)持续监控与调整

在实施人力资源战略规划的过程中,需要持续监控其与业务目标的一致性。这包括定期评估人力资源战略规划的实施效果,收集和分析相关数据,以及与业务目标的达成情况进行比较。如果发现人力资源战略规划与业务目标存在偏差,需要及时进行调整和完善。通过持续的监控和调整,可以确保人力资源战略规划始终与组织的业务目标相一致,从而为组织的长期发展提供有力支持。

为了持续监控与调整人力资源战略规划的实施效果,需要建立有效的监控和评估机制。这包括定期收集和分析员工绩效数据、人才储备情况、培训与开发数据等各方面的数据。通过数据分析,可以了解人力资源战略规划的实施效果以及存在的问题和挑战。同时,也需要定期与高层管理团队沟通交流,及时反馈实施情况并寻求支持和指导。

在监控和评估过程中,如果发现人力资源战略规划与业务目标存在偏差或不足之处需要及时进行调整和完善。这可能涉及招聘策略的调整、培训计划的完善、绩效管理制度的改进等方面。调整和完善人力资源战略规划需要充分考虑组织内外部环境的变化以及员工的实际需求和发展情况等因素的影响。同时,也需要根据实际情况不断优化和完善各项人力资源政策和措施以适应组织发展的需要。

总之,确保人力资源战略规划与业务目标的一致性是实现组织战略目标的关键。通过明确业务目标和需求、分析人力资源与业务的关系、制定与业务目标相一致的人力资源战略规划,以及持续监控和调整实施效果,可以确保人力资源战略规划的有效性。这有助于提高组织的竞争力,促进组织的长期发展。

第三章 职位分析与设计

第一节 职位分析的目的与方法

一、职位分析的目的

(一) 明确岗位职责和任职要求

职位分析的核心是明确各个职位的职责范围、工作内容、职责权限以及任职要求。在当今快速变化的工作环境中,这显得尤为重要。通过职位分析,组织能够明确各个职位的具体要求,为人力资源管理工作提供基础数据和依据。

对于招聘工作,明确的职责和任职要求有助于组织找到符合特定职位需求的合适人选。这样可以避免出现人岗不匹配的情况,确保新员工能够迅速融入组织,并发挥其最大的潜力。同时,明确的职责和任职要求也有助于员工了解他们的工作期望,为他们提供清晰的工作目标和方向。

(二) 制定人力资源计划和招聘策略

职位分析的结果为组织制定人力资源计划和招聘策略提供了重要的参考依据。通过对各个职位的需求进行分析,组织可以确定人员编制和招聘需求,并制定相应的招聘计划。

这不仅有助于确保组织能够及时招聘到符合文化和职位要求的人才,还能够提高招聘的效率和准确性。根据职位分析的结果,组织可以有针对性地进行招聘广告的发布、面试流程的设计以及选拔标准的制定,从而吸引到最合适的人才。

(三) 确定员工培训和发展需求

职位分析不仅可以帮助组织了解员工的职责和工作要求,还可以为员工的培训和发展提供指导。通过深入分析各个职位的职责和要求,组织可以了解员工需要具备的知识、技能和能力。

基于这些信息，组织可以为员工提供有针对性的培训和发展计划。例如，对于那些缺乏特定技能的员工，组织可以提供相关的培训课程或工作坊；对于那些表现出色的员工，组织可以提供进一步的晋升机会或专业发展的路径。这样的培训和发展计划有助于提升员工的综合素质和职业技能，使他们更好地适应工作环境和满足工作需求。

（四）建立科学的绩效管理体系

职位分析是建立科学的绩效管理体系的基础。通过明确各个职位的绩效标准和要求，组织可以制定合理的绩效考核指标和标准。这些指标和标准应当与组织的战略目标相一致，以确保员工的工作成果与组织的整体目标相协调。

有了明确的绩效标准和要求，组织可以对员工的绩效进行客观、公正的评价。这种评价应当基于员工的工作表现和实际成果，而非主观臆断或偏见。通过绩效评价，组织可以了解员工在工作中的优点和不足，从而为其提供有针对性的反馈和建议。

基于绩效评价的结果，组织可以建立激励和晋升机制。对于那些表现出色的员工，组织可以给予相应的奖励或晋升机会，以激发其工作积极性和创造力。而对于那些需要改进的员工，组织可以提供培训或辅导的支持，帮助他们提升工作表现并达到预期的绩效标准。

二、职位分析的方法

在人力资源管理中，为了有效地编制职位说明书，首先需要对职位进行详尽的信息收集。以下是几种常用的信息收集方法。

（一）访谈法

访谈法是编制职位说明书时的常用方法之一。通过与职位直接相关的员工或其上级进行深入的面谈，可以了解到该职位的具体职责、工作要求、日常工作内容以及与其他职位或部门的协作关系。这种方法有助于人力资源管理者对职位有更为全面和深入的了解。

1. 优点

(1) 详细性：访谈法能够获取到大量的详细信息，尤其是关于工作的具体情境和实际操作。

(2) 互动性：允许双方进行实时的交流，澄清误解或模糊点。

(3) 深度：能够挖掘出工作背后的隐性知识或技能，这些是书面资料中难以获取的。

2. 不足

(1) 时间与成本：访谈需要花费大量的时间和人力成本进行准备、实施和后续整理。

(2) 主观性：受访者的回答可能受到其个人经验、情绪或态度的影响，导致信息存在主观偏差。

(3) 技能要求：访谈者需要具备良好的沟通技巧和提问能力，以确保信息的准确性和完整性。

为了确保访谈的有效性，访谈者应该提前准备好一系列与职位相关的问题，并在访谈过程中做好记录，以便于后续的分析和整理。

（二）问卷调查法

问卷调查法是通过设计和发放问卷来收集关于职位的相关信息。这种方法可以快速地覆盖大量的目标人群，并且可以根据不同的职位定制不同的问卷内容。

1. 优点

(1) 效率：能够在短时间内收集到大量的数据。

(2) 标准化：问卷设计可以采用统一的标准和格式，确保数据的可比性。

(3) 匿名性：受访者可以选择匿名回答，减少某些敏感问题的回答偏差。

2. 不足

(1) 回复率：问卷的回复率可能受到多种因素影响，如问卷的长度、问题的敏感性等。

(2) 理解差异：不同的受访者对同一问题可能有不同的理解，导致数据存在误差。

(3) 设计难度：设计一份高质量、能够准确反映职位特点的问卷需要较高的专业知识和经验。

为了确保问卷调查的准确性,问卷设计应该简洁明了,避免使用模棱两可或引导性的语言。同时,在问卷发放后,还需要对回收的数据进行统计和分析,以提取有价值的信息。

(三)观察法

观察法是通过直接观察职位的工作情况来收集信息。观察者可以实地了解员工的工作流程、使用的工具、与其他职位的协作方式等。这种方法能够提供第一手的、客观的资料。

1. 优点

(1)客观性:观察者能够直接看到工作的实际情况,减少了信息传递中的失真。

(2)真实性:观察到的数据是实时的、未经加工的,能够真实反映工作情境。

(3)发现隐性问题:通过观察,可能发现一些员工或管理者自己都没有意识到的问题或挑战。

2. 不足

(1)干扰性:观察者的存在可能会对员工的工作造成干扰,使其表现不自然。

(2)技能要求:观察者需要具备专业的观察技巧和知识背景,以确保观察的准确性和有效性。

(3)时间成本:为了获得全面、深入的观察结果,观察者可能需要花费较长的时间在现场进行观察。

在进行观察时,观察者应该尽量保持低调,避免对员工的工作造成干扰。同时,观察者还需要对观察到的信息进行及时的记录和整理,以便于后续的分析和使用。

三、职位分析的实施步骤

(一)明确分析目的和范围

在进行职位分析之前,明确分析的目的和范围至关重要。这不仅有助于确保分析工作的针对性和有效性,还能避免不必要的资源浪费。首先,确定需要分析的职位是职位分析的基础步骤。通过明确目标职位,可以确保分析工作集中于关键领域,并有助于后续的数据收集和整理。其次,分析的重点是确定所需信息的类型。这需要根据组织的需求和目标职位的特性来确定，例如岗位职责、工作要求、技能需求等。最后，在确定目的和范围的过程中，还需要考虑与组织战略的关联。将职位分析与组织的长期发展目标相结合，有助于确保分析结果能够为组织创造实际价值。

（二）选择合适的方法进行信息收集

在进行职位分析时，选择合适的信息收集方法对确保数据的质量和可靠性至关重要。访谈法是一种常用的信息收集方法，通过与目标职位的在职员工或前任员工进行交流，可以获取关于职位的第一手资料。这种方法能够深入了解员工的工作体验、职责分配以及与同事的互动情况。问卷调查法适用于大规模的数据收集，能够帮助组织全面了解目标职位的各项要求。通过设计涵盖各个方面的问题，如工作量、技能要求、工作压力等，可以系统地收集数据并进行分析。观察法是一种直接的信息收集方法，实地观察目标职位的工作流程和环境，能够深入了解实际工作情况。这种方法对于获取非言语信息尤为重要，例员工之间的沟通方式、工作氛围等。在选择信息收集方法时，还需考虑组织的实际情况，包括可用资源、时间安排以及员工参与意愿等因素。

（三）收集并整理信息

在选择合适的方法进行信息收集后，接下来的步骤是整理和分析所收集的数据。这一过程涉及筛选、分类和归纳信息，以确保数据的准确性和完整性。首先，筛选信息是排除无关或重复的数据，只保留与目标职位相关的信息。这一步骤有助于提高数据的质量和可靠性，避免后续分析的混乱。分类是将相似的信息归为同一组，以便于组织和理解。通过分类，可以更好地了解目标职位的各种要求和工作特点。归纳则是将分散的信息整合为一个整体的过程。通过对收集到的数据进行深入挖掘和分析，可以总结出目标职位的内在要求和工作特点。这一步骤有助于提炼出关键要素，为制定职位说明书提供有力支持。在整理信息的过程中，还需要注意信息的时效性和准确性。随着组织内外部环境的变化，职位的要求和工作特点也会随之改变。因此，定期更新和维护信息至关重要。

（四）编写职位说明书

编写职位说明书是职位分析的最终成果之一，它详细描述了目标职位的各个方面。一份完整的职位说明书应包括以下内容:职位名称、职责范围、任职要求、工作特点、与其他职位的关系等。首先,职位名称应简洁明了地反映该职位的主要职责和特点。其次,职责范围是对职位核心任务的概述,需涵盖该职位的主要工作内容。任职要求则是确保候选人具备完成工作所需的技能、知识和经验等方面的要求。此外,工作特点描述了该职位的特殊要求和工作风格,如工作压力、工作量大小等。最后,与其他职位的关系描述了该职位在组织结构中的位置以及与其他职位的互动关系。在编写职位说明书时,清晰、具体、准确的语言表达至关重要。这有助于员工和管理者理解并遵循该说明书的指导原则。同时,为了确保其时效性和准确性,职位说明书应定期进行更新和维护。这需要与组织内部相关部门保持密切沟通,以便及时了解职位需求的变化并做出相应的调整。

总的来说,明确目的和范围、选择合适的信息收集方法、整理和分析信息以及编写职位说明书是构成有效职位分析的关键步骤。这些步骤不仅有助于组织了解现有岗位的实际情况,还有助于制定更好的人力资源政策和计划。通过持续改进和优化职位分析过程,组织能够更好地满足员工和业务需求,实现可持续发展目标。

第二节 职位说明书的编制与管理

职位说明书是人力资源管理中的重要工具,它为组织提供了关于职位的各种信息,包括职位名称、职责、任职要求等。通过编制和管理职位说明书,组织可以更好地进行人力资源管理和配置,提高工作效率和员工满意度。

一、职位说明书的内容与格式

(一)职位名称

职位名称是职位说明书中的基础信息之一,它不仅有助于员工和管理者识别和称呼该职位,还能帮助员工明确自己的职业方向。

在进行职位分析时,首先要明确各个职位的名称,并根据组织结构和业务需求进行合理分类。确保职位名称与组织文化和业务相符合,避免出现混淆和歧义。此外,组织还应根据实际情况定期对职位名称进行审查和更新,以适应组织的发展和变化。

(二)职责描述

职责描述是职位说明书中的核心内容之一,它详细列出了各个职位的主要职责和工作内容。通过职责描述,员工和管理者可以清楚地了解该职位需要完成的任务、承担的责任以及与其他职位的协作关系等。

在进行职责描述时,应基于组织战略和业务需求,结合该职位的具体工作要求和岗位职责,详细列出各项任务和职责。确保描述的具体、明确、可行。此外,还应定期对职责描述进行审查和更新,以适应组织的发展和变化。

(三)任职要求

任职要求是职位说明书中的重要组成部分,它说明了担任该职位所需的资格条件,包括学历、工作经验、技能、能力等方面的要求。

在进行任职要求分析时,应基于该职位的职责和工作内容,结合组织文化和业务需求,明确所需的资格条件。这些条件可以为招聘和选拔合适的员工提供重要的参考依据。此外,组织还应根据实际情况定期对任职要求进行审查和更新,以适应组织的发展和变化。

(四)工作特点

工作特点是职位说明书中的另一个重要组成部分,它描述了该职位的工作性质、工作方式、工作时间等方面的特点。

在进行工作特点分析时,应关注该职位的工作性质、工作方式和工作时间等方面的特点。这些特点可以为员工的职业规划和组织的人力资源管理提供重要的参考依据。例如,某些职位可能需要长时间的工作或经常出差,这会对员工的工作和生活产生影响。因此,组织应明确这些特点,并为员工提供相应的支持和帮助。此外,组织还应根据实际情况定期对工作特点进行审查和更新,以适应组织的发展和变化。

(五)其他相关信息

除了以上四个方面外,职位说明书还可以包括其他相关信息,如职位的等级、薪资范围、福利待遇等。这些信息对于员工的职业发展和组织的招聘工作具有重要意义。

在进行其他信息分析时,应全面考虑员工的职业发展和组织的招聘需求。例如,明确薪资范围可以帮助组织吸引和留住优秀的员工;明确福利待遇可以帮助组织为员工提供更好的工作保障和生活支持。此外,组织还应根据实际情况定期对其他信息进行审查和更新,以适应组织的发展和变化。

二、职位说明书的编制流程

(一)确定职位分析小组

职位说明书的编制并不是一项孤立的工作,而是一个跨部门、多领域的协同合作过程。因此,首要任务是组建一个专门负责此事的职位分析小组。这个小组的成员应当具备以下特点。

1. 跨部门代表性

小组成员应来自与该职位相关的不同部门,以确保多角度、全方位地了解职位信息。

2. 专业知识与技能

小组成员需要具备一定的人力资源管理知识,能够对收集到的信息进行专业分析和处理。

3. 沟通与协调能力

由于小组成员来自不同部门,因此需要具备良好的沟通和协调能力,以确保团队合作的顺畅进行。

在小组成立后,还需要明确各自的工作职责和任务分工,制定详细的工作计划和时间表,确保编制工作的有序进行。

(二)收集职位信息

收集职位信息是编制职位说明书的基础性工作。在这一阶段,小组可以采用多种方法获取信息,如访谈、问卷调查、观察等。具体步骤如下。

1. 制定信息收集计划

明确需要收集的信息类型、来源和收集方法,制定详细的信息收集计划。

2.实施信息收集

按照计划,通过访谈、问卷调查、观察等方法收集职位信息。在实施过程中,应注意保持信息的客观性和准确性,避免主观臆断和误解。

3.整理和分析信息

对收集到的信息进行分类整理,通过统计分析等方法,提炼出职位的主要职责、工作要求、任职资格等关键信息。

(三)编写初稿

在收集和分析完职位信息后,小组可以开始编写职位说明书的初稿。在编写过程中,应注意以下几点。

1.明确性

职位描述和职责应清晰明确,避免使用模糊或含糊不清的语言。

2.准确性

确保所有信息都是基于实际工作和职位要求,避免主观臆断或误导性信息。

3.完整性

说明书应涵盖职位的所有重要方面,包括工作职责、资格要求、工作环境等。

4.沟通与合作

在编写过程中,小组应与相关部门和员工保持密切沟通,确保信息的准确性和全面性。通过反复修改和完善,形成一份初步符合实际的职位说明书初稿。

(四)审核和修改

初稿完成后,需要进行严格的审核和修改。具体步骤如下。

1.内部审核

由职位分析小组进行内部审核,对初稿进行逐条检查,确保内容的准确性和完整性。对于存在的问题和不足,应及时进行修改和完善。

2.专家评估

可以邀请相关领域的专家或专业人士对初稿进行评估和建议。他们可以从专业角度提出宝贵意见和建议,有助于进一步提高职位说明书的质量。

3.反馈与修改

根据内部审核和专家评估的结果,对初稿进行必要的修改和完善。在这一过程中,应充分吸收各方面的意见和建议,确保职位说明书的科学性和实用性。

(五)发布和更新

经过多次修改和完善后,职位说明书最终可以定稿并发布实施。在实施过程中,还应注意以下几点。

1. 发布与宣传

正式发布职位说明书,并通过适当的方式进行宣传和推广,确保相关员工了解和遵守其内容。

2. 定期更新

随着组织的发展和变化,职位说明书也需要进行定期更新和维护。小组应建立定期更新机制,根据实际情况对职位说明书进行及时修订和完善。更新的内容应包括工作职责的变更、资格要求的调整等方面。通过定期更新和维护,确保职位说明书始终与组织的发展需求保持同步。

3. 动态管理

除了定期更新外,小组还应保持对职位说明书的动态管理。当组织发生重大变革或调整时,应及时对职位说明书进行相应调整,以确保其始终反映组织的最新要求和标准。同时,对于员工在工作中遇到的实际问题和新情况,也应及时进行反馈和处理,不断完善和优化职位说明书的内容。

4. 持续培训与教育

随着职位说明书的发布和更新,相关员工也需要进行相应的培训和教育。通过培训和教育活动,帮助员工深入了解职位说明书的内容和要求,提高他们的工作能力和水平。同时,也可以借此机会加强员工之间的交流和合作,促进组织的整体发展。

5. 监督与评估

为了确保职位说明书的实施效果,小组还应建立监督与评估机制。定期对职位说明书的执行情况进行检查和评估,发现问题及时进行调整和改进。同时,也可以通过员工满意度调查等方式收集员工的反馈意见和建议,不断完善和优化职位说明书的内容和管理方式。

三、职位说明书的管理与更新

（一）建立管理流程

在组织中，一套完善的管理流程是确保职位分析有效性的基础。这个流程应涵盖职位说明书的编制、审核、发布、更新等各个环节，以确保每个步骤都有明确的责任人和时间安排。通过制定流程规范，组织能够避免在职位说明书的管理和维护过程中出现混乱，并确保所有相关部门都清楚自己的角色和责任。

1. 职位说明书编制

需要由人力资源部门或专门的职位分析师负责编制职位说明书。他们将收集和分析职位信息，并与相关员工或管理者进行沟通，以确保获得准确和全面的信息。这个阶段可能需要运用之前提到的信息收集方法，如访谈、问卷调查或观察等。

2. 职位说明书审核

编制完成的职位说明书应提交给相关部门进行审核。这通常涉及直接上级、跨部门的管理者以及人力资源专家等。审核的目的在于确保职位说明书的内容准确、完整并且符合组织的战略目标。在审核过程中，可能会发现需要进一步澄清或修改的信息，这为下一阶段的修订提供了依据。

3. 职位说明书发布

经过审核确认后，职位说明书应正式发布。这通常通过内部网站、公告或电子邮件等方式进行传达，以确保所有相关员工都能及时了解和遵循。在发布过程中，组织还应考虑为员工提供培训和指导，以帮助他们更好地理解职位说明书的内容和要求。

4. 职位说明书更新

由于组织内外部环境的变化，职位说明书的内容也需要定期更新。组织应设立一个维护和更新的机制，以确保职位说明书始终与实际工作情况保持一致。这可能涉及定期审查、员工反馈，以及根据业务发展变化进行的调整等。

通过以上步骤，组织能够建立起一套系统化、规范化的管理流程，从而确保职位说明书的有效性和准确性。

（二）定期审查和更新

为了确保职位说明书的有效性和准确性，组织应定期进行审查和更新。这一过程有助于及时发现和修正与实际工作情况不符的内容，并使职位说明书始终与组织的战略目标保持一致。

1. 定期审查

组织应设定一个审查周期，如每季度、半年或每年进行一次审查。审查工作可以由人力资源部门负责，也可以委托专业机构进行。审查的重点应放在职位说明书的职责范围、任职要求和工作特点等方面，以确保它们仍然适用于当前的工作环境和需求。

2. 员工反馈

审查过程中应注重与员工的沟通和反馈。通过与一线员工和管理者的交流，可以了解他们对职位说明书的看法和建议。这种反馈机制有助于及时发现问题和改进点，并为进一步的修订提供依据。

3. 更新和维护

根据审查结果和员工反馈，组织应对职位说明书进行必要的更新和维护。这可能涉及对职责描述的调整、任职要求的增删或工作特点的修订等。更新后的职位说明书应重新发布并传达给相关员工，以确保所有人都能了解最新的要求和规范。

4. 监督与跟踪

为了确保审查和更新工作的持续性和有效性，组织应设立相应的监督和跟踪机制。这可以包括定期对职位说明书的一致性和准确性进行检查，以及对于发现的不足之处采取相应的改进措施。

通过定期审查和更新，组织不仅能够确保职位说明书的时效性和准确性，还能提高员工的工作满意度和工作效率，进一步促进组织的稳定和发展。

（三）保持动态性

随着组织的发展和外部环境的变化，职位说明书的内容也需要不断调整和完善。因此，组织应保持动态性，及时对职位说明书进行调整和更新，以满足不断变化的需求和实际情况。

1. 关注组织变革

组织应密切关注内外部环境的变化，特别是涉及业务发展、组织结构调整或技术革新等方面。这些变革可能对职位说明书提出新的要求或产生影响，需要及时进行相应的调整。

2. 灵活应对变化

当组织面临市场变化、产品调整或客户需求变化等情况时，应及时评估这些变化对职位说明书的影响。可能需要重新定义职责范围、调整任职要求或更新与其他职位的关系等，以确保职位说明书与实际工作需求相匹配。

3. 员工参与与培训

鼓励员工积极参与职位说明书的调整过程，他们的经验和反馈对于确保内容的准确性和实用性至关重要。此外，在调整过程中，组织还应为员工提供必要的培训和支持，帮助他们适应新的职责和工作要求。

4. 持续改进

动态性意味着持续改进的过程。组织应不断寻求改进职位说明书的途径和方法，以提高其质量和实用性。这可能涉及定期评估现有内容、研究行业最佳实践案例，以及引入新的工具和技术等措施。

5. 制度化与文化传播

为了维护动态性并确保持续改进成为组织的常态，应将这一理念制度化并传播至整个组织文化中。通过培训和沟通等方式，使员工认识到职位说明书的重要性和其动态特性，从而培养整个组织持续改进和适应变化的意识。

保持动态性是确保职位说明书与组织发展相一致的关键所在。通过不断调整和完善职位说明书，组织不仅能够更好地应对内外部环境的变化，还能提高员工的适应能力和组织的竞争力。

第三节 职位设计的原则与实践

一、职位设计的原则

(一)战略匹配原则

战略匹配原则是职位设计的重要原则之一,它强调职位设计与组织的战略目标保持一致。组织的战略目标是组织长期发展的方向和愿景,而职位设计则是实现这些目标的具体手段。因此,在进行职位设计时,需要充分考虑组织的战略目标和业务发展方向,确保职位的工作内容和职责能够为实现这些目标做出贡献。同时,还需要不断调整和优化职位设计,以适应组织战略的变化和发展。

(二)效率原则

效率原则是职位设计的重要原则之一。在进行职位设计时,需要以提高工作效率为主要目标,确保职位的工作流程和职责分配合理、科学。通过优化职位设计,可以减少冗余的工作环节和不必要的任务,降低人力成本,提高工作效率。同时,还需要注意职位设计的人性化因素,合理安排工作量和工作时间,避免员工因过度劳累而影响工作效率和工作质量。

(三)员工发展原则

员工发展原则是职位设计的重要原则之一。在进行职位设计时,需要充分考虑员工的发展需求和职业规划,为员工提供更多的职业发展机会和空间。通过合理的职位设计,可以激发员工的潜力和创造力,提高员工的工作积极性和忠诚度。同时,还需要加强对员工的培训和教育,提高员工的综合素质和能力,为组织的长期发展提供有力的人才保障。

二、职位设计的实践方法

(一)工作分析法

工作分析法是职位设计的基本方法之一。通过工作分析,可以全面了解职位的工作内容、职责、要求等信息,为职位设计提供基础数据和依据。具体来说,工作分析法包括工作日志法、访谈法、问卷法等多种形式。通过这些方法，可以深入了解职位的具体工作内容和职责，为后续的职位设计提供有力支持。

（二）组织分析法

组织分析法是职位设计的另一种实践方法。通过组织分析，可以了解组织的结构、流程、文化等信息，为职位设计提供组织层面的依据。具体来说，组织分析法包括组织结构图、流程图、组织文化分析等多种形式。通过这些方法，可以全面了解组织的运作模式和特点，为职位设计提供有针对性的建议和方案。

（三）标杆分析法

标杆分析法是职位设计的另一种实践方法。通过标杆分析，可以了解同行业或其他行业的优秀实践和成功案例，为组织的职位设计提供参考和借鉴。具体来说，标杆分析法包括对竞争对手、行业领先者等的分析和比较。通过标杆分析，可以发现自身的不足和差距，并学习借鉴优秀的实践经验和方法，优化和改进组织的职位设计。

三、职位设计的优化策略

（一）动态调整策略

在人力资源管理中，职位设计是一个持续优化的过程。动态调整策略强调根据组织内外部环境的变化和业务发展的需要，对职位设计进行适时的调整和优化。这种策略的核心在于保持职位设计的灵活性和适应性，以确保其与组织战略和业务需求保持一致。实施动态调整策略的关键步骤如下。

1.监测环境变化

持续关注组织内外部环境的变化，包括市场趋势、技术进步、政策法规等方面的变化。这些变化可能会对职位设计产生直接或间接的影响。

2.识别业务需求

深入了解组织的业务需求和发展目标，分析现有职位设计是否能够满足这些需求。对于不符合业务需求或存在问题的职位设计，需要及时进行调整。

3.调整职位设计

根据环境变化和业务需求，对职位设计进行相应的调整。这可能包括工作职责的变更、任职资格的调整、工作流程的优化等方面。

4. 持续评估与改进

对调整后的职位设计进行持续评估,确保其实际效果符合预期。对于存在的问题和不足,需要及时进行改进和优化。

通过实施动态调整策略,可以确保职位设计始终与组织的业务需求和发展目标保持一致,提高职位设计的有效性和合理性。同时,这种策略也有助于激发员工的创造力和潜力,促进组织的持续发展和创新。

(二)多元化发展策略

多元化发展策略强调根据不同的业务领域和市场环境,制定有针对性的职位设计方案。这种策略的核心在于提高组织的适应性和竞争力,以满足不断变化的市场需求和业务环境。实施多元化发展策略的关键步骤如下。

1. 分析业务领域

深入了解组织的业务领域和市场环境,识别不同领域之间的差异和特点。这有助于为不同领域制定有针对性的职位设计方案。

2. 制定多元化职位设计方案

根据不同的业务领域和市场环境,制定多元化的职位设计方案。这可能包括不同的工作职责、任职资格、薪酬结构等方面。

3. 实施与评估

将多元化的职位设计方案付诸实施,并对其效果进行评估。通过评估结果,可以及时发现和解决问题,不断完善和优化职位设计方案。

4. 培养多元化人才

鼓励员工在不同领域和职位之间进行流动和交叉培训,培养具备多元化技能和知识的人才。这有助于提高组织的适应性和竞争力。

通过实施多元化发展策略,可以满足组织在不同业务领域和市场环境中的需求,提高组织的整体绩效和竞争力。同时,这种策略也有助于激发员工的创造力和潜力,促进员工的个人发展和职业成长。

(三)员工参与策略

员工参与策略强调在职位设计过程中充分听取员工的意见和建议,增强员工对职位设计的认同感和满意度。这种策略的核心在于提高员工的工作积极性和工作质量，促进组织的稳定和发展。实施员工参与策略的关键步骤如下。

1. 建立沟通渠道

建立有效的沟通渠道，让员工能够自由表达自己的意见和建议。这可以通过定期的会议、问卷调查、面谈等方式实现。

2. 收集员工意见

积极收集员工对职位设计的意见和建议，了解员工的需求和期望。这有助于制定更加符合员工需求的职位设计方案。

3. 参与决策过程

让员工参与到职位设计的决策过程中来，让他们感受到自己的意见和建议得到了重视和采纳。这有助于提高员工的参与感和归属感。

4. 及时反馈与调整

对于员工的意见和建议，需要及时进行反馈和调整。通过持续改进和优化职位设计，提高员工的工作满意度和绩效水平。

通过实施员工参与策略，可以增强员工对职位设计的认同感和满意度，提高员工的工作积极性和工作质量。同时，这种策略也有助于促进组织内部的沟通和协作，增强组织的凝聚力和向心力。

（四）评估反馈策略

评估反馈策略强调建立科学的评估体系和反馈机制，对职位设计的实施效果进行全面评估和及时反馈。这种策略的核心在于发现问题和不足，提出改进和优化的建议和方案，推动职位设计的持续改进和优化。实施评估反馈策略的关键步骤如下。

1. 建立评估体系

根据组织的业务需求和目标，建立科学的评估体系。这可能包括定量和定性的评估指标，如工作效率、员工满意度、客户反馈等方面。

2. 收集数据与信息

通过问卷调查、面谈、观察等方式收集与职位设计相关的数据和信息。这些数据和信息应涵盖不同层面和角度的反馈意见和建议。

3.分析评估结果

对收集到的数据和信息进行深入分析,识别存在的问题和不足以及潜在的改进空间。这有助于为下一步的优化措施提供有力的依据和支持。

4.提出改进方案

针对评估结果中发现的问题和不足以及潜在的改进空间提出具体的改进方案和建议措施,并制定相应的实施计划和时间表确保改进方案的有效实施和落地执行。同时需要关注方案的可持续性和长期效益确保改进方案能够长期发挥作用并推动组织的持续发展。

5.持续监测与调整

在改进方案实施过程中需要持续监测其效果并根据实际情况进行必要的调整和优化以确保改进方案的有效性和适应性。同时需要保持与员工的沟通和协作鼓励员工积极参与到改进过程中来,共同推动职位设计的持续改进和优化。此外还需要关注行业动态和市场变化,及时调整和改进职位设计以适应不断变化的市场需求和竞争环境。

四、职位设计在人力资源管理中的应用

职位设计作为人力资源管理中的关键环节,对于组织的成功运营和发展至关重要。通过合理的职位设计,组织能够确保每个职位的职责、权利和关系得到明确规定,从而为人力资源管理工作提供基础框架。下面将深入探讨职位设计在人力资源管理中的具体应用。

(一)招聘与选拔

在人力资源管理中,招聘与选拔是组织获取优秀人才的关键环节。通过职位设计,组织能够明确各个职位的职责、要求和能力需求,从而制定出符合职位需求的招聘计划。这有助于确保招聘到的人员具备完成工作所需的技能和经验,提高招聘的有效性。

在选拔过程中,职位设计所确定的职责和能力需求为评估候选人的相关技能和经验提供了具体的标准和依据。人力资源管理者可以根据这些标准和要求对候选人进行评估,从而选出最符合职位需求的人才。这有助于提高选拔的准确性和

有效性，为组织的长期发展奠定坚实的人才基础。

（二）培训与发展

培训与发展是人力资源管理中培养员工能力、提升组织整体竞争力的重要手段。通过职位设计，组织可以明确员工的能力需求和职业发展路径，从而制定出有针对性的培训和发展计划。

具体而言，人力资源管理者可以根据职位设计的职责和要求，分析员工所需的能力和技能，并制定相应的培训计划。这些培训计划可以包括内部培训、外部培训、在线课程等多种形式，以满足不同员工的需求。同时，职位设计还可以帮助员工明确自己的职业发展方向和目标，提高员工的职业满意度和忠诚度，进一步增强组织的稳定性。

（三）绩效管理

绩效管理是人力资源管理中激励员工、提高组织绩效的关键环节。通过职位设计，组织可以明确各个职位的绩效目标和考核标准，为绩效管理提供具体的依据和参考。

具体而言，人力资源管理者可以根据职位设计的职责和要求，制定相应的绩效目标和考核标准。这些标准和要求应具有可衡量性、可达成性和挑战性，以确保绩效管理的有效性和公正性。同时，职位设计还可以帮助员工更好地理解自己的绩效目标和要求，提高员工的绩效意识和自我管理能力。通过合理的绩效管理机制，组织能够激励员工更好地发挥自己的潜力，为组织的长期发展做出贡献。

（四）薪酬福利设计

薪酬福利设计是人力资源管理中吸引和留住人才的重要手段之一。通过职位设计，组织可以明确各个职位的职责、要求和能力需求，为薪酬福利设计提供具体的依据和参考。

具体而言，人力资源管理者可以根据职位设计的职责和要求，评估各个职位的价值和贡献，并制定相应的薪酬福利政策和方案。这些政策和方案应具有竞争性和公平性，以确保能够吸引和留住优秀人才。同时，合理的薪酬福利设计还能够激发员工的积极性和创造力，提高员工的工作满意度和忠诚度。

综上所述,职位设计在人力资源管理中具有广泛的应用价值。通过合理的职位设计,组织能够确保各个职位的职责、权利和关系得到明确规定,为人力资源管理工作提供基础框架。同时,职位设计还能够与人力资源管理的其他职能相互支持、协同作用,提高整个组织的运营效率和竞争力。

第四章 招聘与选拔

第一节 招聘渠道的选择与管理

在人力资源管理中,招聘渠道的选择与管理是确保组织能够吸引和招聘到合适人才的关键环节。本节将详细探讨内部招聘与外部招聘的对比与选择、招聘渠道的种类与特性,以及招聘渠道的管理与优化。

一、内部招聘与外部招聘的对比与选择

(一)人才来源

在内部招聘中,人才主要来自组织内部的现有员工。这些员工通常已经在组织中工作了一段时间,并已经与组织文化和业务需求相融合。他们熟悉组织的工作流程、价值观和文化,并已经建立了与同事和上下级的关系。这种内部招聘的方式可以提供一种相对低风险的选择,因为组织已经对员工的背景、能力和绩效有了较为全面的了解。

相比之下,外部招聘的人才主要来自组织外部的应聘者。这些应聘者可能没有在组织中工作的经验,但他们通常具备相关的技能和经验,能够为组织带来新的视角和思维方式。外部招聘可以提供更大的选择范围,帮助组织找到最适合的人才,同时也可以为组织注入新鲜血液,促进组织的创新和发展。

(二)选拔过程

内部招聘的选拔过程通常更为简单,因为组织已经拥有现有员工的详细信息和绩效记录。这些信息可以作为选拔的重要参考依据,帮助组织更好地了解员工的技能、能力和潜力。此外,内部员工通常更了解组织文化和业务需求,能够更快

地融入组织并开始发挥其能力。

相比之下,外部招聘的选拔过程需要经过更严格的筛选过程。除了评估应聘者的技能和经验外,还需要考虑其与组织文化和价值观的匹配程度。此外,外部招聘需要确保新员工能够适应组织的工作流程和业务需求,这需要进行充分的背景调查和面试。

(三)成本与时间

内部招聘通常成本较低,耗时较少,因为组织已经了解了现有员工的技能和潜力。相比之下,外部招聘可能需要更高的成本和更长的时间来寻找和吸引合适的候选人。外部招聘需要进行广告发布、筛选简历、面试安排等一系列工作,同时还需要进行背景调查和入职培训等环节,这些都需要耗费大量时间和资源。

(四)员工士气与激励

内部招聘可以增强员工的士气,因为它为现有员工提供了晋升和职业发展的机会。这种机会对于员工的职业发展至关重要,因为它能够让员工看到自己在组织中的未来,从而更加积极地投入工作。此外,内部招聘还可以帮助员工更好地了解自己在组织中的位置和价值,从而提高其对组织的忠诚度和工作满意度。

相比之下,外部招聘可能会对现有员工的士气产生一定的负面影响,因为它可能会让员工感到职业发展受阻或者受到威胁。此外,外部招聘的人才可能需要更长时间来适应组织文化和业务需求,从而导致他们的工作表现可能不如内部员工。同时,如果外部招聘的员工在短时间内离职,可能会给组织带来一定的损失。

二、招聘渠道的种类与特性

(一)校园招聘

校园招聘是许多企业首选的招聘方式之一,特别是对于那些寻求年轻、有潜力且具备一定教育背景的人才时。这种策略的核心优势在于能够直接接触到大量的新鲜人才,他们通常具备最新的学术知识和研究方法,而且往往对新事物和新技术充满热情。

1. 校园招聘的目的

(1) 人才储备：高校是人才的摇篮，每年都有大量的毕业生走出校门，他们拥有最新的学术背景，具备专业领域内的基础知识。对于企业而言，校园招聘是一次性获取大量潜在人才的机会。

(2) 品牌宣传：参与校园招聘不仅仅是招聘人才的过程，同时也是展示企业文化、宣传品牌形象的好机会。通过校园宣讲、互动环节等方式，企业可以向学生展示自身的实力和发展前景，从而吸引更多优秀人才的关注。

(3) 长期合作：与高校建立长期合作关系，可以为企业提供一个稳定的人才输送渠道。通过与学校的职业指导中心、教授等建立联系，企业可以及时了解学生的动态和需求，从而更加精准地进行人才选拔。

然而，校园招聘也存在一些挑战。由于学生通常缺乏实际工作经验，企业需要对他们进行更加系统和全面的培训。同时，由于校园招聘涉及大量的简历筛选和面试工作，企业需要投入更多的时间和资源来进行人才选拔。

2. 校园招聘的策略

为了提高校园招聘的效率和质量，企业可以采取以下策略：

(1) 明确招聘目标：在参与校园招聘前，企业应明确自身的招聘目标和需求，包括所需的专业背景、技能等，以便更加精准地锁定目标人群。

(2) 优化招聘流程：简历筛选和面试是校园招聘中最为耗时的环节。企业可以通过引入在线测评、视频面试等方式，提高筛选效率，减少不必要的面试次数。

(3) 加强校企合作：与高校建立深度合作关系，不仅可以获得更优质的人才资源，还可以通过实习、项目合作等方式提前了解和培养潜在员工。

(4) 提供有吸引力的薪酬福利：对于优秀的学生而言，除了职业发展前景外，薪酬福利也是他们考虑的重要因素。因此，提供具有竞争力的薪酬福利可以有效提高企业的吸引力。

（二）社会招聘

社会招聘是企业从社会上广泛招募人才的过程。与校园招聘不同，社会招聘更加注重应聘者的实际工作经验和专业技能。这种招聘方式适用于那些需要具备一定行业背景或专业经验的职位。

1.社会招聘的目的

(1)经验优势：社会招聘的应聘者通常具备一定的工作经验，这意味着他们在实际工作中已经掌握了一定的技能和知识，能够更快地适应新的工作环境和任务。

(2)多元背景：来自不同企业和行业的应聘者拥有各自独特的经验和视角，这可以为企业带来新的思维和创意，有助于推动企业的创新和发展。

(3)广泛的人才库：社会招聘不受地域和行业的限制，企业可以从更广泛的人才库中进行选择，从而找到最适合职位需求的候选人。

然而，社会招聘也存在一些挑战。由于应聘者来自不同的背景和企业，他们的价值观和工作习惯可能存在差异，这需要进行一定的文化融合和团队整合工作。同时，对于高端职位而言，社会招聘的竞争往往更加激烈，企业需要投入更多的成本和时间来进行人才争夺。

2.社会招聘的策略

为了提高社会招聘的效率和质量，企业可以采取以下策略。

(1)明确职位要求：在发布招聘信息时，企业应明确职位的具体要求和职责范围，以便吸引更符合职位需求的应聘者。

(2)扩大招聘渠道：除了传统的招聘网站和招聘会外，企业还可以通过社交媒体、专业论坛等途径扩大招聘信息的传播范围。

(3)建立人才库：企业可以通过建立人才库的方式长期跟踪和了解潜在候选人的动态和需求以便在合适的时机进行招聘。

(4)优化面试流程：对于社会招聘而言面试是了解应聘者实际工作经验和技能的重要环节。企业可以通过引入案例分析、模拟演练等方式提高面试的针对性和有效性。

（三）网络招聘

网络招聘是近年来随着互联网的普及而兴起的一种新型招聘方式。它通过互联网平台发布招聘信息吸引求职者投递简历，具有传播速度快、覆盖面广的优点。

1.网络招聘的目的

(1)传播范围广：通过互联网平台发布的招聘信息可以快速传播到全球各地，不受地域限制扩大了企业的招聘范围。

(2)方便快捷：对于求职者和企业而言网络招聘提供了更加方便快捷的沟通方式。求职者可以通过在线投递简历、视频面试等方式与企业进行沟通，提高了招聘的效率和质量。

(3)降低成本：相比传统的线下招聘网络招聘可以降低企业的招聘成本，包括场地租赁、宣传物料制作等方面的费用。

然而网络招聘也存在一些挑战。由于信息传播的广泛性和匿名性，网络招聘信息的真实性和保密性需要特别注意。同时大量的在线简历也需要企业进行高效的筛选和管理。

2.网络招聘的策略

为了提高网络招聘的效率和质量，企业可以采取以下策略。

(1)选择合适的招聘平台：选择知名度高、信誉良好的招聘平台发布招聘信息可以确保信息的真实性和有效性。

(2)优化招聘信息：发布清晰、详细的招聘信息包括职位描述、任职要求等以便吸引更符合职位需求的求职者投递简历。

(3)引入在线测评工具：通过引入在线测评工具可以对求职者进行初步的能力测试和评估，提高简历筛选的效率和质量。

(4)加强信息保密措施：在发布招聘信息和处理求职者数据时，企业应严格遵守相关法律法规，加强信息保密措施，确保数据安全和个人隐私的保护。

（四）猎头公司

猎头公司是一种专门为企业寻找高级管理和技术人才的服务机构。它们通常拥有广泛的人脉资源和专业的招聘团队，能够快速找到符合职位需求的高端人才。猎头公司的服务通常包括需求分析、候选人寻访、面试安排、薪资谈判等一系列流程，旨在为企业提供全面的人才解决方案。通过猎头公司，企业可以更加专注于自身的核心业务，而将高端人才的招聘工作交给专业的团队来完成，从而提高了招聘的效率和质量。然而，猎头公司的服务费用通常较高，企业需要权衡利弊后做出决策。在选择猎头公司时，企业应注重其行业声誉、成功案例以及服务流程的专业性和规范性，确保能够获得优质的服务和合适的人才匹配。

三、招聘渠道的管理与优化

（一）选择合适的招聘渠道

在招聘过程中，选择合适的招聘渠道是至关重要的。招聘渠道的选择直接影响招聘的效果和效率。因此，组织需要根据职位需求、目标人才群体以及预算等因素进行综合考虑，选择最适合的招聘渠道。

对于初级职位，校园招聘是一个不错的选择。校园招聘可以有效地吸引即将毕业的学生，通过与高校合作，组织可以更方便地获取学生的信息，并且可以通过宣讲会等形式更好地宣传组织文化和招聘需求。此外，社交媒体也是招聘初级职位的重要渠道之一。社交媒体平台上的招聘信息可以覆盖更广泛的目标人才群体，同时组织还可以通过社交媒体平台上的互动和交流更好地了解候选人的兴趣和特点。

对于高级职位，猎头公司可能是一个更好的选择。猎头公司通常拥有丰富的高级人才资源，并且能够提供更加专业的服务和建议。通过猎头公司，组织可以更快地找到符合职位需求的高级人才，并且可以得到更加专业的评估和建议。当然，对于高级职位，内部推荐也是一个值得考虑的渠道。通过建立内部推荐机制，组织可以更好地发掘现有员工的潜力和资源，同时还可以增强员工的归属感和忠诚度。

（二）制定详细的招聘计划

制定详细的招聘计划是确保招聘工作顺利进行的关键。招聘计划应该包括以下几个关键环节。

1. 职位需求分析

在制定招聘计划之前，组织需要对招聘的职位进行详细的需求分析。这包括对职位的职责、技能要求、工作经验等方面的分析，以确保招聘计划的针对性和有效性。

2. 目标人才群体定位

根据职位需求分析，组织需要确定目标人才群体的范围和特点。这包括对候选人的学历、经验、技能等方面的要求，以便更好地筛选和评估候选人。

3.招聘信息发布

制定招聘计划时，组织需要确定招聘信息的发布方式和时间。招聘信息应该明确、简洁、有吸引力，以便吸引更多的候选人。同时，组织还需要根据目标人才群体的特点和渠道选择合适的发布方式，如社交媒体、招聘网站、高校就业指导中心等。

4.筛选和面试安排

在制定招聘计划时，组织还需要制定筛选和面试的流程和标准。筛选过程应该注重候选人的背景、经验和技能等方面的评估，而面试安排则应该考虑面试官的时间、地点和候选人的人数等因素。同时，面试安排还应该考虑到候选人的需求和感受，以提高招聘的质量和效率。

5.评估和反馈

在招聘计划中，组织还需要建立评估和反馈机制。通过对招聘过程的评估和反馈，组织可以不断改进招聘计划和增强招聘效果。评估和反馈应该包括对招聘渠道、筛选标准、面试流程等方面的评估和改进建议。

（三）提高招聘信息的吸引力

提高招聘信息的吸引力是吸引优秀人才的关键。一个好的招聘信息应该简洁明了、突出职位特点和要求，同时还要提供具有竞争力的薪资待遇和福利。

首先，招聘信息应该简洁明了，突出重点信息。过于冗长的招聘信息可能会让候选人失去阅读的兴趣，而简洁明了的招聘信息则能够快速传达出职位的关键信息，吸引更多优秀人才的关注。同时，突出职位特点和要求也是吸引优秀人才的关键之一。在撰写招聘信息时，组织应该注重突出职位的特点和要求，以便候选人更好地了解职位内容和要求，提高匹配度。

此外，提供具有竞争力的薪资待遇和福利也是提高招聘信息吸引力的关键因素之一。薪资是吸引候选人关注的重要因素之一，而福利则是留住人才的重要手段之一。因此，组织应该根据市场情况和职位价值制定具有竞争力的薪资待遇和福利政策，并在招聘信息中明确列出。同时，组织还可以在招聘信息中突出组织的优势和发展前景，以吸引更多优秀人才的关注和加入。

(四)加强与高校、职业机构的合作

加强与高校、职业机构的合作可以为组织提供更广泛的人才库和培训资源。通过建立合作关系,组织可以更好地了解人才培养和需求情况,并为校园招聘和社会培训提供更有针对性的支持和帮助。

与高校合作是校园招聘的重要方式之一。通过与高校建立合作关系,组织可以更好地了解学生的培养情况和发展需求,同时还可以为校园招聘提供更有针对性的支持和帮助。例如,组织可以与高校的职业指导中心合作,参与校园招聘会、宣讲会等活动,提供实习机会和职业规划指导等。这些合作不仅可以提高校园招聘的效果和质量,还可以为学生的职业发展提供更多的机会和支持。

此外,与职业机构合作也是获取更广泛的人才库和培训资源的重要方式之一。职业机构通常拥有丰富的人才资源和培训经验,可以为组织提供更加专业的服务和支持。通过与职业机构合作,组织可以更快地找到符合职位需求的人才,同时还可以获得更加专业的培训和发展机会。这种合作不仅可以提高组织的招聘效果和质量,还可以为员工的职业发展提供更多的机会和支持。

第二节 选拔方法与技巧

一、简历筛选与面试技巧

(一)简历筛选:有效识别优秀人才的第一步

简历筛选是招聘过程中至关重要的一步,它决定了哪些应聘者能够进入下一阶段的选拔过程。在进行简历筛选时,应关注以下几点。

1. 明确职位要求

在筛选简历之前,应先明确职位的招聘要求,确定所需的关键技能和经验。这样可以使筛选工作更加有针对性,提高筛选效率。

2. 关注工作经验和技能

在筛选简历时,应重点关注应聘者的工作经验和技能,特别是与职位需求相关的经验和技能。这些信息可以帮助判断应聘者是否具备胜任该职位的能力。

3. 留意简历细节和逻辑性

在阅读简历时，应注意细节问题，如拼写错误、格式混乱等。这些细节可能会影响应聘者的专业形象。同时，也要注意简历内容的逻辑性，确保简历中的信息条理清晰、连贯。

4. 利用筛选工具

可以使用一些筛选工具，如自动化筛选软件，来帮助快速过滤掉部分不符合基本要求的应聘者，提高筛选效率。

通过有效的简历筛选，可以初步识别出具有潜力和能力的优秀人才，为后续的选拔过程打下良好基础。

（二）面试技巧：深入挖掘应聘者的潜力和能力

面试是招聘过程中不可或缺的一环，通过面对面的交流，可以更深入地了解应聘者的个人素质、能力、性格等方面。在面试过程中，应掌握以下关键技巧。

1. 准备充分

在面试前，应对应聘者的资料进行深入了解，并准备好面试问题。同时，还要明确面试的目的和期望结果，确保面试过程有针对性。

2. 营造良好氛围

面试开始前，应尽量创造一个轻松、愉快的氛围，以减轻应聘者的紧张情绪。这有助于应聘者更好地展示自己的能力和潜力。

3. 倾听与反馈

在面试过程中，应认真倾听应聘者的回答，并给予积极的反馈。通过反馈，可以引导应聘者更加深入地展示自己的能力和经验，同时也可以让应聘者感受到面试官的关注和尊重。

4. 运用面试技巧

在面试过程中，可以运用一些面试技巧，如行为面试法、压力面试法等。这些技巧可以帮助面试官深入了解应聘者的行为模式、解决问题能力和抗压能力等关键素质。

5. 记录和分析

在面试过程中，应及时记录应聘者的表现，并在面试结束后进行分析和评估。

通过分析和评估,可以更好地了解应聘者的优缺点,为后续的决策提供依据。

通过掌握有效的面试技巧,可以更深入地了解应聘者的潜力和能力,为组织选拔到合适的人才提供保障。

(三)评估中心技术:全面评估应聘者的综合素质

评估中心技术是一种综合性的选拔方法,通过模拟实际工作场景和任务,对应聘者的能力、性格、潜力等方面进行全面评估。这种方法可以为组织提供更准确的预测和评估依据。在使用评估中心技术时,应关注以下几点。

1. 设计合理的评估任务

评估中心技术应基于职位需求和组织文化进行设计。评估任务应与实际工作场景和任务相类似,以确保评估结果的实用性。同时,评估任务的设计还应考虑到不同职位和层级的要求,以确保评估的针对性和准确性。

2. 模拟实际工作场景

评估中心技术应尽可能模拟实际工作场景和环境,以便更好地评估应聘者的适应能力和应变能力。通过模拟真实情境下的任务和挑战,可以更好地了解应聘者的实际工作能力和表现。

3. 多种方法的综合运用

评估中心技术包括多种方法,如文件筐测试、无领导小组讨论、角色扮演等。这些方法各有优缺点,应根据职位需求和组织要求进行选择和设计。同时,应综合运用多种方法进行评估,以便更全面地了解应聘者的能力和潜力。

4. 评估反馈与指导

评估中心技术不仅是对应聘者的评估过程,也是对应聘者的反馈和指导过程。在评估结束后,应及时向应聘者提供反馈和建议,帮助其了解自己的优点和不足之处,为其职业发展提供指导和帮助。

5. 确保公正性和客观性

评估中心技术的实施应确保公正性和客观性。评估人员应经过培训和选拔,具备专业知识和经验,以确保评估结果的准确性和可靠性。同时,还应制定统一的评估标准和程序,以确保评估的公正性和客观性。

6.与其他选拔方法结合使用

评估中心技术虽然是一种有效的选拔方法,但并不能完全替代其他选拔方法如简历筛选和面试等。因此,在实际招聘过程中,应结合使用多种选拔方法,以提高选拔的准确性和可靠性。

二、能力测试与评估方法

(一)认知能力测试:衡量应聘者的智力水平

认知能力测试在现代人才选拔中占据了重要的地位,其核心理念是通过一系列科学设计的测试题目,对应聘者的智力水平、思维方式和问题解决能力进行全面的衡量。这种测试方法不仅能够帮助企业快速筛选出具备高潜力的候选人,还能够为后续的培训和发展提供有价值的参考。

认知能力测试通常涵盖了语言理解、数学能力、逻辑推理等多个方面。语言理解测试主要考察应聘者对语言文字的理解和表达能力,例如阅读理解、写作技巧等;数学能力测试则着重检验应聘者的数学运算和逻辑分析能力,如数据分析、图表解读等;逻辑推理测试则是评估应聘者在面对复杂问题时,能否运用逻辑思维进行分析和判断。

(二)技能测试:检验应聘者的专业技能水平

技能测试是人才选拔过程中的重要环节,它直接针对应聘者所具备的专业技能进行检验,确保候选人具备完成工作所需的基本技能和能力。这类测试对于技术类职位和需要特定专业背景的职位尤为重要。

技能测试的形式和内容因职位和行业而异,但通常包括专业知识测试、实际操作演示等。专业知识测试主要考察应聘者对专业领域内知识的掌握程度,如编程能力、法律知识等;实际操作演示则是要求应聘者现场展示其专业技能,如机械操作、软件编程等。

(三)性格测评:揭示应聘者的性格特点

性格测评作为人才选拔的一种辅助手段,旨在揭示应聘者的性格特点和行为风格。性格在很大程度上决定了一个人的行为方式和工作态度,对于需要特定性格特点的职位来说,性格测评尤为重要。

性格测评通常通过一系列心理测验和问卷调查来实现。这些测验和问卷会对应聘者的行为风格、人际交往能力、情绪稳定性等方面进行全面的评估。例如，有的性格测评会考察应聘者是否善于团队合作、是否具备领导能力、是否容易焦虑等。

（四）360度反馈评价：全面了解应聘者的综合素质

360度反馈评价是一种全方位、多角度的评估方法，它通过收集来自上级、下级、同事、客户等多个角度的反馈信息，对应聘者的综合素质进行全面评价。这种方法打破了传统单一评价主体的局限性，使得评价结果更加全面和客观。

360度反馈评价通常包括多个方面的评价指标，如团队协作、沟通能力、领导力、客户满意度等。这些指标涵盖了应聘者在工作中的各个方面表现，能够全面反映其综合素质和能力水平。

三、背景调查与候选人核实

（一）教育背景核实：确认应聘者的学历和学术成就

教育背景核实是招聘过程中一个至关重要的环节，它关乎应聘者是否具备足够的学术背景和专业素养来胜任所应聘的职位。在进行教育背景核实时，组织需要采取一系列的措施来确保信息的真实性和准确性。

首先，组织需要对应聘者的学历证书和其他证明材料进行仔细核对，以确认其真实性。这包括确认毕业院校、学位、毕业时间等信息是否与应聘者的简历相符，以及确认学历证书是否真实有效。为了更好地完成这一任务，组织可以借助一些专业的学历认证平台或机构来进行核实。

其次，组织还需要对应聘者的学术成果进行核实。对于那些在学术领域有所建树的职位，应聘者的学术成果是其学术能力的重要体现。因此，组织需要对应聘者发表的论文、参与的研究项目等进行核实，以确认其学术水平和贡献。这可以通过查询学术数据库、联系论文发表的期刊编辑部或相关研究机构等方式来完成。

在实施教育背景核实时，组织还需要注意保护应聘者的个人隐私和信息安全。具体来说，组织不应将应聘者的个人信息泄露给第三方，也不应将信息用于除招聘以外的其他用途。同时，组织还需要采取相应的技术措施来保护信息的安全，防止信息被非法获取或滥用。

（二）工作经历调查：了解应聘者的职业背景和工作经验

工作经历调查是招聘过程中一个重要的环节，它可以帮助组织更好地了解应聘者的职业背景、工作经验以及与前任雇主的关系等方面的情况。通过工作经历调查，组织可以对应聘者的工作能力、工作态度和职业发展潜力等方面进行评估，从而更好地选拔出适合的人才。

在进行工作经历调查时，组织需要采取一系列的措施来确保信息的真实性和准确性。首先，组织需要对应聘者的工作经历进行核实，以确认其真实性。这包括核对工作经历中的公司名称、职位、工作时间等信息是否与应聘者的简历相符，以及确认工作经历是否真实可靠。为了更好地完成这一任务，组织可以借助一些专业的背景调查机构来进行调查。

其次，组织还需要了解应聘者的工作职责和业绩表现等方面的情况。这可以通过与前任雇主联系、查询公司年报等方式来完成。通过了解这些信息，组织可以更好地评估应聘者的工作能力和职业发展潜力。

最后，组织还需要了解应聘者与前任雇主的关系，以判断其是否具备团队合作和沟通能力。这可以通过了解应聘者与同事、上级和下级之间的关系，以及其在公司中的表现等方面的情况来完成。

在实施工作经历调查时，组织也需要注意保护应聘者的个人隐私和信息安全。具体来说，组织不应将应聘者的个人信息泄露给第三方，也不应将信息用于除招聘以外的其他用途。同时，组织还需要采取相应的技术措施来保护信息的安全，防止信息被非法获取或滥用。

（三）个人品质评估：考察应聘者的品德和道德观念

个人品质评估是招聘过程中不可或缺的一环，它关乎应聘者是否具备符合企业文化和价值观的品德和道德观念。通过个人品质评估，组织可以更好地了解应聘者的诚信度、责任心、自律性等方面的情况，从而选拔出真正符合企业要求的人才。

在进行个人品质评估时，组织需要采取一系列的措施来确保评估结果的客观性和公正性。首先,组织需要通过面试、笔试等方式对应聘者的个人品质和道德观念进行评估。在面试中,可以设计一些情境问题来考察应聘者在特定情境下的反应和行为表现;在笔试中,可以设计一些关于品德和道德观念的选择题或论述题来考察应聘者的价值观和道德观。

其次,组织还可以通过背景调查来了解应聘者的个人品质和行为习惯。通过与前任雇主、同事、朋友等相关人员进行联系,可以了解应聘者的工作表现、人际关系、道德品质等方面的情况,从而对其个人品质进行综合评估。

此外,组织还可以借助一些专业的评估工具来进行个人品质评估。例如,人格测试、职业倾向测试等工具可以帮助组织了解应聘者的人格特质、价值观和职业倾向等方面的信息,从而对其个人品质进行更加全面和客观的评估。

在实施个人品质评估时,组织还需要注意以下几点:首先,要尊重个人隐私和信息安全,避免过度挖掘和传播应聘者的个人信息;其次,要避免主观臆断和偏见,要以客观事实为依据进行评估;最后,要建立完善的评估标准和程序,确保评估结果的准确性和公正性。

(四)候选人核实与验证:确保选拔结果的准确性和可靠性

候选人核实与验证是招聘过程中至关重要的一环,它关乎选拔结果的准确性和可靠性。通过候选人核实与验证,组织可以对选拔过程中收集的信息进行再次确认和验证,以确保选拔结果的准确性和可靠性。

在进行候选人核实与验证时,组织需要采取一系列的措施来确保信息的真实性和准确性。

首先,要对候选人的关键信息进行再次核实,如学历、工作经历、技能证书等是否真实可靠。这可以通过查询相关机构、与候选人之前的雇主或同事联系等方式来完成。同时,要建立完善的档案管理制度,对候选人的资料进行分类管理,以便日后查阅和审计,保证选拔过程的可追溯性和透明度。

此外,还需要对候选人的能力和职位匹配度进行再次评估,以确保其胜任所应聘的职位。同时,也要对候选人的健康状况进行核实,避免潜在的健康风险对组织的影响。最后,要及时与候选人沟通,解决可能存在的疑问或误解,确保双方对选拔结果的认可和理解,并建立有效的反馈机制,以便于日后改进招聘流程,提高招聘质量。

总之,候选人核实与验证是招聘过程中不可或缺的一环,它可以帮助组织避免因信息不准确或不完整而导致的失误,从而选拔出真正适合的人才,为组织的长期发展奠定坚实的人才基础。因此,组织应该给予足够的重视,并采取有效的措施来确保选拔结果的准确性和可靠性。

第三节 招聘与选拔的评估与改进

一、招聘效果的评估指标与方法

(一)招聘周期评估

招聘周期是指从发布职位到完成招聘所需的总时间。评估招聘周期的长度可以帮助组织判断招聘效率,分析影响招聘周期的因素,并采取相应措施缩短招聘周期。

要有效评估招聘周期,需要对比不同职位的招聘时间,找出时间差异的原因。此外,还要定期评估整个招聘流程的效率,包括职位发布、筛选简历、面试安排、背景调查等环节。通过比较历史数据和行业标准,可以确定理想的招聘周期,并优化招聘流程。

(二)招聘成本评估

招聘成本是组织在招聘过程中所花费的所有费用。评估招聘成本可以帮助组织了解招聘活动的投入与产出的关系,并为未来的招聘计划提供参考。

招聘成本可以分为直接成本和间接成本。直接成本包括广告费用、面试费用、员工推荐奖励等;间接成本则包括招聘人员的工资、办公用品费用等。通过分析招聘成本,组织可以识别哪些环节的成本较高,并探讨降低成本的途径,例如,优化招聘流程、减少无效面试等。

(三)候选人质量评估

候选人质量是指被录用的应聘者的能力、经验和绩效表现。通过评估候选人质量,可以判断招聘活动的有效性,了解新员工的综合素质和技能水平。

要评估候选人质量,可以采用多种方法。例如,对新员工进行试用期考核,观察他们在实际工作中的表现;收集新员工在试用期和正式工作期的绩效数据,分析他们的绩效表现;定期对员工进行培训和发展评估,了解他们的成长和发展情况。通过这些数据和信息的收集和分析,组织可以对候选人质量进行全面的评估,并针对不足之处进行改进。

二、选拔过程的反思与改进

(一)面试技巧的反思与改进

面试是选拔过程中常用的一种手段,因此面试技巧对于选拔的质量至关重要。在面试过程中,面试官需要掌握有效的面试技巧,如提问技巧、倾听技巧和观察技巧等。通过对面试技巧的反思与改进,可以提高面试的准确性和有效性。

面试官可以通过回顾面试过程、分析面试结果等方式,找出自己在面试中存在的问题和不足之处。例如,提问方式是否恰当、倾听能力是否足够、观察是否准确等。针对这些问题,面试官可以采取相应的措施进行改进,如参加培训、寻求指导等。同时,组织也可以建立面试反馈机制,让面试官之间互相交流、分享经验,共同提高面试技巧。

(二)选拔标准的反思与改进

选拔标准是组织用于评估候选人的各项要求和指标。随着组织的发展和市场环境的变化,选拔标准也需要不断调整和完善。通过对选拔标准的反思与改进,可以提高选拔的准确性和有效性。

组织需要对现有的选拔标准进行评估和审查,确定其是否符合组织的战略目标和业务发展需求。如果现有标准存在不足之处,则需要对其进行修订或重新制定。在制定选拔标准时,需要考虑不同职位的职责和要求,确保标准具有针对性和可操作性。同时,组织还需要定期对选拔标准进行更新和调整,以适应市场环境的变化和组织发展的需要。

(三)选拔流程的反思与改进

选拔流程是组织用于评估候选人的整个过程,包括资格审查、初步筛选、面试、背景调查等环节。通过对选拔流程的反思与改进,可以提高选拔的准确性和效率。

组织需要对整个选拔流程进行评估和分析，找出存在的问题和瓶颈环节。例如，资格审查是否严格、初步筛选是否准确、面试安排是否合理等。针对这些问题，组织可以采取相应的措施进行改进。例如，建立更严格的资格审查机制、采用更有效的初步筛选方法、优化面试安排等。同时，组织还需要加强各个部门之间的沟通和协作，确保选拔流程的顺畅进行。通过这些反思与改进，组织可以提高选拔过程的效率和质量，为组织的长期发展提供有力的人才保障。

三、招聘与选拔策略的持续优化

（一）关注员工个人发展与职业规划

在招聘与选拔过程中，组织需要关注员工的个人发展与职业规划。通过了解员工的职业目标和发展需求，组织可以为他们提供更好的职业发展机会和培训资源，增强员工的归属感和忠诚度。同时，关注员工个人发展与职业规划还可以帮助组织更好地了解员工的潜力和特长，为组织的战略发展提供有力的人才支持。因此，在招聘与选拔过程中，组织需要将员工个人发展与职业规划作为重要的考虑因素之一。

（二）加强内部人才挖掘与培养

除了外部招聘之外，组织还需要加强内部人才挖掘与培养。通过建立完善的内部人才培养机制和职业发展通道，组织可以激发员工的积极性和创造力，提高员工的绩效表现和忠诚度。同时，内部人才培养还可以帮助组织减少外部招聘的成本和风险，增强组织的稳定性和竞争力。因此，在招聘与选拔过程中，组织需要注重内部人才的挖掘与培养工作。

（三）建立有效的绩效管理体系

绩效管理是招聘与选拔过程中的重要环节之一。通过建立有效的绩效管理体系，组织可以对员工的工作表现进行全面、客观的评估，为招聘与选拔提供重要的参考依据。同时，绩效管理还可以帮助组织了解员工的优势和不足之处，为员工的职业发展提供有针对性的指导和建议。因此，组织需要注重建立有效的绩效管理体系，确保绩效管理的科学性和公正性。

(四)保持灵活的招聘策略

随着市场环境的变化和组织的发展,组织的招聘策略也需要保持灵活性和适应性。组织需要根据不同阶段的发展需求和市场变化,制定相应的招聘策略和计划。例如,在业务扩张时期,组织需要加大招聘力度,吸纳更多的优秀人才;在业务调整时期,组织需要有针对性地招聘特定职位或技能的人才。此外,组织还需要根据市场供求关系、人才竞争状况等因素,制定相应的招聘策略,提高招聘的效率,增强招聘的效果。

(五)建立良好的企业文化

良好的企业文化可以为招聘与选拔工作提供有力的支持。通过建立积极向上、公平公正、富有创新精神的企业文化,组织可以吸引更多的优秀人才,并激发员工的创造力和潜力。同时,良好的企业文化还可以增强员工的归属感和忠诚度,降低员工流失率,提高组织的稳定性。因此,组织需要注重建立良好的企业文化,为招聘与选拔工作提供良好的环境和氛围。

综上所述,招聘与选拔的评估与改进是一个持续的过程,需要组织不断地反思、调整和优化招聘与选拔策略。通过关注员工个人发展与职业规划、加强内部人才挖掘与培养、建立有效的绩效管理体系、保持灵活的招聘策略以及建立良好的企业文化等方面的努力,组织可以不断提高招聘与选拔的效率,为组织的长期发展提供有力的人才保障。

第五章 培训与发展

第一节 培训需求分析与实施

一、培训需求的识别与分析

（一）组织层面的培训需求分析

组织层面的培训需求分析是从组织的战略目标、发展规划和整体环境出发，综合考虑组织内部资源、外部环境以及员工需求等多个方面，识别和分析组织在培训和发展方面的需求。这一层面的需求分析是培训需求分析的基础，也是制定组织发展战略和人力资源规划的重要依据。通过组织层面的培训需求分析，可以明确组织未来发展的方向和重点，以及所需的培训内容和目标。

（二）任务层面的培训需求分析

任务层面的培训需求分析主要是针对具体的工作任务和岗位职责，分析员工完成工作任务所需的知识、技能和能力，以及员工现有水平与目标水平之间的差距。这一层面的需求分析是制定具体培训计划和课程设计的基础，也是确定培训目标和评估标准的重要依据。通过任务层面的培训需求分析，可以明确员工在具体工作中所需的知识和技能，以及如何通过培训提高员工的绩效水平。

（三）人员层面的培训需求分析

人员层面的培训需求分析主要是针对员工的个人特点和实际需求，分析员工的职业发展规划、个人能力和兴趣爱好等方面，以及员工对培训的期望和建议。这一层面的需求分析是制定个性化培训计划和实施方案的基础，也是提高员工参与度和满意度的重要手段。通过人员层面的培训需求分析，可以更好地了解员工的个人特点和实际需求，以及如何通过培训帮助员工实现个人职业发展目标。

二、培训计划的制定与执行

（一）确定培训目标

制定培训计划的首要步骤是确定培训目标。培训目标是指通过培训要达到的具体成果或效果。在制定培训目标时，应考虑组织的战略目标和业务发展需求，以及员工的个人职业发展规划。同时，还要根据不同的培训需求分析结果，制定具体的、可衡量的、可实现的、相关性和时限性的培训目标。明确的培训目标可以为后续培训计划的制定和执行提供明确的指导。

（二）制定培训计划

在确定培训目标的基础上，需要制定具体的培训计划。培训计划应包括培训内容、方式、时间、地点、师资、预算等方面的安排。在制定培训计划时，应根据不同的培训需求和目标，选择合适的培训内容和方式，如内部培训、外部培训、在线学习等。同时，还要合理安排培训时间、地点和师资，确保培训计划的可行性和有效性。在制定培训计划时，还需要充分考虑组织的实际情况和资源限制，制定切实可行的预算方案。

（三）实施培训计划

在制定完培训计划后，需要按照计划实施。在实施培训计划时，应注重计划的执行和监控，及时解决计划执行过程中出现的问题。同时，还要注重员工的参与和反馈，及时调整和改进培训计划，以提高员工的满意度和参与度。在实施培训计划时，还需要建立有效的沟通机制和协作关系，加强与各部门和相关人员的沟通和协调，确保培训计划的顺利实施。

（四）评估与反馈

对培训计划的实施效果进行评估和反馈是制定与执行培训计划的重要环节。通过对培训计划的评估和反馈，可以了解员工的绩效改善情况、知识技能提升程度等，从而判断培训计划的实施效果是否达到预期目标。同时，通过对评估结果的反馈和分析，可以发现存在的问题和不足之处，为今后的培训计划提供改进方向和依据。在评估与反馈过程中，应注重定性和定量相结合的方法，如通过问卷调查、面谈、考试等方式获取员工对培训的满意度、参与度、知识技能提升等方面的数据和信息,进行综合分析和评价。同时,还需要将评估结果与员工的绩效评价相结合,以更好地发挥培训对组织发展的促进作用。

三、培训资源的整合与利用

(一)内部资源的整合与利用

内部资源是指组织内部的资源,包括人力资源、物资资源、知识资源等。在整合与利用内部资源时,应注重发挥内部的优势和特长,提高资源的利用效率。例如,可以通过建立内部讲师制度、共享内部知识平台等方式,充分利用内部资源进行员工的培养和发展。同时,还要加强内部资源的协调和管理,确保资源的合理配置和有效利用。

(二)外部资源的整合与利用

外部资源是指组织外部的资源,包括市场资源、信息资源、人才资源等。在整合与利用外部资源时,应注重拓展外部的资源和渠道,获取更多的外部支持和帮助。例如,可以通过与高校、培训机构等合作开展人才培养项目;通过参加行业展览、交流活动等方式拓展市场资源和人才资源等。同时,还要加强外部资源的筛选和管理,确保资源的合法合规使用和质量可靠性。

(三)培训技术与方法

随着科技的不断发展,越来越多的培训技术和方法被应用到人力资源培训与发展中。例如,在线学习平台、模拟仿真技术、角色扮演、案例分析等。这些技术和方法的应用,不仅可以提高培训质量,还可以提高员工参与培训的积极性和兴趣。在使用培训技术和方法时,应根据具体的培训需求和目标,选择合适的技术和方法,并进行合理的组合和应用。同时,还要注重培训技术和方法的更新和升级,保持其时效性和前瞻性。

(四)培训效果的评估与反馈

对培训效果的评估与反馈是培训资源整合与利用的重要环节。通过对培训效果的评估与反馈,可以了解培训计划和方案的可行性和有效性,发现存在的问题和不足之处,为今后的培训工作提供改进方向和依据。在评估与反馈过程中,应注重定性和定量相结合的方法,如通过考试、绩效考核等方式获取员工知识技能提升的数据和信息,进行综合分析和评价。同时,还需要将评估结果与员工的绩效评价相结合,以更好地发挥培训对组织发展的促进作用。

此外,还需要根据评估结果及时调整和改进培训计划和方案,以提高培训的质量。例如,对于评估结果较差的培训计划和方案,应及时进行调整和改进;对于评估结果较好的培训计划和方案,应继续保持和推广。同时,还需要建立有效的沟通机制和协作关系,加强与各部门和相关人员的沟通和协调,确保培训资源的整合与利用的顺利进行。

总之,培训需求分析与实施是现代人力资源管理中的重要环节之一。科学、合理地分析培训需求,可以更好地满足组织和员工的发展需求,提高员工的素质和能力,促进组织的可持续发展。

第二节 培训效果评估与反馈

一、培训效果的评估方法

(一)前置评估与后置评估结合

在培训开始前进行前置评估,主要是为了深入了解员工的现有技能水平、知识储备以及实际工作中存在的问题和不足。这一步骤可以为培训计划的制定提供重要依据,确保培训内容和方式与员工的实际需求相匹配。通过前置评估,可以发现员工的短板和潜在需求,从而制定出更有针对性的培训计划,提高培训的针对性和有效性。

在培训结束后进行后置评估,主要是为了对比员工在培训前后的变化,深入了解培训效果。后置评估可以通过多种方式进行,如考试、绩效考核、工作观察等,以便全面了解员工在知识技能、工作态度、团队协作能力等方面的提升情况。通过后置评估,可以客观地评价培训的实际成效,为今后的培训计划的制定和改进提供重要依据。

(二)多层次评估

培训效果评估不应仅局限于员工的知识技能提升,还应考虑员工的工作态度、团队协作能力等多个方面。因此,需要采用多层次的评估方法,以获得更全面的评估结果。

员工自评可以帮助员工深入了解自己的成长和变化,找到自己的不足之处和提升方向。同事互评可以反映员工在团队中的表现和作用,以及与其他成员的合作和沟通能力。上级评价则可以从更宏观的角度了解员工的整体表现和发展潜力,为员工的发展提供指导和建议。

通过多层次评估,可以更全面地了解员工的实际情况和发展需求,为制定更符合员工需求的培训计划提供有力支持。同时,还可以为员工的发展提供更有针对性的指导和支持,促进员工的全面发展。

(三)定量与定性评估相结合

定量评估主要是通过数据分析和统计来进行的,它可以直观地展现培训效果,如考试成绩、工作效率提升等。通过定量评估,可以清晰地了解员工在知识技能方面的提升程度和培训效果的具体表现。同时,还可以通过对比员工在培训前后的数据变化,发现培训对员工成长的积极影响。

定性评估则通过访谈、问卷调查等方式进行,主要收集员工对培训的看法和感受,反映培训的软性成果。通过定性评估,可以深入了解员工对培训的满意度、参与度以及对培训内容和方式的建议和意见。定性评估还可以帮助发现员工在知识技能提升之外的收获和成长,如团队协作能力、沟通表达能力等方面的提升。

定量与定性评估相结合,可以提供更准确的培训效果评价。通过二者的相互印证和补充,可以更全面地了解培训的实际效果和员工的实际需求,为制定更加科学合理的培训计划提供有力支持。

(四)长期追踪评估

培训效果的评估不应仅停留在培训刚结束时的短期效果,还应关注员工在后续工作中的表现和发展。因此,需要建立长期追踪评估机制,定期回访员工,了解其在工作中遇到的问题和培训内容的实际应用情况。

长期追踪评估可以通过定期的访谈、问卷调查和观察等方式进行。通过与员工的深入交流,可以了解员工在工作中是否能够灵活运用所学知识和技能解决问题,以及在实践中遇到的问题和困难。同时,还可以了解员工在实际工作中对培训内容的运用程度和效果反馈,为员工提供必要的支持和指导。

长期追踪评估可以为组织提供宝贵的反馈和建议,帮助组织不断完善和优化培训计划和内容。同时,还可以增强组织与员工之间的沟通和信任,提高员工的归属感和忠诚度,促进组织的可持续发展。

二、培训效果的反馈机制

(一)及时反馈

在培训过程中和培训结束后,及时向员工反馈其表现和评估结果,是提升培训效果的关键环节。通过及时反馈,员工可以及时了解自己的不足和进步,增强自我认知,为下一步的发展和改进提供依据。同时,及时反馈也有助于员工对培训内容的理解和记忆,提高学习效果。

为了实现及时反馈,企业可以采取以下措施。

1.制定明确的评估标准

在培训开始前,制定明确的评估标准,让员工清楚知道培训的目标和要求。这样,员工在培训过程中就能有针对性地学习和表现,同时也方便培训组织者进行客观公正的评估。

2.实时跟踪和记录

在培训过程中,培训组织者应实时跟踪和记录员工的表现和进步情况。这可以通过观察、提问、小组讨论等方式进行。同时,也可以利用现代技术手段,如在线学习平台、学习管理系统等,实现对员工学习情况的实时跟踪和记录。

3.及时给予反馈

在培训过程中和培训结束后,培训组织者应及时给予员工反馈。反馈内容应包括员工在培训中的表现、进步情况以及需要改进的地方等。同时,反馈应以积极、鼓励为主,激发员工的自信心和学习动力。

4.提供具体建议和指导

除了给予反馈外,培训组织者还应提供具体的建议和指导,帮助员工改进不足、提升能力。这可以包括提供学习资源、推荐相关课程、分享经验案例等。通过提供具体建议和指导,可以让员工更加明确自己的改进方向和方法,增强培训效果。

(二) 双向沟通

双向沟通是建立有效反馈机制的基础。在培训过程中,员工与上级或培训组织者之间应保持畅通的沟通渠道,共同探讨问题、分享经验和知识。通过双向沟通,员工可以及时了解上级或培训组织者的期望和要求,同时也可以表达自己的疑问和建议。这种双向沟通有助于增强员工的参与感和归属感,增强培训效果。

为了实现双向沟通,企业可以采取以下措施。

1.建立开放的沟通氛围

企业应营造一种开放、包容的沟通氛围,鼓励员工敢于表达自己的观点和想法。同时,上级或培训组织者也应以开放的心态倾听员工的意见和建议,尊重员工的个性和差异。

2.提供多种沟通渠道

企业应提供多种沟通渠道,如面对面交流、电话沟通、电子邮件、在线聊天等,方便员工与上级或培训组织者进行沟通。同时,也可以利用社交媒体、企业内部论坛等工具,促进员工之间的交流与合作。

3.定期举行沟通会议

企业可以定期举行沟通会议,让员工与上级或培训组织者面对面交流。在会议上,可以讨论培训过程中的问题、分享经验和知识,共同探讨解决方案。通过定期举行沟通会议,可以加强员工与上级或培训组织者之间的联系和信任。

4.关注员工反馈

企业应关注员工的反馈意见和建议,及时回应并处理员工的问题和诉求。对于合理的建议和意见,应积极采纳并改进培训计划和内容;对于不合理的建议和意见,也应给予耐心的解释和引导。通过关注员工反馈并及时处理相关问题,可以提高员工对培训的满意度和参与度。

(三) 个性化反馈

每位员工的培训需求和实际情况都有所不同,因此反馈机制应具有个性化特点。个性化反馈要求针对不同员工的特点和需求,提供有针对性的反馈和建议。

通过个性化反馈,可以更好地满足员工的实际需求和发展方向,提高培训的针对性和实效性。

为了实现个性化反馈,企业可以采取以下措施。

1. 了解员工需求

在培训开始前,企业应通过问卷调查、面谈等方式了解员工的培训需求和期望。同时,在培训过程中也应密切关注员工的学习情况和表现及时发现问题和需求。通过了解员工需求可以为个性化反馈提供依据和参考。

2. 制定个性化反馈计划

根据员工的实际需求和特点企业可以制定个性化的反馈计划。这可以包括针对不同岗位、不同层级、不同能力水平的员工制定不同的反馈内容和方式。同时个性化反馈计划也应根据员工的实际情况进行灵活调整确保反馈的针对性和实效性。

3. 提供定制化建议和指导

除了给予个性化反馈外企业还应提供定制化的建议和指导帮助员工更好地改进和提升。这可以包括针对员工的不足之处提供具体的改进措施和方法;针对员工的优点和特长提供进一步的发展方向和建议。通过提供定制化建议和指导可以让员工更加明确自己的发展方向和目标,提高培训的针对性和实效性。

4. 鼓励员工自我反思

个性化反馈不仅要求,企业提供有针对性的反馈和建议,同时也要求员工进行自我反思和总结。企业应鼓励员工在培训过程中积极思考和总结自己的学习情况和表现,发现问题和不足并寻求解决方案。通过自我反思和总结,员工可以更好地了解自己的需求和目标,为后续的培训和发展奠定基础。

(四)激励与引导并重

在提供反馈的同时,应注重激励和引导员工。激励和引导是提升员工积极性和参与度的重要手段。给予适当的奖励和表扬,以及耐心的指导和帮助,可以激发员工的自信心和学习动力,引导其找到改进的方向和方法,进而促进其在培训中的积极参与和成长。

为了实现激励与引导并重,企业可以采取以下措施。

1. 设定明确的奖励机制

企业应设定明确的奖励机制，对于在培训中表现优秀的员工给予适当的奖励和表扬。奖励可以是物质奖励，如奖金、奖品等，也可以是精神奖励，如荣誉证书、表彰大会等。通过设定明确的奖励机制，可以激发员工的竞争意识和进取心，提高其参与培训的积极性和主动性。

2. 提供个性化的激励措施

不同员工对于激励的需求和偏好也有所不同。因此，企业应提供个性化的激励措施，满足不同员工的需求和期望。例如，对于追求个人成长的员工，可以提供更多的学习和发展机会；对于追求物质回报的员工，可以提供相应的奖金或晋升机会等。通过提供个性化的激励措施，可以让员工更加感受到企业的关怀和认可，提高其参与培训的积极性和满意度。

3. 耐心指导和帮助

除了给予激励外，企业还应耐心指导和帮助存在不足的员工，找到改进的方向和方法，并提供必要的支持和资源保障。指导可以是面对面的辅导，也可以是提供在线学习资源或推荐相关课程等；帮助可以是提供工具和设备，也可以是给予时间和空间等；支持可以是鼓励员工寻求帮助，也可以是主动提供帮助和支持等。通过耐心指导和帮助，可以让员工感受到企业的关心和支持，提高其自信心和学习动力，进而促进其积极参与培训和改进提升。

4. 营造积极向上的氛围

企业应营造一种积极向上的氛围，鼓励员工勇于挑战自我、追求卓越；同时倡导团队合作和分享精神，让员工感受到集体的力量和温暖。这种积极向上的氛围可以激发员工的创造力和创新精神，提高其参与培训和改进提升的积极性；同时也可以促进企业与员工共同成长和发展，实现双赢的目标。

三、培训效果的持续改进

（一）定期审查与更新培训内容

随着企业的发展和外部环境的变化，培训内容也需要不断更新和完善。为了确保培训内容与企业战略和业务需求保持一致，组织需要定期审查现有培训内容。

这个过程包括评估现有课程内容是否符合当前的市场需求、新技术和行业趋势，以及是否有助于实现企业的战略目标。通过定期审查，组织可以及时发现并修正培训内容中过时或不符合实际情况的部分，确保培训的有效性和针对性。同时，根据员工的反馈和实际需求，组织应及时更新培训内容和方法，以满足员工的成长需求和提高其实践能力。通过与员工沟通，了解他们的学习需求和关注点，可以更有针对性地设计培训课程和活动，提高培训的实效性。

（二）引入新的教学方法和技术

随着科技的进步和教育理念的发展，新的教学方法和技术不断涌现。为了提高培训的互动性和趣味性，组织应积极引入这些新的教学方法和技术。例如，在线学习平台可以让员工在任何时间、任何地点都能参与培训，提高学习的便利性。虚拟现实和增强现实技术可以提供沉浸式学习体验，使员工更好地理解和掌握知识。此外，游戏化学习可以将学习过程变得更加有趣，提高员工的学习兴趣和参与度。通过引入新的教学方法和技术，组织可以不断丰富培训手段，提供更多元化的学习体验，从而增强员工的学习效果和满意度。

（三）加强内部培训师队伍建设

内部培训师是企业培训的重要力量。为了提高企业内部培训的质量和效果，组织需要加强内部培训师队伍的建设。首先，选拔具有丰富实践经验和良好表达能力的员工担任培训师。这些员工不仅具备专业知识，而且了解企业的实际情况和员工的实际需求，能够提供更具针对性和实用性的培训内容。其次，提供系统的培训师培训和指导。这包括培训技巧、教学设计和课程开发等方面的培训，帮助内部培训师提高教学水平和课程质量。此外，建立有效的激励机制也是必要的措施之一。通过给予内部培训师相应的荣誉和奖励，激发他们的工作热情和创造力，进一步提高企业内部培训的质量和效果。

（四）与其他人力资源活动相衔接

培训是企业人力资源管理的重要环节之一，与其他人力资源活动如招聘、绩效管理、薪酬管理等相互关联、相互影响。为了增强培训效果和员工职业发展的连贯性，组织需要将培训与其他人力资源活动相衔接。首先，确保培训内容与员工的职业发展规划相一致。通过与员工共同制定职业发展规划，组织可以了解员工的个人发展需求和目标,并据此设计相应的培训课程和计划。其次,提高员工对培训的认同度和参与度。通过与绩效管理和薪酬管理等活动的有效衔接,组织可以将员工的培训成果转化为实际的工作表现和奖励措施,从而激发员工参与培训的积极性和主动性。通过将培训与其他人力资源活动相衔接,组织可以更好地支持员工的职业发展需求和提高其工作满意度,进而提升企业的整体绩效和竞争力。

四、培训成果的应用与转化

(一)制定明确的培训成果转化计划

培训成果的转化是培训过程中最重要的环节,只有将培训内容转化为员工的实际工作能力和绩效提升,才能真正实现培训的价值。因此,制定明确的培训成果转化计划是至关重要的。这个计划应该包括以下几个方面。

1. 明确转化目标

在制定转化计划之前,首先要明确转化的目标。这个目标应该是具体的、可衡量的,与组织的战略目标和员工的个人发展目标相一致。例如,提高员工的专业技能、改善工作效率、提升客户满意度等。

2. 制定实施计划

根据转化目标,制定详细的实施计划。这个计划应该包括转化的具体步骤、时间表、责任人等,以确保转化的有效实施。同时,这个计划也应该具有一定的灵活性,以便应对可能出现的意外情况。

3. 确定责任人

为了确保实施计划的有效执行,需要确定具体的责任人。这个责任人应该是对培训内容和目标有深入了解的人,并且具有一定的管理和组织能力。同时,责任人还需要定期对转化计划进行评估和调整,以确保其始终与组织的战略目标保持一致。

4. 建立监督和考核机制

为了确保转化计划的有效实施,还需要建立相应的监督和考核机制。这个机制应该包括定期的评估、反馈和调整等环节,以便及时发现和解决转化过程中出现的问题。同时,这个机制也应该与组织的绩效管理相结合,以便更好地激励员工积极参与转化过程。

(二)营造有利于成果转化的环境氛围

除了制定明确的转化计划外,企业还需要营造一种有利于成果转化的环境氛围。这种氛围应该是一种鼓励学习、创新和应用的氛围,能够激发员工的积极性和创造力,促进培训成果的转化和应用。为了营造这种氛围,企业可以采取以下措施。

1. 组织分享会和经验交流会

通过定期组织分享会和经验交流会等活动,促进员工之间的交流与合作,激发员工学习和应用的积极性。在分享会和交流会上,员工可以分享自己的学习心得、工作经验和成功案例等,从而增强彼此之间的了解和信任,形成良好的团队氛围。

2. 建立学习社区

通过建立学习社区,为员工提供一个在线交流和学习的平台。在这个平台上,员工可以随时分享学习资源、交流心得体会、解答疑难问题等,形成一种积极向上的学习氛围。

3. 鼓励创新和应用

企业应该鼓励员工在工作中不断创新和应用新知识。对于员工的创新和应用成果,应该给予适当的奖励和肯定,以激发员工的积极性和创造力。同时,企业还应该为员工提供必要的支持和资源保障,帮助员工实现创新和应用的想法。

4. 提供个性化的职业发展规划和培训建议

为了更好地促进员工的个人发展和培训成果的转化,企业应该为员工提供个性化的职业发展规划和培训建议。通过了解员工的职业目标和发展规划,结合企业的战略和业务需求,为员工制定个性化的职业发展路径和培训计划,帮助员工在实现个人职业目标的同时为企业创造更大的价值。

(三)提供必要的支持和资源保障

在员工将培训内容转化为实际工作能力和绩效的过程中,可能会遇到各种问题和挑战。因此,企业需要提供必要的支持和资源保障,帮助员工顺利实现培训成果的转化和应用。具体来说,企业可以采取以下措施。

1. 提供必要的工具和设备

为了确保员工能够在实际工作中应用所学知识,企业需要提供必要的工具和设备。这些工具和设备应该是与工作密切相关的,能够帮助员工提高工作效率和质量。同时,企业还应该为员工提供必要的培训和指导,以确保员工能够正确地使用这些工具和设备。

2. 给予适当的时间和空间

为了确保员工有足够的时间和空间来应用所学知识,企业应该给予员工适当的时间和空间。这些时间和空间应该是灵活的、充足的,以便员工能够更好地完成工作任务并提高工作质量。同时,企业还应该为员工提供必要的工作支持和资源保障,以便员工能够更好地应对工作中的挑战和问题。

3. 鼓励员工主动寻求帮助和支持

企业应该鼓励员工在遇到问题和挑战时主动寻求帮助和支持。通过建立有效的沟通机制和团队协作文化,促进员工之间的合作与互助,形成良好的团队氛围。同时,企业还应该为员工提供必要的培训和指导,帮助员工提高解决问题和创新的能力。

4. 形成良好的学习互助氛围

通过组织学习小组、分享会等活动促进员工之间的学习与交流形成良好的学习互助氛围。在这个氛围中员工可以相互学习、共同进步从而更好地实现培训成果的转化和应用。同时这种氛围也有助于提高员工的归属感和忠诚度,增强企业的凝聚力。

(四)关注员工个人发展与职业规划

除了提供必要的支持和资源保障外,企业还应该关注员工的个人发展与职业规划,将员工的个人发展与职业规划纳入培训成果转化的考量范畴中,具体来说企业可以采取以下措施。

1. 了解员工的职业目标和发展规划

通过与员工进行深入的沟通和交流了解员工的职业目标和发展规划,结合企业的战略和业务需求为员工制定个性化的职业发展路径和培训计划,帮助员工在实现个人职业目标的同时为企业创造更大的价值,实现企业与员工的共同发展。

2.提供个性化的职业发展规划和培训建议

根据员工的个人特点和职业目标为其提供个性化的职业发展规划和培训建议,帮助员工提高自身能力和素质增强职业竞争力。这些建议应该包括学习新知识、掌握新技能、拓展人际关系等方面的内容以便员工更好地适应不断变化的工作环境和工作要求。

3.建立有效的激励机制

为了更好地激励员工积极参与培训和提高自身能力,企业应该建立有效的激励机制。这个机制应该包括薪酬、奖金、晋升等方面的内容以便更好地激发员工的积极性和创造力,推动企业的可持续发展。同时这个机制也应该与员工的绩效管理相结合以便更好地评估员工的绩效表现和工作成果,从而为其提供更好的职业发展机会和培训资源保障。

4.建立良好的企业文化

通过建立一种鼓励学习、创新、合作和发展的企业文化,促进员工的个人发展和职业成长。在这个文化中员工可以充分发挥自己的潜力和才能,实现自我价值和企业价值的共同提升,推动企业的可持续发展。同时这种文化也有助于提高员工的归属感和忠诚度,增强企业的凝聚力,形成良好的团队氛围,促进企业与员工共同成长和发展。

第三节　员工发展规划与设计

一、员工发展规划的制定

(一)确定组织战略与目标

在制定员工发展规划时,首先需要明确组织的战略目标和愿景。通过对组织战略的分析,了解组织未来的发展方向和关键成功因素,从而确定员工发展与组织战略的对接点。这有助于确保员工的个人发展计划与组织的整体目标保持一致,为组织的可持续发展提供有力支持。

(二)评估现有员工能力

员工发展规划的制定需要基于对现有员工能力的评估。通过对员工的技能、知识、经验和潜力等方面进行综合评估,了解员工的优势和不足,以及员工与组织战略目标的匹配度。这有助于识别员工的培训需求和发展方向,为制定个性化的员工发展计划提供依据。

(三)制定员工发展规划

基于组织战略和现有员工能力的评估结果,制定具体的员工发展规划。规划应包括培训和发展项目、晋升通道设计、绩效管理和激励措施等方面的内容。同时,规划需要明确员工发展的目标、时间表和责任人,以确保规划的有效实施。在制定规划时,还需充分考虑员工的个人需求和职业发展规划,以实现组织和员工的共同发展。

二、职业发展与晋升通道设计

(一)明确晋升通道

晋升通道是员工职业发展的重要组成部分,设计合理的晋升通道有助于激发员工的积极性和创造力。组织应根据自身的业务特点和岗位设置,明确不同岗位的晋升路径和职级体系,使员工明确自己的职业发展方向和空间。同时,晋升通道的设计应与组织的战略目标相匹配,以确保员工的职业发展与组织的发展相一致。

(二)制定晋升标准

晋升标准是衡量员工能否晋升的重要依据,制定明确的晋升标准有助于保证晋升的公正性和合理性。标准应包括员工的绩效表现、能力素质、工作经验和职业操守等方面,并根据不同岗位的特点进行具体化。此外,晋升标准还应与组织的战略目标相联系,以确保员工在实现个人职业发展的同时,也为组织的整体目标做出贡献。

(三)建立评价机制

为了确保晋升通道设计的有效实施,需要建立相应的评价机制。评价机制应包括定期的绩效评估、能力测试和晋升评审等内容,以便对员工的职业发展状况进行实时跟踪和评估。通过评价机制的建立,组织可以及时发现员工的不足之处和提升空间,为员工提供有针对性的培训和发展机会。同时,评价机制还可以为组织的决策层提供有关员工晋升的客观依据,减少主观因素对晋升决策的影响。

(四) 优化职业发展支持体系

为了更好地支持员工的职业发展,组织需要建立完善的职业发展支持体系。该体系应包括提供内部培训、外部培训、导师制度、轮岗制度等方面的支持措施。通过这些措施的实施,组织可以帮助员工提升技能、拓宽视野、增加工作经验,为员工实现职业发展目标提供有力支持。此外,组织还可以通过建立职业发展规划指导团队或咨询机构,为员工提供个性化的职业发展建议和指导,促进员工的个人成长和职业成功。

三、员工个人发展计划的实施与监控

(一) 制定个人发展计划

个人发展计划是实现员工发展规划的重要手段之一,它有助于引导员工根据自己的职业目标和发展需求制定具体的行动计划。个人发展计划应包括短期和长期的发展目标、提升技能和知识的具体措施、参与培训和发展项目的计划等内容。通过与上级领导或导师进行沟通和讨论,员工可以明确自己的发展方向和行动计划,提高个人发展的针对性和有效性。

(二) 实施培训与发展项目

为了支持员工的个人发展计划,组织需要设计和实施相应的培训与发展项目。这些项目可以包括内部培训课程、外部培训课程、在线学习平台、实践锻炼等多种形式。通过多元化的培训方式,组织可以帮助员工提升专业技能、拓展知识领域、增强团队协作能力等关键素质,为实现个人发展目标提供有力支持。同时,组织还需要根据员工的实际需求和发展阶段提供个性化的培训和发展机会,以提高培训的效果和员工的满意度。

(三) 监控与评估个人发展计划的执行效果

为了确保个人发展计划的顺利实施并取得预期效果,组织需要对计划的执行情况进行实时监控和定期评估。这可以通过设定关键绩效指标、定期的进展汇报,以及与员工的定期沟通等方式实现。通过监控和评估,组织可以及时发现计划实施过程中存在的问题和不足之处,并采取相应的措施进行调整和改进。此外,通过收集员工的反馈和建议,组织可以不断完善个人发展计划和提高计划的针对性和有效性。

四、员工发展与组织战略的对接

(一)强化员工发展的战略导向性

在对接员工发展与组织战略时,应强化员工发展的战略导向性。组织应将战略目标分解为具体的员工发展目标和行动计划,以确保员工的个人发展与组织的整体战略保持一致。这有助于提高员工的战略意识和执行力,使员工更好地为实现组织的战略目标做出贡献。在制定员工发展目标和行动计划时,应充分考虑组织的战略方向和关键成功因素,以确保员工的发展能够支撑组织的战略落地。

(二)建立战略性人力资源管理体系

为了更好地对接员工发展与组织战略,组织需要建立战略性人力资源管理体系。该体系应将人力资源管理的各个模块(如招聘、培训、绩效管理等)与组织的战略目标紧密结合,形成一个有机的整体。通过人力资源管理各模块的协同作用,组织可以更好地实现人才的选、育、用、留,与组织的战略目标相匹配,提高人力资源管理的整体效能。同时,建立战略性人力资源管理体系还有助于组织更好地应对外部环境的变化和挑战,提升组织的竞争力和可持续发展能力。

(三)营造有利于员工发展的企业文化

良好的企业文化是促进员工发展的重要支撑,因此组织应积极营造有利于员工发展的企业文化氛围。这包括倡导团队合作、鼓励创新精神、重视人才培养等价值观念的塑造和维护。通过营造积极向上的企业文化氛围,组织可以激发员工的积极性和创造力,提高员工的归属感和忠诚度。同时,良好的企业文化还有助于吸引更多优秀人才的加入,为组织的可持续发展提供有力的人才保障。

第六章 绩效管理

第一节 绩效管理的意义与作用

一、绩效管理的概念与目标

（一）绩效管理的概念

绩效管理是现代企业管理的重要组成部分，是人力资源管理的一项关键活动。其核心目标是确保组织能够实现其设定的战略目标，同时推动员工和团队的行为与这些目标保持一致。为了实现这一目标，绩效管理采用了一系列的方法和工具，形成了一个持续循环的过程。

1. 持续开放的沟通过程

绩效管理强调沟通的重要性。这种沟通不仅是单向的，即从管理者到员工，而且是双向的、持续的和开放的。通过沟通，员工可以清楚地了解组织对他们的期望和要求，同时也可以表达自己的意见和建议。这种沟通有助于增强员工的参与感和归属感，提高他们的工作积极性和效率。

2. 形成组织所期望的利益和产出

绩效管理的最终目的是实现组织的战略目标，形成组织所期望的利益和产出。这意味着绩效管理不仅关注员工个人的工作表现，更关注整个组织的绩效和成果。通过设定明确的绩效标准和目标，以及提供相应的资源和支持，绩效管理确保员工能够朝着这些目标努力，最终实现组织的整体成功。

3. 推动团队和个人做出有利于目标达成的行为

绩效管理通过设定明确的绩效标准和奖励机制，激励员工和团队做出有利于目标达成的行为。这些行为可能包括创新、团队合作、持续改进等。同时，绩效管理还提供反馈和辅导,帮助员工和团队识别并解决工作中的问题和挑战,从而提升他们的工作表现和成果。

总的来说,绩效管理是一个综合性的过程,它涉及目标设定、计划制定、执行监控、评估反馈等多个环节。这些环节相互关联、相互影响,共同构成了一个完整的绩效管理体系。通过这个体系,组织可以确保员工的工作行为与组织战略保持一致,最终实现组织的长期发展目标。

(二)绩效管理的目标

1.实现组织战略目标

绩效管理最直接且核心的目标是将组织的整体战略目标分解为各部门、各岗位具体的工作目标和计划。这样做可以确保每个员工都能明确自己的职责和任务,以及与组织整体战略的联系。通过这种方式,绩效管理将员工的日常工作与组织的长期目标紧密结合在一起,从而确保员工的行为与组织的战略方向保持一致。这不仅可以提高员工的工作效率和满意度,还能为组织创造更大的价值。

为了实现这一目标,绩效管理需要采取一系列措施。首先,组织需要明确自己的战略目标,并将其分解为可操作的工作目标和计划。其次,这些目标和计划需要与员工进行充分的沟通和讨论,以确保他们理解和接受这些目标。最后,组织需要建立有效的监控和评估机制,以确保员工能够按照计划执行工作,并及时调整和优化工作计划。

2.提升员工绩效

提升员工绩效是绩效管理的另一个重要目标。通过设定明确的绩效标准,提供及时的反馈和辅导,绩效管理可以帮助员工提升工作技能和效率,从而提高个人绩效。这不仅可以提高员工的工作满意度和成就感,还能为组织创造更大的价值。

为了实现这一目标,绩效管理需要采取一系列措施。首先,组织需要设定明确的绩效标准和目标,以便员工能够清楚地了解自己的工作要求和期望成果。其次,组织需要提供及时的反馈和辅导,帮助员工识别并解决工作中的问题和挑战。这可以包括定期的绩效评估、面对面的沟通、提供培训和发展机会等。通过这些措施,员工可以不断提升自己的工作能力和效率,从而实现个人绩效的提升。

3. 促进员工发展

除了关注当前的工作表现外，绩效管理还关注员工的长期发展。通过提供培训和发展机会，帮助员工提升职业能力和素养，为他们的未来职业生涯做好准备。这不仅可以提高员工的个人价值和市场竞争力，还能为组织培养更多的高素质人才。

为了实现这一目标，绩效管理需要与人力资源开发紧密结合。组织可以通过分析员工的绩效数据和职业发展规划，为他们提供个性化的培训和发展计划。这些计划可以包括参加培训课程、参与项目实践、担任更高层次的职责等。通过这些措施，员工可以不断提升自己的职业能力和素养，为未来的职业发展做好准备。

4. 激励员工积极性

通过建立公正的奖惩制度和其他激励机制激发员工的积极性和创造力是绩效管理的又一关键目标。当员工感到自己的努力得到了公正的回报和认可时，他们更有可能投入更多的精力和时间来实现更好的工作表现。这不仅有助于提高员工的个人绩效，还能促进组织的整体成功。

为了实现这一目标，绩效管理需要建立公正、透明的奖惩制度和其他激励机制。这些制度可以包括绩效奖金、晋升机会、荣誉称号等。同时，组织还需要确保这些制度的执行是公正和透明的，以避免任何可能的偏见和不公平现象。通过这些措施，组织可以激发员工的积极性和创造力，促进他们为组织做出更大的贡献。

二、绩效管理的作用与意义

（一）促进组织战略落地

绩效管理在企业运营中扮演着至关重要的角色，其首要任务就是确保组织战略的有效落地。战略目标是企业发展的指南针，它指明了企业未来的发展方向和期望达到的成果。然而，仅仅制定战略目标并不足以保证企业的成功，关键在于如何将这些战略目标转化为实际行动并取得预期成果。这就是绩效管理发挥作用的地方。

通过将战略目标层层分解到企业的各个部门、各个岗位，绩效管理确保每个员工都能明确自己的工作目标和方向，从而形成一股强大的合力，共同推动组织战略的有效实施。这种分解过程不仅使得战略目标变得更加具体、可行,而且有助于员工理解自己的工作与组织整体战略的关系,进而增强他们的责任感和使命感。

为了实现这一目标,绩效管理需要建立一套科学合理的指标体系,用以衡量员工和组织在各个层面的绩效表现。这些指标应该与组织战略目标紧密相连,既要体现短期内的业务重点,又要反映长期的发展方向。同时,绩效管理还需要建立有效的激励机制,鼓励员工积极投入工作,努力实现绩效目标,从而为组织战略的落地提供有力保障。

(二)提升组织整体绩效

提升组织整体绩效是绩效管理的核心目标之一。在现代企业中,面对激烈的市场竞争和不断变化的市场环境,企业必须不断提升自身的绩效水平以保持竞争优势。而绩效管理正是实现这一目标的关键手段。

通过对组织、部门和个人的绩效进行全面、系统的管理,绩效管理能够不断提升员工的工作能力和效率。首先,通过设定明确的绩效目标和标准,使员工清楚自己的工作要求和期望成果,从而激发其工作动力。其次,通过定期的绩效评估和反馈,及时发现员工在工作中存在的问题和不足,为其提供有针对性的培训和辅导,促进员工不断成长和进步。

除了关注员工个人绩效的提升外,绩效管理还致力于优化工作流程和资源配置。通过对业务流程的全面梳理和分析,发现其中存在的瓶颈和问题,进而进行改进和优化,提高工作效率和质量。同时,根据组织的实际需求和资源状况,合理配置人力、物力、财力等资源,确保资源的有效利用和最大化产出。

(三)促进员工个人发展

绩效管理不仅关注组织的整体绩效提升,也高度重视员工的个人发展。在现代企业中,员工是企业最重要的资源之一,员工的成长和发展对于企业的长远发展具有重要意义。因此,绩效管理将员工个人发展纳入管理范畴,致力于为员工提供一个良好的成长环境和平台。

通过设定明确的绩效目标和标准,绩效管理为员工提供清晰的职业发展路径和规划。使员工能够了解自己的职业定位和发展方向从而制定个人发展计划不断提升自己的职业能力和素养。同时绩效管理通过提供及时的反馈和辅导帮助员工认清自己的优势和不足,发现自身潜力并制定改进措施从而更好地实现个人发展目标。

(四)构建和谐劳动关系

构建和谐劳动关系是绩效管理的重要职责之一。在现代企业中劳动关系是影响企业稳定和发展的关键因素之一。一个和谐的劳动关系能够增强员工的归属感和忠诚度,提高员工的工作积极性和效率。进而促进企业的稳定发展。

绩效管理通过公正的绩效评价和奖惩制度确保员工的付出得到合理的回报,从而增强员工对组织的认同感和归属感。这种公正的评价制度能够激发员工的积极性和创造力,形成良性的竞争氛围。同时绩效管理倡导开放、坦诚的沟通氛围,鼓励员工提出建设性的意见和建议,促进劳动关系的和谐与稳定。通过有效的沟通和协商可以及时解决员工在工作中遇到的问题和矛盾,避免劳动纠纷的发生,从而保障企业的正常运营和发展。

(五)优化组织人力资源管理

绩效管理为组织人力资源管理提供了有力的支持。人力资源管理是企业管理的重要组成部分,涉及人力资源的规划、招聘、培训、绩效考核、薪酬管理等多个方面。而绩效管理作为人力资源管理的重要环节。为其他管理活动提供了重要的参考依据和数据支持。

通过对员工绩效的全面评价,绩效管理为组织提供了客观、准确的人力资源数据和信息,帮助组织更好地进行人力资源规划和配置。这些数据和信息可以反映员工的实际工作表现和能力,为组织制定科学合理的人力资源策略提供依据。同时绩效管理还可以发现员工在工作中存在的短板和不足,从而为组织的培训工作提供有针对性的建议和需求分析,确保培训内容的针对性和实效性。此外绩效管理还可以为组织的招聘工作提供重要参考,帮助组织筛选出更符合岗位要求的优秀人才,从而提高招聘的效率和准确性。

第二节 绩效考核方法与实施

一、绩效考核方法的选择与应用

(一)关键绩效指标法

关键绩效指标(KPI)法是一种注重结果和效率的绩效考核方法,广泛应用于现代企业。KPI法的基本思想是通过将企业的战略目标层层分解,提炼出关键性的、可量化的指标,作为考核员工工作绩效的主要依据。这些关键指标能够直接反映企业最重要的业务活动和成果,是企业成功所必需的因素。

在KPI法中,企业首先需要明确自身的战略目标,然后通过鱼骨图等工具分析达成目标的主要成功因素,接着确定关键绩效指标、评价标准和权重,最后形成绩效考核表。这个过程需要确保关键绩效指标与企业战略目标紧密相关,同时指标本身要具有可衡量性、可达成性、相关性和时限性。

KPI法的优点在于它能将员工的工作成果与企业的整体目标紧密结合,使员工明确自己的工作方向,从而激发其工作积极性。通过设定明确的、可量化的关键绩效指标,KPI法能够使员工清楚地知道自己的工作目标,以及达成目标所需的努力。同时,KPI法还能帮助企业实现资源的优化配置,通过将有限的资源集中在最关键的业务活动和成果上,提高企业的整体效率和竞争力。

然而,KPI法也存在一些局限性。首先,关键绩效指标可能过于关注短期目标而忽视长期目标,导致员工的短视行为。其次,KPI法可能过于强调量化指标而忽视质化指标,无法全面评价员工的工作绩效。此外,KPI法的实施需要投入大量的时间和精力进行数据的收集和处理,可能对企业的正常运营造成一定的干扰。

为了克服这些局限性,企业在实施KPI法时可以采取以下措施:一是将长期目标和短期目标相结合,设定综合性的关键绩效指标;二是关注质化指标的评价,通过引入客户满意度、内部流程优化等非量化指标,全面评价员工的工作绩效;三是建立高效的数据收集和处理系统,降低KPI法实施的成本和难度。

（二）360度反馈法

360度反馈法是一种全方位的绩效考核方法，它通过上级、下级、同事、客户等多方面的评价，对员工的工作绩效进行综合评价。这种方法打破了传统绩效考核中单一评价主体的局限性，使得评价结果更加客观、全面。

在360度反馈法中，评价者来自不同的层级和角度，他们根据对被评价者工作表现的了解和观察，提供客观、具体的反馈信息。这些信息涵盖了被评价者的工作能力、团队协作、沟通技巧、领导力等多个方面，有助于被评价者全面了解自己的工作表现。

360度反馈法的优点在于它能全面反映员工的工作表现，避免单一评价主体的主观偏见。通过多角度的评价信息来源获取关于被评价者工作表现的全面信息。这种方法可以提高评价的准确性和公正性，避免单一评价主体的主观偏见。同时，它还可以帮助员工了解自己的工作优劣，找到改进的方向，激发自我发展的动力。此外，360度反馈法还可以促进企业内部的沟通和交流，增强团队凝聚力和协作精神。

然而，360度反馈法也存在一些挑战和局限性。首先，该方法需要大量的时间和资源来收集和处理反馈信息，如果处理不当可能会导致评价过程的烦琐和效率低下。其次，由于评价者之间存在个体差异，他们的评价标准可能不一致，从而导致评价结果的偏差。此外，如果评价结果不公正或者没有得到妥善处理，可能会导致员工之间的矛盾和冲突。

因此，企业在实施360度反馈法时需要注意以下几点：一是要确保评价者的选择和培训，选择与被评价者工作相关且有足够了解的评价者提供准确的反馈信息；二是要制定明确的评价标准和流程，确保评价过程的一致性和公正性；三是要建立有效的反馈机制，及时将评价结果反馈给被评价者，并提供必要的辅导和支持，促进其改进和发展。

（三）平衡计分卡

平衡计分卡（Balanced Score Card）是一种综合性的绩效考核方法，旨在将企业的长期和短期目标、财务和非财务指标、内部和外部绩效进行平衡处理，构建一套完整的绩效指标体系。这种方法强调从多个维度全面衡量企业的业绩，不仅关注财务指标,还关注客户、内部流程和学习与成长等非财务指标,确保企业的战略目标得以实现。

平衡计分卡的优点在于它能将企业的整体战略目标转化为具体可操作的考核指标,使企业在追求短期利益的同时不忽视长期发展。通过平衡计分卡,企业可以明确自身在财务、客户、内部流程和学习与成长四个方面的目标和指标,将整体战略分解为可操作的具体行动计划,从而实现战略的落地和执行。此外,平衡计分卡还可以帮助企业实现资源的优化配置,提高整体运营效率,促进企业的可持续发展。

然而,平衡计分卡也存在一些挑战和局限性。首先,平衡计分卡的实施难度较大,需要投入大量的时间和精力进行指标的制定、数据的收集和处理等工作。其次,不同部门和员工之间的指标可能难以平衡,可能导致内部矛盾和资源浪费。此外,平衡计分卡过于强调量化指标,可能忽视了一些重要的质化因素如企业文化、创新能力等。

因此,企业在实施平衡计分卡时需要注意以下几点:一是要明确企业的战略目标和愿景,确保平衡计分卡与企业的整体战略相一致;二是要加强内部沟通和协调促进不同部门和员工之间的合作确保指标的平衡和一致性;三是要关注量化指标和质化指标的平衡综合考虑多种因素全面评价企业的业绩;四是要持续改进和优化平衡计分卡根据企业内外部环境的变化及时调整指标和权重确保其适应企业的发展需要。

(四)目标管理法

目标管理法是一种以目标为导向的绩效考核方法,它通过设定明确的工作目标并对目标的完成情况进行考核。这种方法强调员工与管理者共同参与目标的制定过程,明确各自的责任和期望,从而激发员工的工作动力,提高工作效率。

在目标管理法中,企业需要与员工共同制定明确、具体的工作目标,这些目标应该与企业的整体战略目标和部门目标相一致。在目标制定的过程中,双方应该充分沟通和协商,确保目标的合理性和可实现性。一旦目标确定,企业和员工就需要共同努力实现这些目标,并在考核周期内对目标的完成情况进行跟踪和评估。

目标管理法的优点在于它能使员工明确自己的工作目标,从而激发其工作动力,提高工作效率。通过设定具有挑战性的目标,可以激发员工的积极性和创造力,促使其不断挖掘自身潜力,提升工作能力。同时,目标管理法还能将员工的工作成果与企业的整体目标紧密结合,实现企业与员工的共同发展。此外,目标管理法还可以促进企业内部的沟通和协作,增强员工的责任感和归属感,提高企业的整体凝聚力和竞争力。

然而,目标管理法也存在一些局限性和挑战。首先,目标的设定可能存在主观性和片面性,如果目标制定不合理或者过于苛刻,可能会导致员工的挫败感和不满情绪。其次,在目标的实现过程中可能会出现各种不可控因素,导致目标无法按时完成或者无法完全达成预期效果。此外,如果过于强调目标的实现,可能会忽视过程中的一些重要环节和因素,如团队协作、创新能力等,从而影响企业的长期发展。

因此,企业在实施目标管理法时需要注意以下几点:一是要确保目标的合理性和可实现性,根据企业的实际情况和员工的能力水平制定切实可行的目标;二是要加强目标的跟踪和评估,及时反馈和调整确保目标的实现;三是要关注过程中的重要环节和因素,综合考虑多种因素全面评价员工的工作绩效;四是要建立良好的激励机制,鼓励员工积极参与目标的实现过程,并提供必要的支持和帮助,促进其个人成长和企业发展。

二、绩效考核的实施流程与步骤

(一)确定考核目标与标准

绩效考核作为组织管理的重要手段,其首要步骤是明确考核的目标和标准。这不仅是确保考核公正、客观的基础,也是引导员工行为、实现组织战略的关键。在确定考核目标与标准时,组织需要考虑多个方面,确保考核体系既能反映员工的实际工作表现,又能与组织的长远发展相结合。

考核对象的确定:绩效考核的对象可以是组织内的任何成员,包括高层管理者、中层干部、基层员工等。不同层级的员工,其考核目标和标准应有所不同,以体现各自职责和贡献的差异。例如,高层管理者可能更侧重于战略规划和领导能力,而基层员工则可能更侧重于具体任务的执行和团队合作能力。

考核周期的设定：考核周期是指组织进行绩效考核的时间间隔。周期的设定应根据组织的行业特点、业务模式以及员工职责等因素综合考虑。过短的周期可能导致考核过于频繁，增加管理成本；而过长的周期则可能使考核失去时效性，不能及时反映员工的工作表现。因此，合理的考核周期既能保证考核的及时性，又不会给员工带来过多的负担。

考核指标的选择：考核指标是衡量员工工作表现的具体标准，它直接反映了组织对员工行为的期望和要求。在选择考核指标时，组织需要综合考虑定量和定性两个方面。定量指标如销售额、生产效率等易于量化和比较，而定性指标如创新能力、团队合作精神等则更多地依赖于主观评价。合理的考核指标体系应该是定量与定性相结合，既能客观反映员工的工作成果，又能体现员工的综合素质和能力。

指标权重的分配：在确定了考核指标后，组织还需要为每个指标分配相应的权重。权重的分配应根据指标的重要性和影响力进行，以体现不同指标在总体评价中的地位和作用。例如，对于销售岗位的员工，销售额这一指标的权重可能会相对较高；而对于研发岗位的员工，创新能力则可能占据更大的权重。合理的权重分配能够确保考核结果的科学性和准确性。

（二）设计考核方案

在明确了考核目标和标准之后，设计具体的考核方案是实施绩效考核的关键步骤。一个科学、合理的考核方案能够确保考核的公正性、客观性和有效性，为组织提供准确的人力资源决策依据。在设计考核方案时，需要充分考虑组织的实际情况和员工的特点，确保方案的可行性和实用性。

选择适当的考核方法：绩效考核的方法多种多样，包括目标管理法、360度反馈法、关键绩效指标法等。每种方法都有其优点和适用范围。在选择考核方法时，需要考虑组织的行业特点、业务模式以及员工类型等因素，选择最适合的考核方法。同时，也可以根据需要综合使用多种方法，以提高考核的全面性和准确性。

制定详细的考核流程：考核流程是指导考核工作进行的详细步骤和规范。一个清晰、明确的考核流程能够确保考核工作的顺利进行，减少主观性和随意性。在制定考核流程时，需要明确各个环节的职责和权限，确保流程的顺畅和高效。

同时，还需要制定相应的规章制度和操作指南，为考核工作提供具体的指导和支持。

确定考核的时间安排：考核的时间安排是指组织进行绩效考核的具体时间表和计划。合理的时间安排能够确保考核工作的及时完成，避免拖延和延误。在确定考核时间安排时，需要考虑员工的工作节奏和周期，避免在员工工作繁忙或项目关键时期进行考核。同时，还需要预留足够的时间用于数据收集、分析和反馈等环节，确保考核工作的全面性和准确性。

（三）实施考核

实施考核是按照设计好的考核方案对员工的工作绩效进行评估的过程。它是绩效考核的核心环节，直接决定了考核结果的公正性和客观性。在实施考核时，需要注意以下几点：

确保数据的真实性和准确性：在收集员工的工作数据时，需要确保数据的真实性和准确性。任何虚假或错误的数据都可能导致考核结果的失真和误导。因此，在收集数据时需要采用可靠的方法和工具进行记录和整理，同时要对数据进行严格的审核和验证，确保其真实可信。

避免主观偏见和误差：在评估员工的工作绩效时，很容易受到主观偏见和个人情感的影响。为了确保考核的公正性和客观性，评估者需要尽量避免主观偏见和误差，采用客观的评估标准和方法进行评分和评价。同时，还可以通过多人评估或盲评等方式，减少个人情感对考核结果的影响。

做好考核过程中的沟通和协调工作：在实施考核过程中，需要做好与被考核员工的沟通和协调工作，确保员工对考核过程和结果有充分的了解和认可。这不仅可以提高员工的参与感和归属感，还能减少因考核结果产生的争议和不满情绪。同时，还需要与其他相关部门和人员进行有效的沟通和协调，确保考核工作的顺利进行和结果的准确传达。

（四）反馈与改进

在绩效考核结束后，及时将考核结果反馈给员工，并进行相应的调整和改进，是提升员工工作能力和绩效水平的重要环节，也是不断完善和优化绩效考核方案的必要手段。在这一环节中，需要做好以下几点工作。

1. 及时反馈考核结果

在考核结束后，应尽快将考核结果反馈给员工，让员工了解自己的工作表现和改进方向。反馈时应采用具体、明确的语言描述员工的工作表现和成绩，同时指出存在的问题和不足以及改进的方向和建议。通过及时的反馈，可以帮助员工认清自己的优势和不足，激发其自我提升的动力和意愿。

2. 根据考核结果进行调整和改进

在了解员工的工作表现和成绩后，组织需要根据考核结果对员工的工作进行调整和改进，以帮助员工提升工作能力和绩效水平。这可以包括为员工提供有针对性的培训和发展机会、调整其工作职责和任务目标、优化工作流程和资源配置等措施。通过这些调整和改进，可以帮助员工更好地发挥自己的潜力和优势，实现个人和组织的共同发展。

3. 总结反思，不断完善和优化方案

在完成一轮绩效考核后，组织需要对整个考核过程进行总结和反思，分析存在的问题和不足以及成功的经验和做法，以便不断完善和优化绩效考核方案，提高考核的准确性和有效性。同时，还需要关注行业动态和组织发展战略的变化，及时调整考核目标和标准，以适应组织发展的需要和员工个人成长的需求，保持绩效考核体系的活力和生命力。

三、绩效考核的周期与频次设定

（一）年度考核

年度考核是对员工全年工作绩效的综合评价，通常在年底进行。这种考核方式的主要目的是对员工在过去一年中的工作表现进行全面、客观的评估，从而为员工的晋升、奖惩等提供依据。年度考核的优点在于其全面性和综合性，能够反映员工在一年内的整体工作表现，包括完成任务的数量、质量、创新能力、团队合作等多个方面。通过年度考核，组织可以了解员工在不同岗位上的绩效表现，为制定下一年度的人力资源计划提供重要参考。

然而，年度考核也存在一些局限性。首先，由于考核周期较长，可能无法及时发现和解决员工在工作中遇到的问题。这可能导致问题积累，影响员工的工作积极性和绩效表现。其次,年度考核通常只关注过去一年的工作表现,对于员工未来的发展潜力和职业规划考虑不足。因此,在使用年度考核结果时,需要结合其他考核方式和员工个人发展规划,进行全面、综合的评估。

为了克服年度考核的局限性,组织可以采取一些改进措施。首先,可以加强员工日常工作的监督和指导,及时发现和解决问题,确保员工能够顺利完成工作任务。其次,可以建立员工个人发展档案,记录员工在工作中的成长和进步,为年度考核提供更加全面、客观的依据。最后,可以结合其他考核方式,如季度考核、月度考核等,对员工的工作绩效进行更加全面、准确的评估。

(二)季度考核

季度考核是对员工每季度工作绩效的评价,通常在每年的3月、6月、9月和12月进行。这种考核方式的主要目的是及时发现和纠正员工工作中的问题,同时为员工提供反馈和指导。季度考核的周期适中,既能保证考核的全面性,又能及时发现和解决问题。通过季度考核,组织可以及时了解员工的工作表现和存在的问题,为下一季度的工作计划和目标制定提供依据。

季度考核的优点在于其及时性和针对性。由于考核周期较短,组织可以及时发现员工在工作中存在的问题和不足,并采取相应的措施进行纠正和改进。同时,季度考核可以为员工提供及时的反馈和指导,帮助员工了解自己的工作表现和需要改进的地方,从而激发员工的工作积极性和动力。

在实施季度考核时,组织需要注意以下几点。首先,要确保考核标准的明确性和一致性,避免出现主观性和不公平的现象。其次,要注重与员工的沟通和交流,及时了解员工的工作情况和需求,为员工提供有针对性的指导和支持。最后,要将季度考核结果与员工个人发展规划相结合,为员工制定下一季度的工作计划和目标提供参考。

(三)月度考核

月度考核是对员工每月工作绩效的评价。这种考核方式的主要目的是及时发现员工工作中的问题并进行调整和改进。通过月度考核,组织可以及时了解员工的工作表现和存在的问题,为下一月的工作计划和目标制定提供依据。同时,月度考核还可以激发员工的工作积极性和动力,促进员工不断提高自己的工作能力和水平。

月度考核的优点在于其及时性和灵活性。由于考核周期较短，组织可以及时发现员工在工作中存在的问题和不足，并采取相应的措施进行纠正和改进。同时，月度考核可以根据组织的实际情况和员工的需求进行调整和优化，更加符合组织的实际需求和员工的工作特点。

然而，月度考核也存在一些局限性。首先，由于考核周期较短，可能无法全面反映员工的工作表现和能力水平。其次，月度考核可能过于频繁，增加管理成本和工作压力。因此，在实施月度考核时需要注意合理安排时间和资源避免对员工造成过大的负担和压力。同时要注重考核标准的科学性和合理性确保考核结果的客观性和公正性。

（四）项目周期考核

项目周期考核是针对以项目为单位的工作团队或个人而设计的一种考核方式。它根据项目的实际进度和完成情况对员工的工作绩效进行评价。项目周期考核的优点在于能将员工的工作成果与项目的整体目标紧密结合，同时能及时发现和解决项目过程中的问题。这种考核方式适用于那些以项目为主要工作方式的组织或团队，如软件开发、市场营销等领域。

在项目周期考核中，组织需要制定详细的项目计划和目标，明确每个阶段的任务和时间节点，以及相应的考核指标和标准。在项目执行过程中，组织需要密切关注项目的进展情况，及时与员工进行沟通和协调，确保项目的顺利进行。在项目完成后，组织需要对项目成果进行全面的评估和总结，分析项目的成功因素和不足之处，为未来的项目提供参考和借鉴。

在实施项目周期考核时，组织需要注意以下几点：首先，要确保项目计划和目标的科学性和合理性，充分考虑项目的实际情况和需求，以及组织的资源状况和能力水平；其次，要注重与员工的沟通和协作，建立良好的团队合作氛围，激发员工的积极性和创造力；最后，要将项目周期考核结果与员工个人发展规划相结合，为员工未来的职业发展提供指导和支持。

四、绩效考核的误差防范与处理

(一) 明确考核标准,避免主观误差

在绩效考核过程中,明确考核标准并确保标准的客观性和公正性至关重要。这有助于防范主观误差,确保考核结果的真实性和准确性。为了实现这一目标,企业可以采取以下措施。

1.制定详细的岗位说明书和工作计划

明确员工的工作职责和目标,使员工清楚了解自己的工作范围和期望成果。这有助于减少主观判断对考核结果的影响,确保考核的公正性和客观性。

2.采用量化的考核指标

尽可能使用可量化的指标来评价员工的工作表现,如销售额、客户满意度等。量化指标能够提供客观的数据支持,确保考核结果的准确性和可比性。

3.建立标准化的考核流程

制定统一的考核标准和流程,确保所有员工在同一标准下进行评估。这有助于消除主观因素对考核结果的影响,提高考核的公正性和透明度。

通过明确考核标准并遵循客观、公正的考核原则,企业可以确保绩效考核的准确性和公正性,从而激发员工的工作动力,提高企业的整体绩效。

(二) 加强培训,提高评价者素质

评价者的素质和能力对绩效考核的准确性和公正性具有重要影响。为了提高评价者的评价能力和素质,企业需要加强对评价者的培训。具体可以从以下几个方面进行。

1.培训内容的制定

根据评价者的实际需求和企业的绩效考核要求,制定针对性的培训内容。培训内容可以包括绩效考核的理念、方法、技巧等,帮助评价者树立正确的绩效观念,掌握科学的评价方法。

2.培训方式的选择

可以采用多种培训方式,如讲座、案例分析、角色扮演等,以提高培训的互动性和实效性。同时,可以邀请行业专家或经验丰富的管理者进行授课,分享他们

的经验和见解。

3.培训效果的评估

在培训结束后,需要对评价者的学习成果进行评估和反馈。可以采用问卷调查、测试等方式了解评价者对培训内容的掌握情况,并根据评估结果对培训内容和方式进行调整和完善。

通过加强培训,提高评价者的素质和能力,企业可以确保绩效考核的准确性和公正性,从而为企业的发展提供有力支持。

(三) 建立申诉机制,保障员工权益

为了保障员工的合法权益,企业需要建立完善的绩效考核申诉机制。当员工对考核结果存在异议时,可以通过申诉机制进行申诉并得到公正的处理结果。申诉机制的建立可以包括以下几个方面。

1.申诉渠道的建立

企业可以设立专门的申诉渠道,如申诉邮箱、申诉电话等,方便员工及时反映问题并提出申诉。同时,也可以鼓励员工通过内部沟通渠道与上级或人力资源部门进行沟通,表达自己的意见和诉求。

2.申诉流程的规范

制定详细的申诉流程,明确申诉的受理、调查、处理等环节和时限。确保员工的申诉能够得到及时、公正的处理,避免申诉过程中的不公正和延误现象。

3.申诉处理的公正性

在申诉处理过程中,需要遵循公正、客观、透明的原则,对员工的申诉进行认真调查和核实。对于确实存在问题的考核结果,需要及时进行调整和修正,并向员工进行解释和说明。同时,也需要保护员工的隐私和权益,避免对员工造成不必要的伤害和影响。

通过建立完善的申诉机制,企业可以保障员工的合法权益,提高员工对绩效考核的认可度和满意度,从而增强企业的凝聚力和竞争力。

第三节 绩效反馈与面谈技巧

一、绩效反馈的原则与方法

（一）明确性原则

在绩效管理中，明确性原则是绩效反馈的基础和核心。只有明确、具体地反馈，员工才能准确地理解自己的绩效表现，进而采取有效的改进措施。明确性原则要求我们在提供反馈时，避免使用模糊、主观的评论，而要采用具体、客观的描述。

首先，明确性反馈能够帮助员工清晰地认识到自己的工作表现。通过对员工工作的具体方面进行详细描述，可以让他们了解自己在哪些方面做得好，哪些方面存在不足。这样的反馈不仅有助于员工全面了解自己的工作绩效，还能激发他们对工作的热情和投入。

其次，明确的反馈可以为员工提供有针对性的改进建议。当员工了解了自己在工作中的不足时，他们可以根据反馈意见制定相应的改进措施。这些措施可以针对具体的问题和挑战，帮助员工在后续的工作中避免犯同样的错误，提升工作效率和质量。

最后，明确性原则还能提高绩效反馈的可信度和公正性。具体、客观的反馈描述可以减少主观偏见和误差，让员工感受到反馈的公正和客观。这样的反馈更容易被员工接受和认可，有助于建立良好的工作关系和信任基础。

为了确保绩效反馈的明确性，我们可以采取以下措施：在提供反馈前进行充分的准备和调查，收集关于员工工作表现的详细信息；在反馈时使用具体、量化的数据和实例来支持自己的观点；与员工进行充分的沟通和交流，确保他们能够准确理解反馈的内容和建议。

（二）及时性原则

及时性原则在绩效反馈中至关重要。及时的反馈能够让员工在工作过程中及时调整自己的行为和策略，从而更好地完成工作任务和提升工作表现。以下是关于及时性原则在绩效反馈中的重要性的详细分析。

1. 把握改进时机

及时的绩效反馈可以让员工在问题出现后迅速采取措施进行改进。如果反馈滞后,员工可能会错过最佳的改进时机,导致问题扩大或难以解决。及时的反馈有助于员工及时发现并纠正自己的错误,避免问题积累到无法承受的程度。

2. 强化行为

及时的正面反馈可以强化员工的良好行为。当员工表现出色时,及时的赞扬和认可可以激发他们的积极性和动力,促使他们继续保持优秀的表现。这种正强化有助于员工形成良好的工作习惯和行为模式。

3. 提高工作效率

及时的绩效反馈可以帮助员工了解自己的工作进度和成果是否符合预期。如果员工发现自己的工作进度滞后或成果不达标,他们可以及时调整工作策略和方法,以提高工作效率和质量。及时的反馈有助于员工保持对工作的关注和投入,减少不必要的浪费和延误。

4. 增强信任感

及时的绩效反馈可以增强员工对组织的信任感。当员工感受到自己的工作表现得到了及时的关注和反馈时,他们会认为组织关心自己的成长和发展,从而更加信任和依赖组织。这种信任感有助于建立良好的员工关系,提高员工的工作满意度和忠诚度。

为了确保绩效反馈的及时性,我们需要做到以下几点:设定合理的反馈周期,确保定期与员工进行绩效沟通;在发现问题或员工表现优异时,第一时间给予反馈;充分利用现代通信技术,如电子邮件、即时消息等,以便在需要时迅速提供反馈;鼓励员工主动寻求反馈,及时了解自己的工作表现和需要改进的地方。

(三)双向沟通原则

双向沟通原则在绩效反馈中强调上级与下级之间的互动和交流。传统的绩效反馈往往是单向的,即上级向下级传达评估结果和建议。然而,这种单向的沟通方式可能导致信息失真、理解偏差以及员工的抵触情绪。相比之下,双向沟通原则主张在绩效反馈过程中实现双向的信息流动和意见交换。

双向沟通原则的优点主要表现在以下几个方面。

1. 提高信息准确性

通过双向沟通,上级和下级可以共同探讨绩效问题,澄清误解和模糊之处。这有助于提高信息的准确性和完整性,使员工更准确地理解自己的绩效表现及改进方向。

2. 增强员工参与感

双向沟通让员工有机会表达自己的观点和想法,提出对绩效评估的异议或建议。这种参与感有助于增强员工的责任感和归属感,提高他们对绩效反馈的接受程度。

3. 促进共识达成

通过双向沟通,上级和下级可以在讨论中逐步达成共识,共同制定改进措施和目标。这种共识基础有助于增强双方的信任和合作意愿为后续的绩效管理奠定良好基础。

4. 激发员工创造力

双向沟通鼓励员工提出自己的想法和建议这不仅有助于员工个人成长也能为组织带来新的思路和创意从而促进组织的持续创新和发展。

在实施双向沟通原则时我们需要注意以下几点:创造开放、平等的沟通氛围鼓励员工积极表达自己的想法;认真倾听员工的意见给予充分的尊重和理解;及时反馈员工的建议和意见共同探讨解决方案;关注沟通过程中的情绪管理确保沟通顺利进行。

(四)建设性原则

建设性原则是指在绩效反馈中采取积极、正面的态度关注员工的成长和发展,提供具有建设性的意见和建议,以帮助员工改进和提高为目标。以下是建设性原则在绩效反馈中的具体应用及其对员工和组织的影响。

1. 关注优点和潜力

建设性的绩效反馈不仅关注员工的不足和缺点,更重视员工的优点和潜力。肯定和鼓励员工的优点可以帮助他们增强自信心,激发工作动力;同时挖掘员工的潜力可以为他们的职业发展提供更多可能性。

2.提供具体可行的建议

建设性的绩效反馈应该提供具体可行的改进建议,而不是仅仅指出问题所在。这些建议可以针对员工的工作方法、技能提升、团队协作等方面帮助他们明确改进方向并制定实施计划。具体的建议可以让员工感受到组织对他们的关心和支持,增强他们对组织的归属感和忠诚度。

3.培养成长思维

建设性的绩效反馈旨在培养员工的成长思维即鼓励他们将挑战视为学习和发展的机会而不是障碍。引导员工关注自身成长的过程和结果,可以帮助他们建立积极的工作态度和职业发展规划,从而实现个人和组织的共同发展。

4.促进持续改进

建设性的绩效反馈是一个持续的过程,它不仅关注当前的绩效表现,更着眼于未来的发展趋势。通过与员工进行定期的、建设性的沟通和交流,可以引导他们不断反思自己的工作表现,寻求持续改进的机会和方法。这种持续改进的文化可以促进组织整体绩效的提升,增强组织的竞争力和适应能力。

二、绩效面谈的准备与实施

(一)明确面谈目的和内容

在进行绩效面谈之前,首先需要做的就是明确面谈的目的和内容。这不仅仅是为了让面谈有一个清晰的方向,更是为了确保面谈的效率和成果。明确面谈目的和内容的过程实际上也是一个思考和准备的过程,它要求参与面谈的双方对即将进行的讨论有一个基本的了解和预期。

明确面谈目的和内容的第一步是确定面谈的主题。这通常与员工的工作绩效相关,可能涉及员工在过去一段时间内的表现、完成的任务、达成的目标等。确定主题后,需要进一步明确重点讨论的问题。这些问题可能涉及员工的优点和不足、需要改进的地方、未来的发展目标等。为了确保面谈的顺利进行,还需要准备相关的数据和信息,以便在讨论过程中提供支持和参考。

在明确面谈目的和内容的过程中,需要注意以下几点。首先,要确保面谈目的和内容与组织的整体目标和战略相一致,以体现面谈的价值和意义。其次,要充分考虑员工的个人情况和实际需求,以确保面谈的针对性和有效性。最后,要保持开放和灵活的态度,根据实际情况对面谈目的和内容进行调整和优化。

(二)选择合适的面谈时间和地点

选择合适的面谈时间和地点对于绩效面谈的成功至关重要。一个安静、舒适、私密的环境有助于双方放松身心,集中精力进行深入的交流和讨论。因此,在选择面谈地点时,应尽量避免嘈杂、拥挤或容易受到干扰的场所,如公共会议室或繁忙的办公区域。

同时,选择合适的时间进行面谈也同样重要。应避免在繁忙的工作时间或紧张的工作环境下进行面谈,以免双方因工作压力而无法充分投入讨论。理想的面谈时间应安排在双方都能保持轻松和专注的时刻,如午休时间或工作日的末尾。

在选择面谈时间和地点时,还应考虑双方的日程安排和便利性。尽量选择一个对双方都合适的时间和地点进行面谈,以确保双方都能充分参与和投入讨论。此外,为了确保面谈的顺利进行,还应提前预约并确认面谈时间和地点,以免出现任何不必要的误解或冲突。

(三)做好面谈前的准备工作

绩效面谈前的准备工作是确保面谈顺利进行并取得有效成果的关键环节。在准备过程中,双方需要收集和整理相关数据和信息,包括员工的工作表现、完成的任务、达成的目标等方面的数据以及可能的反馈和建议。这些数据和信息将为面谈提供客观的依据和支持有助于双方更全面地了解员工的工作绩效和表现。

除了数据和信息的准备外,双方还需要准备面谈提纲和问题清单。提纲可以帮助双方明确面谈的主题和重点问题,清单则可以引导双方进行深入的思考和讨论。在准备提纲和问题清单时,双方可以结合员工的工作实际情况和组织的期望和需求,以确保提纲和问题清单的针对性和有效性。

在做好准备工作的过程中,双方还需要思考可能的解决方案和建议。这可以帮助双方在面谈过程中更高效地解决问题和达成共识,并为员工未来的工作和发展提供有价值的指导和支持。同时双方还可以提前预设一些可能遇到的困难和挑战,并思考相应的应对策略以确保面谈的顺利进行。

(四)运用有效的沟通技巧和方法

在绩效面谈中运用有效的沟通技巧和方法对于建立良好的沟通和信任关系至关重要。首先倾听是沟通中不可或缺的一环。双方应该给予彼此充分的时间和空间来表达自己的观点和想法,不打断对方的发言而是通过点头、微笑等方式来表示自己在认真倾听。理解对方的观点和想法是建立信任的关键,因此双方应该努力站在对方的角度思考问题,理解对方的立场和需求。

尊重是沟通中的基本原则之一。在绩效面谈中双方应该尊重彼此的观点和想法,即使存在分歧也应该以平和、理性的态度进行讨论,避免情绪化的言辞或攻击性的行为。同时回应对方的观点和想法也是建立有效沟通的重要手段。双方可以通过重复、解释、总结等方式来回应对方的发言,以确保自己正确理解对方的意思并表达出自己的看法和意见。

使用清晰、准确、具体的语言进行表达和交流也是绩效面谈中需要注意的沟通技巧之一。双方应该避免使用模糊、含糊或不确定的语言,而是尽可能使用具体、明确的词汇来描述问题和表达观点,以便对方能够准确理解自己的意思并做出相应的回应。同时双方还可以使用举例、比喻等形象化的表达方式来增强语言的生动性和形象性,以便更好地传达自己的思想和情感。

三、绩效改进的沟通与辅导

(一)明确改进目标和计划

在进行绩效改进的沟通与辅导时,明确改进目标和计划是至关重要的一步。这不仅为员工指明了方向,还帮助他们理解自己需要达到的标准和期望。

1.确定需要改进的具体方面

首先,要明确员工在工作中需要改进的具体方面。这可以通过对员工的绩效评估、反馈以及他们自己的意见来实现。只有明确了具体需要改进的方面,才能制定出具有针对性的改进计划。

2.制定可行的改进计划和时间表

在明确了需要改进的方面后,接下来要制定一个切实可行的改进计划,并设定一个合理的时间表。计划应该包括具体的行动步骤、所需的资源以及预期的成果。时间表则可以帮助员工合理安排时间,确保按计划逐步推进。

3.明确责任和期望

为了让员工明确自己的责任和期望,需要将改进计划和目标与他们进行充分的沟通和讨论。这样可以确保员工对计划和目标有充分的理解,也能激发他们的积极性和主动性。

明确改进目标和计划,可以为员工提供一个清晰的路线图,引导他们逐步实现绩效的改进和提升。

(二)提供必要的支持和资源

为了确保员工能够顺利实现绩效改进的目标和计划,提供必要的支持和资源是至关重要的。

1.提供培训和发展机会

针对员工在工作中需要改进的方面,提供相关的培训和发展机会可以帮助他们获取新的知识和技能,提升自己的工作能力。这可以包括内部培训、外部研讨会、在线课程等多种形式。

2.分配更多的工作资源和预算

在实现绩效改进的过程中,员工可能需要更多的工作资源和预算来支持他们的努力。这可以包括更多的时间、人力、物资或资金等方面的支持。

3.给予更多的指导和帮助

在员工努力实现绩效改进的过程中,给予他们更多的指导和帮助是非常重要的。这可以包括定期的辅导会议、一对一的指导、经验分享等形式,帮助员工解决遇到的问题和困难。

通过提供必要的支持和资源,企业可以为员工创造一个有利于他们成长和发展的环境,从而激发他们的工作热情和动力,更好地实现绩效改进的目标和计划。

(三)持续跟进和监控进度

为了确保绩效改进的顺利进行和有效成果,持续跟进和监控进度是非常重要的。

1.定期与员工进行沟通和交流

定期与员工进行沟通和交流可以了解他们的进展和困难,及时给予指导和支持。这可以帮助员工保持积极的工作态度，及时调整自己的行为和策略。

2.了解员工的进展和困难

通过与员工的沟通，企业可以及时了解他们在实现绩效改进过程中遇到的困难和挑战。这有助于企业及时采取措施，帮助员工克服障碍，确保他们能够顺利推进改进计划。

3.提供必要的反馈和指导

在了解员工的进展和困难后，需要提供必要的反馈和指导。这可以帮助员工明确自己的优点和不足，及时调整自己的工作方法和策略，更好地实现绩效改进的目标和计划。

通过持续跟进和监控进度，企业可以确保员工的绩效改进工作始终保持在正确的轨道上，最终实现预期的成果。

（四）鼓励员工参与和自主管理

在进行绩效改进的沟通与辅导时，鼓励员工参与和自主管理是非常重要的。这不仅可以增强员工的责任感和归属感，还可以激发他们的积极性和创造力。

1.鼓励员工提出自己的想法和建议

企业应该鼓励员工提出自己对绩效改进的想法和建议。这可以帮助企业更好地了解员工的需求和期望，同时也能激发员工的创造力和创新精神。

2.给予员工更多的决策权和自主权

企业应该给予员工更多的决策权和自主权，让他们参与到绩效改进的决策过程中来。这可以增强员工的责任感和归属感，提高他们的积极性和工作效率。

3.激发员工的创造力和创新精神

企业应该鼓励员工发挥自己的创造力和创新精神，在绩效改进的过程中不断尝试新的方法和策略。这可以帮助企业发现更好的解决方案，推动绩效改进的持续发展。

通过鼓励员工参与和自主管理，企业可以打造一个积极、开放的工作氛围，激发员工的潜能和创造力，为企业的发展注入新的活力。

（五）及时反馈和调整改进计划

在实现绩效改进的过程中，可能会遇到各种问题和挑战。因此，及时反馈和调整改进计划是非常重要的。

1. 与员工进行定期的沟通和交流

企业应该定期与员工进行沟通和交流,了解他们在实现绩效改进过程中遇到的问题和挑战。这可以帮助企业及时发现问题并采取措施加以解决。

2. 评估改进计划的效果和质量

企业应该定期评估改进计划的效果和质量,确保其符合预期的目标和要求。如果发现改进计划存在问题或不可行性,需要及时进行调整和改进以确保其顺利实现目标并取得成功。同时也要关注员工的反馈意见及时调整计划以满足实际需求。

3. 调整和改进计划

如果发现改进计划存在问题或不可行性,需要及时进行调整和改进以确保其有效性和可行性。这可以包括重新制定目标、调整时间表、增加或减少资源等方面的调整和改进措施,以确保计划的顺利实施并取得预期成果。同时也要鼓励员工提出自己的建议和想法,共同参与计划的调整和改进过程,促进团队协作和创新精神的发展。

通过及时反馈和调整改进计划,企业可以确保绩效改进的顺利进行,并取得有效成果,从而推动企业的持续发展和进步。

第七章 薪酬福利管理

第一节 薪酬体系的设计与管理

薪酬体系设计是人力资源管理中的一项重要工作,它需要根据组织的战略目标、市场环境、员工需求等因素来制定具体的薪酬策略和方案。一个有效的薪酬体系应该能够吸引、留住和激励优秀员工,同时与组织的整体战略和业务目标保持一致。

一、薪酬体系设计的原则与策略

(一)市场竞争性原则

在人力资源管理中,薪酬作为员工劳动价值的直接体现,其设计与管理的重要性不言而喻。市场竞争性原则是薪酬体系设计中的核心原则之一,它要求组织的薪酬水平应该与市场上同行业、同职位的薪酬水平保持一定的竞争力,以确保能够吸引到优秀的员工。这一原则的确立和实施,对于组织的长远发展具有深远的影响。

1. 确保吸引力

在高度竞争的人才市场中,拥有竞争力的薪酬水平是吸引和留住人才的关键。优秀的员工往往有更多的职业选择,他们自然会倾向于选择那些能够提供更具吸引力薪酬的组织。因此,与市场薪酬水平保持同步或领先,有助于组织在人才争夺战中占据有利地位。

2. 提升组织形象

一个能够提供市场水平或更高薪酬的组织,通常会被认为是财务稳健、管理规范、具有发展潜力的企业。这样的组织形象对于提升品牌知名度、增强员工自豪感和提高客户信任度都是至关重要的。

3. 促进战略目标实现

薪酬策略的制定应该与组织的战略目标紧密相连。当组织希望在某些关键领域或新兴市场上取得突破时,提供具有竞争力的薪酬可以帮助吸引该领域的顶尖人才,从而加速战略目标的实现。

4. 动态调整与市场同步

市场竞争性原则并不意味着薪酬水平需要始终保持最高。它是一个动态的过程,需要组织根据市场变化、行业趋势和自身发展状况进行适时的调整。通过定期的市场薪酬调查和数据分析,组织可以更加精准地制定和调整自己的薪酬策略。

5. 综合考虑成本效益

当然,提高薪酬水平必然会增加组织的人力成本。在制定薪酬策略时,组织需要综合考虑成本效益,确保在提高薪酬竞争力的同时,不会对组织的财务状况造成过大的压力。

遵循市场竞争性原则,组织可以更加精准地制定符合自身发展和市场状况的薪酬策略,从而在激烈的市场竞争中立于不败之地。

(二)内部公平性原则

内部公平性是薪酬体系设计的另一重要原则,它强调组织内部的薪酬分配应该体现公平性和公正性。在任何一个组织中,员工对于薪酬的公平感都是至关重要的,它直接影响到员工的工作积极性、满意度和忠诚度。因此,确保内部公平性不仅可以维护良好的员工关系,还可以促进组织的整体绩效提升。

1. 相同职位同酬

内部公平性的首要体现是相同职位的员工应该获得相同的薪酬。这意味着在同一组织中,从事相同工作、承担相同职责的员工应该享有相同的薪酬待遇。这种平等对待不仅体现了对员工个人价值的尊重,也有助于消除内部的不公平感和嫉妒情绪。

2. 合理差异体现

不同职位之间的薪酬差异应该合理且能够被员工接受。这种差异应该基于职位的工作内容、技能要求、责任大小等因素来确定。通过科学的职位分析和评价，组织可以建立起一套合理的职位等级体系，从而为不同职位设定相应的薪酬水平。

3. 透明与沟通

为了确保员工对内部公平性的认同，组织需要建立透明的薪酬制度和有效的沟通机制。员工应该能够清楚地了解自己的薪酬构成和计算方式，同时也能够了解其他同事的薪酬情况(在适当的范围内)。此外，组织还应该定期与员工进行沟通，解答他们在薪酬方面的疑问和困惑。

4. 避免歧视与偏见

在实施内部公平性原则时，组织需要特别注意避免任何形式的歧视和偏见。无论是性别、年龄、种族还是其他个人特征，都不应该成为影响员工薪酬的因素。组织应该建立公正的评估机制，确保所有员工都能够在平等的基础上获得应有的回报。

5. 及时调整与维护

随着组织的发展和外部环境的变化，原有的薪酬体系可能会逐渐失去其内部公平性。因此，组织需要定期对薪酬体系进行评估和调整，确保其始终与组织的战略目标和市场环境保持一致。同时，也要关注员工的反馈和建议，及时对不合理的薪酬差异进行调整和纠正。

通过遵循内部公平性原则，组织可以建立一个公正、透明且具有激励作用的薪酬体系，从而有效地提高员工的工作满意度和忠诚度，促进组织的稳定和长期发展。

（三）激励性原则

激励性原则是薪酬体系设计中不可或缺的一环，它要求薪酬体系应该具有激励作用，能够鼓励员工积极工作、提高工作绩效。在现代企业管理中，如何有效地激发员工的积极性和创造力已经成为一个核心议题。一个设计良好的激励性薪酬体系不仅可以激发员工的工作热情，还能促进个人和组织目标的共同实现。

1. 绩效导向的奖励机制

激励性原则的核心在于建立绩效导向的奖励机制。这意味着员工的薪酬应该与其工作绩效紧密相关。通过设置明确的绩效指标和评估标准，以及与之相对应的奖励措施(如奖金、提成等),可以使员工清楚地知道自己的努力和目标达成之间的关系从而更加主动地投入工作。

2. 个性化激励手段

不同的员工有不同的需求和动机,因此单一的激励手段可能无法满足所有人的需求。组织需要了解员工的个体差异和需求多样性,并据此设计个性化的激励方案。例如,针对追求职业发展的员工可以提供更多的培训和发展机会;而对于追求工作生活平衡的员工则可以提供更为灵活的工作安排和休假制度。

3. 长期激励计划

除了短期激励手段外长期激励计划也是激励性原则的重要组成部分。这些计划通常包括股票期权、利润分享、退休福利等旨在将员工的个人利益与组织的长期发展目标相结合从而鼓励员工为组织的长期成功做出贡献。

4. 及时反馈与认可

有效的激励不仅仅是通过物质手段来实现的,更重要的是给予员工及时的反馈和认可。当员工取得良好绩效时,及时的正面反馈可以增强他们的自我效能感和工作动力;而当员工遇到挑战或困难时,及时的指导和支持可以帮助他们重拾信心继续前行。

5. 避免负面效应

虽然激励性原则强调通过奖励来激发员工的积极性,但过度的物质奖励也可能导致一些负面效应如员工之间的恶性竞争、过分关注短期目标而忽视长期发展等。因此组织在实施激励性原则时需要把握好度,确保激励措施既能激发员工的积极性,又不会对组织的整体发展造成负面影响。

通过遵循激励性原则并结合组织的实际情况和市场环境制定合理且具有吸引力的激励方案,组织可以有效地激发员工的工作热情和创造力,推动个人和组织目标的共同实现,从而实现双赢的局面。

二、薪酬水平与结构的确定

(一)职位分析

职位分析是薪酬福利设计的基础环节,它涉及对企业内部各个职位的深入了解和细致分析。通过对职位的详细分析，企业可以明确每个职位的工作内容、职责范围、技能要求、工作条件等，从而为制定合理的薪酬水平提供依据。职位分析的目的在于确保薪酬制度能够公平、公正地反映每个职位的相对价值和员工贡献，避免出现薪酬不合理或薪酬差距过大的情况。

在进行职位分析时，企业可以采用多种方法，如职位说明书、职位评价、专家评估等。其中，职位说明书是常用的一种工具，它详细描述了职位的名称、工作内容、职责范围、技能要求、工作关系等关键信息。通过对这些信息的分析和比较，企业可以明确各个职位之间的相似性和差异性，进而为制定合理的薪酬差异提供依据。

同时，职位分析还需要关注市场变化和企业战略需求。随着市场竞争日益激烈和技术的不断更新换代，企业需要不断调整和优化自身的职位设置和薪酬制度。通过职位分析，企业可以及时发现和评估新兴职位和关键技能的需求情况，从而制定相应的薪酬策略和招聘计划。

（二）市场薪酬调查

市场薪酬调查是企业制定薪酬福利政策的重要参考依据。通过对市场上同行业、同职位的薪酬水平进行调查和分析，企业可以了解当前市场的薪酬状况和行业趋势，为制定具有竞争力的薪酬水平提供参考。市场薪酬调查可以帮助企业避免薪酬过高或过低的风险，确保企业的薪酬制度与市场保持同步和协调。

在进行市场薪酬调查时，企业需要选择合适的调查方法和样本范围。常用的调查方法包括问卷调查、访谈法、公开数据收集等。其中，问卷调查是一种较为普遍的方法，它可以通过向目标群体发放问卷来收集相关数据和信息。在选择样本范围时，企业应该根据自身实际情况和目标群体特点来确定合适的样本规模和抽样方法。

通过市场薪酬调查，企业可以获取到大量关于市场薪酬水平、薪酬福利政策、员工满意度等方面的信息。这些信息可以帮助企业了解自身在市场上的竞争地位和优势劣势，从而制定相应的薪酬策略和福利政策。同时，市场薪酬调查还可以为企业提供行业趋势和市场动态的信息，帮助企业及时调整和优化自身的薪酬福利制度。

（三）员工能力与绩效

员工的能力和绩效是决定其薪酬水平的重要因素。在制定薪酬福利政策时，组织应该充分考虑员工的工作表现、能力和贡献，以确保薪酬制度能够公正地反映员工的实际价值和贡献。员工能力与绩效的评估是薪酬福利设计的关键环节之一。

通过对员工的工作表现进行定期评估，组织可以了解员工在工作中的表现、能力和潜力。这些评估结果可以作为制定和调整员工薪酬的重要依据。对于表现优秀的员工，组织可以给予相应的薪酬奖励和晋升机会，以激励员工继续发挥出色的表现和潜力。对于表现不佳的员工，组织可以采取相应的措施进行辅导和改进，以帮助员工提升工作能力和表现。

同时，组织还可以根据员工的职业发展计划和能力提升计划来制定相应的薪酬策略。例如，对于具有潜力和发展空间的员工，组织可以提供更多的培训和发展机会，并给予相应的薪酬调整或奖金激励。这种基于能力和绩效的薪酬制度可以激发员工的工作积极性和创造力，提高组织的整体绩效和竞争力。

（四）福利与津贴

除了基本薪酬外，组织还可以提供各种福利和津贴来吸引和留住优秀的员工。这些福利和津贴可以包括医疗保险、社会保险、住房公积金等法定福利；带薪休假、员工旅游、节日福利等生活福利；员工培训、职业发展机会等职业发展福利。这些福利和津贴不仅可以提高员工的满意度和忠诚度，还可以增强组织的吸引力和竞争力。

在制定福利与津贴政策时，组织应该根据员工的实际需求和期望来进行设计。同时，组织还需要关注市场上同行业、同职位的福利与津贴状况以及企业自身的经济实力和战略目标等因素来制定合理的福利与津贴政策。通过提供具有吸引力的福利和津贴政策，组织可以吸引和留住优秀的员工为企业创造更多的价值和贡献。同时也可以提高员工的工作积极性和工作效率提升企业整体竞争力。

三、薪酬调整机制的建立与完善

（一）定期评估与调整

在人力资源管理中，薪酬体系的定期评估与调整是一项至关重要的任务。它不仅关系到员工的切身利益，还直接影响到企业的运营成本和市场竞争力。因此，组织需要建立定期评估和调整薪酬体系的机制，以确保其与组织的战略目标和市场环境保持一致。

1. 薪酬体系评估的重要性

薪酬体系评估的主要目的是确保组织的薪酬策略与其业务战略和外部环境相匹配。一个有效的薪酬体系能够吸引和留住优秀的员工，激发员工的工作积极性，提高员工的工作绩效，从而为企业创造更大的价值。同时，合理的薪酬体系也能够降低企业的运营成本，提高企业的市场竞争力。

2. 薪酬体系评估的方法

组织可以采取多种方法对薪酬体系进行评估。首先，市场薪酬调查是一种常用的方法，通过收集和分析市场上同类职位的薪酬数据，组织可以了解自身薪酬水平的竞争力和市场趋势。其次，员工满意度调查也是一种重要的评估手段，通过了解员工对薪酬的满意度和改进建议，组织可以发现薪酬体系中存在的问题和不足。此外，组织还可以借助专业的咨询机构或专家进行薪酬体系评估，以获得更加客观和专业的建议。

3. 薪酬体系调整的策略

根据薪酬体系评估的结果，组织可以采取相应的调整策略。首先，如果组织的薪酬水平低于市场平均水平，可以考虑提高薪酬水平以吸引和留住优秀的员工。其次，如果组织的薪酬结构不合理，可以对不同职位和层级的薪酬进行调整，以体现内部公平性和激励性。此外，组织还可以根据市场趋势和业务发展需要，对薪酬体系进行前瞻性的调整，以确保其与组织的战略目标和市场环境保持一致。

（二）绩效导向的调整

绩效导向的薪酬调整是一种将员工的绩效表现与薪酬水平直接挂钩的调整方式。这种调整方式可以激发员工的工作积极性和动力，提高员工的工作绩效，从而为企业创造更大的价值。

1. 绩效导向的薪酬调整的优点

首先,绩效导向的薪酬调整可以激发员工的工作积极性和动力。通过将员工的绩效表现与薪酬水平直接挂钩,员工可以清楚地看到自己的工作成果与回报之间的关系,从而更加努力地工作以获取更高的薪酬。其次,这种调整方式可以提高员工的工作绩效。员工为了获得更高的薪酬,会更加注重工作质量和效率,从而提高整体的工作绩效。最后,绩效导向的薪酬调整可以促进企业内部竞争和合作。员工之间的竞争可以激发彼此的工作潜力,而合作则可以实现资源共享和优势互补,从而提高整个团队的绩效水平。

2. 绩效导向的薪酬调整的实施步骤

实施绩效导向的薪酬调整需要遵循一定的步骤。首先,组织需要制定明确的绩效评价标准和方法,以确保评价的客观性和公正性。其次,组织需要对员工的绩效表现进行定期评价,并根据评价结果确定相应的薪酬调整幅度。在这个过程中,组织需要注意保持评价的透明度和公开性,让员工清楚地了解评价标准和结果。最后,组织需要及时对薪酬调整方案进行反馈和调整,以确保其与实际情况相符合并达到预期的效果。

3. 绩效导向的薪酬调整的注意事项

在实施绩效导向的薪酬调整时,组织需要注意以下几点。首先,评价标准的制定应该具有科学性和合理性,既要考虑员工的工作成果和质量,也要考虑员工的工作态度和能力等因素。其次,评价结果应该客观公正地反映员工的实际工作表现,避免出现主观臆断或偏见等情况。最后,组织需要建立完善的监督和反馈机制以确保绩效导向的薪酬调整的公平性和有效性。同时组织也需要关注员工的心理变化和情绪反应,及时进行沟通和引导,以避免因薪酬调整而产生负面影响。

(三)职业发展与薪酬调整

职业发展与薪酬调整是紧密相连的两个概念。在人力资源管理中,组织应该将员工的职业发展与薪酬调整相结合,为员工提供良好的职业发展机会和相应的薪酬回报。这样不仅可以激发员工的工作积极性和动力,还能提高员工的忠诚度和归属感,为企业的长期发展奠定基础。

1.职业发展与薪酬调整的关系

职业发展是指员工在职业生涯中不断提升自身能力和素质,实现个人职业目标的过程。而薪酬调整则是组织根据员工的职业发展情况和市场环境,对员工的薪酬水平进行调整的过程。这两者之间存在密切的关系。一方面,员工的职业发展可以为其带来更高的职位和更丰富的工作经验,从而提高其市场价值和薪酬水平;另一方面,合理的薪酬调整也可以为员工的职业发展提供良好的物质保障和激励作用,激发员工不断提升自身能力的动力。

2.职业发展与薪酬调整的实施策略

为了将职业发展与薪酬调整有效地结合起来,组织可以采取以下实施策略。首先,制定明确的职业发展路径和晋升标准,让员工清楚地了解自己在企业中的发展方向和晋升机会;其次,建立完善的培训和发展体系,为员工提供多样化的培训和发展机会,帮助其提升自身能力和素质;再次,定期对员工的职业发展情况进行评估和反馈,并根据评估结果给予相应的薪酬调整;最后,鼓励员工进行自我管理和自我发展,激发其内在的职业发展动力。通过这些策略的实施,组织可以将员工的职业发展与薪酬调整有机地结合起来,实现个人和组织的共同发展。

总之,职业发展与薪酬调整是现代企业中不可或缺的两个环节。只有当员工在组织中得到良好的职业发展机会和相应的薪酬回报时,他们才会更加积极地投入工作,为企业创造更大的价值。因此,组织应该重视员工的职业发展和薪酬调整,制定科学合理的策略和措施,为员工提供良好的工作环境和发展空间,从而实现企业和员工的共赢。

第二节 员工福利的规划与实施

一、员工福利需求的调研与分析

(一)调研员工福利需求的重要性

在员工福利的规划与实施过程中,调研员工福利需求是首要步骤。通过调研,企业可以了解员工对福利的期望和需求,为制定符合员工实际需求的福利计划提供数据支持。同时,调研结果还可以帮助企业发现现有福利制度中存在的问题和不足,为优化福利政策提供依据。

(二)调研方法与技巧

1. 问卷调查

设计涵盖各类福利需求的问卷,通过线上或线下方式发放给员工填写,收集员工对福利的看法和需求。

2. 访谈法

选取代表性员工进行深度访谈,了解他们对福利的期望和建议。

3. 数据分析

通过对企业历史福利数据、员工满意度调查等数据的分析,挖掘员工福利需求的特点和趋势。

(三)调研结果的分析与应用

在完成员工福利需求调研后,需要对调研结果进行深入分析。通过分析,企业可以了解员工对不同福利项目的偏好和需求程度,以及不同员工群体之间的福利需求差异。基于调研结果,企业可以更有针对性地制定员工福利计划,提高福利政策的针对性和有效性。

二、员工福利计划的制定与执行

(一)制定员工福利计划的原则与目标

制定员工福利计划需要遵循一定的原则和目标。首先,要确保福利计划符合国家和地方的法律法规要求;其次,要关注员工福利需求和企业实际情况的平衡;最后,要体现企业的文化和价值观,增强员工的归属感和忠诚度。同时,制定员工福利计划的目标应包括提高员工满意度、降低员工流失率、增强企业凝聚力等。

(二)福利计划的设计与选择

在设计员工福利计划时,企业可以根据自身实际情况和员工需求,选择合适的福利项目。常见的福利项目包括社会保险、住房公积金、带薪休假、节日福利、健康保险、教育培训等。在选择福利项目时,需要综合考虑项目的成本、效益、可持续性等因素。

（三）福利计划的执行与监控

员工福利计划的执行过程中，需要建立完善的执行机制和监控体系。首先，要明确各项福利项目的执行流程和责任人，确保福利计划的顺利推进；其次，要建立定期检查和评估机制，对福利计划的实施效果进行跟踪和评估；最后，要及时发现和解决执行过程中的问题和困难，确保福利计划的顺利实施。

（四）福利计划的调整与优化

随着企业和员工需求的变化，员工福利计划需要进行适时的调整和优化。在调整和优化过程中，要关注员工反馈和市场变化，及时对福利项目进行调整或更新。同时，要注重福利计划的可持续性和长期效益，确保福利政策能够持续满足企业和员工的需求。

三、员工福利项目的优化与创新

（一）现有福利项目的优化措施

针对现有员工福利项目存在的问题和不足，可以采取一系列优化措施。例如，改进福利项目的申请和审批流程，提高项目执行效率；完善福利项目的管理制度，降低管理成本；加强福利项目的宣传和推广工作，提高员工对项目的知晓率和参与度等。通过这些优化措施的实施，可以提高员工福利项目的整体效果和质量。

（二）创新性的员工福利项目设计

为了满足员工日益多样化的需求和提高企业竞争力，企业需要不断创新员工福利项目的设计。创新性的员工福利项目可以包括弹性工作制、家庭关爱计划、心理健康辅导、职业发展培训等。这些创新性的项目能够更好地满足员工的个性化需求，提高员工的工作积极性和满意度。同时，这些创新性的项目也有助于提升企业的品牌形象和吸引力。

（三）员工福利项目创新的实施策略与保障措施

在实施创新性的员工福利项目时，企业需要制定相应的实施策略和保障措施。首先，要明确创新项目的目标和预期效果，制定相应的实施计划和时间表；其次，要合理配置资源，确保创新项目的顺利推进；最后，要建立有效的评估和反馈机制，及时发现和解决项目实施过程中的问题和困难。同时，为了确保创新项目的长期可持续发展,企业需要注重项目成果的转化和应用,不断完善和创新项目内容和形式。

四、员工福利政策的宣传与推广

(一)宣传渠道的选择与利用

在员工福利政策的宣传与推广过程中,选择合适的宣传渠道至关重要。企业可以通过内部网站、公告栏、员工手册等传统渠道以及社交媒体、移动应用等新兴渠道进行宣传和推广。同时,针对不同员工群体和项目特点选择合适的宣传方式和方法也是关键所在。例如,针对年轻员工群体可以采用更加活泼生动的宣传形式和内容吸引他们的关注和参与。

(二)宣传内容的策划与制作

在策划和制作员工福利政策的宣传内容时需要注意以下几点:首先要准确传达福利政策的具体内容和实施细则让员工清晰了解自己可以享受的权益;其次要突出福利政策的优势和亮点激发员工的兴趣和参与意愿;最后要注重宣传内容的可读性和易懂性以便员工能够快速理解和接受。同时为了增强宣传效果还可以结合实例、案例等具体形式进行生动形象的展示和说明。

(三)推广活动的组织与开展

除了日常的宣传工作外,企业还可以定期组织一些推广活动来进一步推动员工福利政策的落地实施。例如,可以举办员工福利政策宣讲会、知识竞赛等活动让员工更加深入地了解和认识福利政策;还可以开展员工满意度调查等活动收集员工对福利政策的反馈和建议,为企业改进和完善福利政策提供参考依据。这些推广活动的组织和开展,可以进一步提高员工对福利政策的认知度和参与度,提升企业整体的人力资源管理水平。

第三节 员工激励与奖励措施

一、员工激励的理论与实践

（一）员工激励的重要性

在现代企业中，人力资源管理已经成为组织成功的关键因素之一。而在人力资源管理的众多环节中，员工激励无疑占据着举足轻重的地位。员工激励的目的在于激发员工的工作热情，提高他们的工作效率和绩效，进而促进整个组织的健康发展。员工激励不仅是人力资源管理的重要手段，更是企业持续发展的关键要素。

首先，员工激励能够激发员工的工作热情。一个受到充分激励的员工会更加主动地投入工作，更积极地应对各种挑战，从而更好地实现个人和组织的共同目标。这种积极的工作态度不仅能够提高员工的工作效率，还能够为组织营造出一种积极向上的工作氛围，有利于组织的长期稳定发展。

其次，员工激励有助于提高员工的工作绩效。通过合理的激励措施，员工能够明确自己的工作目标和方向，进而更加努力地工作以实现这些目标。同时，激励措施还可以帮助员工克服工作中遇到的困难和挑战，鼓励他们不断学习和提升自己的能力，从而取得更好的工作成果。

此外，员工激励还能够增强员工的归属感和忠诚度。当员工感受到组织的关怀和支持时，他们会更加认同组织的目标和价值观，从而更加愿意为组织的发展贡献自己的力量。这种归属感和忠诚度不仅能够降低员工的离职率，还能够提高员工的工作满意度和幸福感，进而提升组织的整体绩效和竞争力。

（二）员工激励的理论基础

员工激励作为现代企业管理中的重要组成部分，其理论基础主要来源于心理学、行为科学和管理学等多个学科领域的研究成果。这些理论为员工激励提供了科学的依据和指导，帮助企业更加有效地激发员工的工作热情和创造力。

马斯洛的需求层次理论是员工激励领域的重要理论之一。该理论认为人的需求从基本的生理需求开始,逐步上升到安全、社交、尊重和自我实现等更高层次的需求。这一理论为企业提供了关于如何满足员工不同层次需求的指导,促使企业在制定激励策略时充分考虑员工需求的多样性。例如,针对较低层次的需求,企业可以通过提供稳定的薪资和福利来满足员工的生理和安全需求;而对于较高层次的需求,企业则可以通过提供具有挑战性的工作、良好的职业发展机会以及尊重与认可等方式来满足员工的社交、尊重和自我实现需求。

赫茨伯格的双因素理论是另一个对员工激励产生深远影响的理论。该理论指出员工的满意和不满意分别来源于工作本身和工作环境两个方面的因素。赫茨伯格认为只有真正改变工作内容和性质,才能使员工获得真正的满足感并提高他们的工作积极性。因此企业应该通过设计富有挑战性的工作任务、赋予员工更多的自主权和责任等方式来激发员工的内在动机和创造力,同时改善工作环境和氛围以减少员工的不满情绪。

除了上述两个主要理论外还有许多其他理论对员工激励产生了重要影响,如期望理论、公平理论等。这些理论都在不同程度上解释了员工行为的动机和激励机制,为企业制定科学合理的员工激励策略提供了理论依据。

在实际应用中,企业需要结合自身的实际情况和员工特点综合运用各种理论来制定个性化的激励方案。只有充分理解并合理运用这些理论基础,企业才能构建出真正符合自身需求的员工激励机制,从而最大限度地激发员工的工作热情和创造力,推动企业的持续健康发展。

(三)员工激励的实践探索

在现代企业管理中,员工激励的实践探索是一项复杂而重要的任务。企业为了激发员工的工作热情、提高工作绩效并促进组织目标的实现,需要不断地进行实践探索和创新,以找到最适合自己的激励方法。以下是一些企业在员工激励方面的实践探索。

1.设立合理的薪酬福利制度

薪酬福利是员工最为关注的方面之一,也是企业吸引和留住人才的重要手段。企业应该根据市场情况和自身实际,设立具有竞争力的薪酬福利制度,包括基本工资、奖金、津贴、保险、福利等多种形式,以满足员工不同层次的需求,并激发他们的工作积极性。同时,企业还可以根据员工的工作表现和贡献设立相应的奖励机制,如年终奖、优秀员工奖等,以表彰和鼓励员工的优秀表现。

2.提供良好的工作环境和氛围

一个舒适、安全、和谐的工作环境对于员工的工作积极性和工作效率有着重要的影响。企业应该注重工作环境的建设和改善,如提供舒适的办公设施、优化工作流程、减少无效劳动等,以减轻员工的工作负担和压力。同时,企业还应该营造积极向上的工作氛围,鼓励员工之间的交流和合作,增强团队的凝聚力和向心力。

3.提供培训和发展机会

随着知识经济的不断发展,员工的职业发展和个人成长越来越受到重视。企业应该为员工提供多样化的培训和发展机会,如内部培训、外部培训、职业发展规划等,以帮助员工提升自己的职业技能和综合素质,增强他们的竞争力和自信心。同时,企业还可以通过设立明确的晋升通道和职业发展规划,让员工看到自己在组织中的未来和发展空间,从而更加积极地投入工作。

4.设立奖励制度

奖励制度是企业激发员工工作积极性的重要手段之一。企业应该根据员工的工作表现和贡献设立相应的奖励机制,如绩效奖金、优秀员工奖、创新奖等,以表彰和鼓励员工的优秀表现。同时,奖励制度应该具有公平性和透明度,确保每个员工都有平等的机会获得奖励,并避免奖励的不公平分配导致的负面效应。

5.实施参与式管理

参与式管理是一种强调员工参与决策和管理过程的管理方式,它能够增强员工的归属感和责任感,提高他们的工作积极性和工作效率。企业应该鼓励员工参与组织的决策和管理过程,如设立员工代表大会、开展员工建议征集活动等,让员工能够参与到组织的重大决策和发展规划中来,从而提高他们的参与感和成就感。

二、奖励制度的设计与实施

（一）奖励制度的设计原则

奖励制度是企业激励员工积极工作、提升绩效的重要手段之一。一个合理、有效的奖励制度可以激发员工的积极性和创造力，提高企业的整体绩效。因此，在设计奖励制度时，应该遵循公平、公正、透明和可操作性的原则，确保奖励制度能够真正起到激励员工的作用。

1. 公平原则

奖励制度的公平性是保证其实施效果的基础。公平性主要体现在两个方面：一是奖励标准的公平性，即根据员工的工作贡献和绩效成果来评定奖励的等级和额度，避免出现不公正的现象；二是评选过程的公平性，即确保评选过程公开、透明，避免出现不规范的评选现象。只有保证奖励制度的公平性，才能让员工感受到企业的公正和尊重，从而激发他们的工作积极性。

2. 公正原则

公正原则要求奖励制度能够客观地评价员工的工作表现，确保评价结果的准确性和公正性。为了实现公正原则，企业需要建立完善的绩效评价体系，明确评价标准和流程，避免出现主观臆断和不公正的评价结果。同时，企业还需要加强对评价过程的监督和管理，确保评价结果的客观性和公正性。

3. 透明原则

透明原则要求奖励制度能够清晰地展示奖励标准和评选过程，让员工清楚地了解奖励制度的运作方式。通过公开透明的奖励制度，企业可以增强员工的信任感和归属感，提高员工对奖励制度的认可度和参与度。同时，透明原则还可以避免出现不规范的评选现象，保证奖励制度的公正性和公平性。

4. 可操作性原则

可操作性原则要求奖励制度具有可行性和可操作性，方便企业实施和管理。为了实现可操作性原则，企业需要制定详细的奖励计划和实施方案，明确奖励的目的、对象、时间和方式等要素。同时，企业还需要建立完善的管理机制和监督机制，确保奖励制度的顺利实施和有效管理。

(二)奖励制度的实施步骤

1.制定奖励计划

制定奖励计划是实施奖励制度的第一步。在制定奖励计划时,企业需要明确奖励的目的、对象、时间和方式等要素。具体而言,企业需要确定奖励的种类、等级和额度;明确奖励的评选标准和流程;确定奖励的颁发时间和方式等。通过制定详细的奖励计划,企业可以为后续的实施工作提供明确的指导和依据。

2.设立奖励标准

设立奖励标准是实施奖励制度的关键环节之一。在制定奖励标准时,企业需要根据员工的工作贡献和绩效成果来评定奖励的等级和额度。具体而言,企业可以根据员工的工作表现、业绩成果、创新能力等方面来设立相应的奖励标准。同时,为了确保奖励标准的公平性和合理性,企业还可以邀请专家或第三方机构进行评估和审核。

3.评选奖励对象

评选奖励对象是实施奖励制度的重要环节之一。在评选过程中,企业需要对员工的工作表现进行评价和比较,确定符合奖励标准的员工名单。具体而言,企业可以通过绩效评价、360度反馈调查等方式来收集员工的工作表现信息;然后按照设定的奖励标准对员工进行筛选和排序;最后确定获奖员工名单并进行公示。为了确保评选过程的公正性和透明度,企业可以邀请员工代表或第三方机构参与评选过程并进行监督。

4.颁发奖励

颁发奖励是实施奖励制度的最后一步。在颁发过程中,企业需要按照奖励计划的规定颁发相应的奖励,并对获奖员工进行表彰和宣传。具体而言,企业可以在年会上对获奖员工进行表彰;通过企业内部刊物或社交媒体等渠道对获奖员工进行宣传;为获奖员工提供相应的奖金或奖品等。通过颁发奖励,企业可以让员工感受到自己的努力和付出得到了认可和回报,从而激发他们的工作积极性和创造力。

(三)奖励制度的实施效果评估

为了确保奖励制度的实施效果符合预期目标,并不断完善提高其对员工的激励作用,在实施过程中应对其进行评估。具体而言,评估内容包括以下几个方面:一是对奖励标准的合理性进行评估,即分析奖励标准是否能够真实反映员工的工作贡献和绩效成果,以及是否存在过高或过低的情况;二是对评选过程的公正性进行评估,即检查评选过程是否公开、透明,是否存在不规范的评选现象;三是对奖励结果的满意度进行调查,即了解员工对奖励制度的认可度和满意度,以及是否存在改进的空间和需求。

根据评估结果,企业可以及时发现并改进奖励制度中存在的问题和不足,调整和完善相应的设计策略,以提高其针对性和有效性。例如,如果发现某些员工对奖励制度存在不满意的情况,可以针对这些问题制定相应的改进措施,如提高奖励额度、增加奖励种类、优化评选流程等,以满足员工的需求和期望。同时,企业还可以通过定期评估来不断完善和优化自身的奖励制度,确保其能够持续有效地激励员工为企业创造更多的价值和贡献。

三、非物质激励措施的探索与应用

(一)非物质激励的重要性

在人力资源管理中,激励是一个永恒的话题。除了物质激励外,非物质激励也是激发员工工作积极性的重要手段。非物质激励与物质激励相对应,它更侧重于员工的精神层面,通过满足员工的尊重、认可、成就等心理需求来激发其工作动力。在现代企业中,非物质激励越来越受到重视,成为提升员工绩效和企业竞争力的重要途径。

首先,非物质激励能够激发员工的工作热情。当员工感受到来自组织的尊重、认可和鼓励时,他们会更加积极地投入工作,充分发挥自己的潜能和创造力。这种内在的驱动力往往比物质激励更加持久和有效。

其次,非物质激励能够增强员工的归属感和忠诚度。当员工参与决策和管理,获得一定的权力和自主空间时,他们会更加认同组织的目标和价值观,愿意为组织的长远发展贡献自己的力量。这种归属感和忠诚度能够降低员工离职率,提高员工满意度和工作效率。

最后,非物质激励能够提升企业的竞争力。一个充满活力和创造力的团队是企业最宝贵的财富。通过非物质激励措施,企业可以吸引和留住优秀的人才,激发他们的创新精神和合作意识,从而提高企业的整体绩效和市场竞争力。

(二)非物质激励措施的种类

非物质激励措施的种类繁多,不同的措施针对不同的心理需求和情境。以下是几种常见的非物质激励措施。

1. 目标激励

通过设定明确、具有挑战性的工作目标来激发员工的奋斗精神。当员工完成这些目标时,他们会获得成就感和自我肯定,从而更加积极地投入工作。

2. 参与激励

让员工参与决策和管理过程,提高他们的归属感和责任感。参与激励可以激发员工的创造力和主动性,使他们更加关注组织的发展。

3. 授权激励

给予员工一定的权力和自主空间,培养他们的自主性和创新精神。授权激励可以让员工感受到组织的信任和尊重,从而更加自信地面对工作中的挑战。

4. 情感激励

关注员工的情感需求,增强他们的组织认同感和忠诚度。情感激励可以通过关心员工的生活、倾听他们的心声、给予他们鼓励和支持等方式实现。

除了上述措施外,还有许多其他的非物质激励措施,如培训激励、荣誉激励、职业发展激励等。企业可以根据自身的实际情况和员工的需求选择适合的激励措施进行组合和优化。

(三)非物质激励措施的实施策略

为了有效地实施非物质激励措施,企业需要制定科学合理的实施策略。以下是一些建议。

1. 深入了解员工

企业应该深入了解员工的心理需求和职业发展愿望,为制定个性化的非物质激励方案提供依据。通过员工调查、面谈、观察等方式了解员工的兴趣、特长、价值观等信息，以便制定更加贴近员工需求的非物质激励措施。

2.建立良好的沟通机制

企业应该建立良好的沟通机制，及时了解员工的想法和意见，以便对非物质激励措施进行调整和优化。通过定期的员工大会、座谈会、问卷调查等方式收集员工的反馈意见，确保非物质激励措施的实施效果符合预期。

3.关注员工成长

企业应该关注员工的成长和发展，为员工提供丰富的培训和学习机会，帮助其不断提升个人能力和职业素养。通过制定完善的培训计划、提供多元化的学习资源、鼓励员工参加专业认证等方式支持员工的成长和发展。

4.强化企业文化建设

企业文化是非物质激励的重要载体之一。企业应该加强企业文化建设，营造积极向上、和谐共融的工作氛围。通过明确企业的核心价值观、树立榜样人物、举办文化活动等方式强化员工的文化认同感和归属感。

5.建立激励机制的长效性

非物质激励措施的实施需要长期坚持并不断完善。企业应该建立完善的激励机制和管理制度，确保非物质激励措施的持续性和有效性。同时，企业还应该根据市场变化和企业发展的需要不断调整和优化非物质激励措施，以保持其活力和吸引力。

四、激励效果的评估与改进

（一）激励效果评估的方法与工具

为了确保所采取的激励措施能够达到预期的效果企业需要对激励效果进行评估。评估的方法主要包括问卷调查、访谈、观察等可以收集员工对于激励措施的反馈意见并分析其工作表现和绩效变化。同时借助一些专业的评估工具如满意度调查表、绩效评分卡等可以更加客观地对激励效果进行衡量和评价。

（二）发现问题与持续改进

通过对激励效果的评估企业可能会发现一些存在的问题和不足如某些激励措施的效果不明显或者存在不公平现象等。针对这些问题企业应及时进行改进、完善、调整和优化激励方案以确保其更加符合员工的实际需求,并提高员工的工作积极性和绩效水平。同时企业也应建立持续改进的机制,不断关注员工的反馈和市场变化,对激励机制进行动态调整,以适应不断变化的市场环境和员工需求。

(三) 激励效果评估的注意事项

在进行激励效果评估时,企业需要注意以下几点。首先,评估应该具有全面性和客观性,既要考虑员工的反馈意见,也要结合员工的工作表现和绩效数据进行综合分析。其次,评估应该具有针对性和时效性,针对不同类型的员工和不同的激励措施采取不同的评估方法,并及时进行反馈和调整。最后,评估结果应该被充分利用,作为企业改进和完善激励机制的重要依据。

(四) 激励与企业文化建设的融合

激励机制作为企业文化的重要组成部分,需要与企业文化建设相融合。企业应该根据自身的核心价值观和战略目标,制定相应的激励措施,并将其贯穿于企业的各项管理制度和日常工作中。同时,企业也应该通过激励机制的实施,培养和强化员工对企业的认同感和归属感,形成积极向上的企业文化氛围。

总之,员工激励与奖励措施是现代企业管理中的重要环节。合理的激励措施,可以激发员工的工作热情,提高员工的工作效率和绩效,为企业的发展提供源源不断的动力。在实施激励机制时,企业需要结合自身的实际情况和员工的需求进行个性化设计,并不断完善和改进激励机制,以实现最佳的激励效果。同时,企业也应该关注员工的成长和发展,为员工提供丰富的培训和学习机会,帮助员工不断提升个人能力和职业素养,实现个人和企业的共同发展。

第八章　员工关系管理

第一节　员工沟通与冲突处理

一、有效的员工沟通技巧

（一）倾听技巧

1. 培养积极倾听的态度

(1) 开放心态：当与员工沟通时，管理者应摒弃先入为主的观念，保持一颗愿意接纳和理解的心态。只有这样，员工才会感受到被尊重，从而更愿意分享自己的真实想法。

(2) 耐心与专注：沟通时，避免分心或急于中断员工。给予员工充分的时间来表达自己的观点，不打断，不插话。

2. 身体语言与倾听

(1) 眼神交流：通过眼神交流来显示自己的关注。避免在倾听时查看手机、电脑或其他分散注意力的物品。

(2) 身体姿势：身体稍微前倾，面向员工，传达出对他们的重视和关心。

3. 理解并反馈

(1) 确认理解：在员工表达完观点后，简短地复述或总结他们的意思，确保自己准确理解了对方的观点。

(2) 鼓励进一步分享：通过提问、点头或鼓励性的言辞来鼓励员工分享更多细节或深入的想法。

4. 避免倾听的障碍

(1) 情绪管理：确保自己的情绪不会干扰到倾听过程。如果感到情绪激动，可以请求暂时中断沟通,待情绪稳定后再继续。

(2)避免过早评价:不要在员工还在表达时就对其观点进行评判。过早的评价可能会中断员工的思路,使其不愿意继续分享。

5.实践中的建议

(1)定期沟通会议:定期组织团队会议或其他形式的集体沟通,为员工提供一个安全、开放的环境来表达自己的想法和意见。

(2)一对一沟通:定期与员工进行一对一的沟通,深入了解他们的想法、困惑和建议。

(二)清晰表达

清晰表达是管理者与员工沟通时的另一关键要素。一个有效的信息传递不仅要求内容准确,还需要方式得当。以下是对清晰表达的详细探讨。

1.选择恰当的语言和词汇

(1)简洁明了:避免使用复杂或晦涩的词汇。选择简单、直接的词汇和句子结构,确保信息易于理解。

(2)避免模糊性:确保所使用的词汇和短语具有明确的含义,避免产生歧义或误解。

2.注意语气和表情

(1)语气协调:语气应与所传达的信息相匹配。例如,传达重要或紧急信息时,语气应严肃;而在轻松的话题上,语气可以更为友好和轻松。

(2)表情支持:面部表情应与所说的话相符,增强信息的可信度。例如,微笑可以传达友善和开放的态度,而皱眉可能表示不满或困惑。

3.结构化信息

(1)逻辑清晰:在组织思路时,确保信息按照逻辑顺序呈现。可以先提出主要观点,然后提供支持性的细节或例证。

(2)使用例子和故事:例子和故事可以使抽象的概念更具体、更生动,从而更容易被理解和记住。

4.考虑接收者的背景

(1)适应听众:根据员工的背景、经验和知识水平调整表达方式。对于不太熟悉的领域或概念,可能需要提供更多背景信息或使用更具体的例子。

(2)避免专业术语:除非必要,否则尽量避免使用可能使员工感到困惑的专业术语或行话。

5.实践中的建议

(1)准备与练习:在重要的沟通之前,花时间准备并练习要传达的信息。这有助于确保信息的清晰度和准确性。

(2)寻求反馈:在沟通后,询问员工是否清楚理解了所传达的信息。如果有任何不清楚的地方,及时澄清和纠正。

通过清晰表达,管理者不仅可以确保信息准确传达,还可以建立与员工之间的信任和尊重,从而促进团队合作和组织目标的实现。同时,清晰表达也是培养组织内部开放、透明和高效沟通文化的重要一步。

二、冲突识别与原因分析

(一)冲突识别

冲突是任何组织或团队中不可避免的一部分,但关键在于如何有效地识别并处理这些冲突。作为管理者,拥有敏锐的洞察力,能够及时发现员工之间的冲突和矛盾是至关重要的。这不仅可以防止问题恶化,还可以帮助创造一个和谐、积极的工作环境。

1.观察行为变化

行为通常是内心状态的反映,因此观察员工的行为变化是识别冲突的重要途径。例如,员工之间的互动变得紧张或疏远、工作效率下降、频繁出现错误等都可能是冲突的信号。此外,一些微妙的非言语行为,如眼神交流减少、肢体语言变得僵硬或不自然,也可能暗示着潜在的问题。

2.注意情绪变化

情绪与行为密切相关,员工的情绪变化往往能反映出他们内心的挣扎和不满。例如,员工表现出易怒、沮丧、焦虑或退缩等情绪,都可能是他们正在经历冲突或矛盾的迹象。管理者需要密切关注员工的情绪变化,尤其是那些突然或持续的情绪波动。

3.倾听员工的声音

员工的声音是了解他们内心想法和感受的直接途径。管理者应该鼓励员工表达自己的想法，倾听他们的抱怨和建议。这可以通过定期的个人或团队会议、匿名调查或建议箱等方式实现。当员工感到被重视和尊重时，他们更可能坦诚地表达自己的观点和感受，从而有助于管理者及时发现潜在的冲突。

4.关注团队氛围

团队氛围的变化往往能反映出员工之间关系的紧张程度。例如，团队会议变得沉默或充满火药味、团队成员之间的合作减少、团队士气低落等都可能是冲突的信号。管理者需要时刻关注团队氛围的变化，以便及时发现并处理潜在的冲突。

通过观察员工的行为和情绪变化、倾听他们的声音以及关注团队氛围的变化，管理者可以更有效地识别员工之间的冲突和矛盾。这为下一步采取适当的措施来解决冲突奠定了基础。

（二）原因分析

在识别了员工之间的冲突后，深入地进行原因分析是解决问题的重要步骤。只有通过仔细分析冲突的根源，管理者才能找到有效的解决方案，从而恢复团队的和谐与高效运作。以下是对冲突原因分析的详细探讨。

1.资源分配问题

资源分配不公是引发员工之间冲突的常见原因之一。这可能是由于管理层的决策不当，导致某些员工或团队感到自己在资源分配中受到了不公正的待遇。这种不公正感可能源于对资金、时间、人力或其他关键资源的分配不均。为了解决这个问题，管理者需要审视自己的资源分配决策，确保它们是公正和透明的，同时也要与员工进行沟通，解释资源分配的依据和考虑因素。

2.工作目标不一致

当员工之间的工作目标不一致时，也容易产生冲突。这可能是因为不同的员工或团队对于项目的期望、优先级或成果有不同的看法。为了解决这类冲突，管理者需要与员工进行充分的沟通，明确共同的工作目标和期望成果。同时，也需要建立一种机制来协调不同目标之间的冲突，确保所有员工都能朝着共同的目标努力。

3.沟通不畅

沟通不畅是导致员工之间冲突的另一重要原因。在工作环境中，如果信息传递不及时、不准确或不完整，就容易引发误解和猜疑，从而导致冲突的产生。为了改善沟通状况，管理者需要建立有效的沟通渠道和机制，确保信息能够在组织内部顺畅地流动。此外，也需要培养员工的沟通技巧和倾听能力，以便更好地理解和回应他人的观点和需求。

4.价值观差异

员工之间的价值观差异也可能导致冲突的产生。不同的员工可能有不同的价值观和道德标准，这些差异可能导致他们在工作中产生分歧和矛盾。为了解决这类冲突，管理者需要尊重并理解员工的个人价值观，同时也要在组织内部建立一种共同认可的价值体系和行为准则。通过培训和引导，可以帮助员工更好地理解和接纳彼此的差异，从而形成一个更加包容和多元化的工作环境。

5.角色定位不清

当员工对自己的角色和职责不明确时，也容易产生冲突。这可能是因为组织结构不清晰或者管理者没有给予足够的指导和支持。为了解决这类问题，管理者需要明确每个员工的角色和职责范围，并确保他们有足够的资源和支持来履行自己的职责。同时，也需要建立一种反馈机制来及时了解员工的困惑和需求并给予相应的指导和帮助。

三、冲突处理策略与方法

（一）协商与调解

在员工关系管理中，冲突是不可避免的。当员工之间出现冲突时，作为管理者，如何妥善处理这些冲突，维护团队的和谐与稳定，是一项重要的职责。协商与调解是解决员工冲突的有效手段之一。

1.了解冲突背景

在处理冲突之前，管理者需要对冲突的背景有一个全面的了解。这包括了解冲突的起源、双方的观点和立场，以及冲突对员工和团队的影响。通过深入了解，管理者能够更准确地判断冲突的性质和严重程度，为后续的协商和调解打下基础。

2.促进双方沟通

沟通是解决冲突的第一步。管理者需要为冲突的双方创造一个安全、开放的沟通环境，鼓励他们坦诚地表达自己的想法和感受。在沟通过程中，管理者要保持中立和公正的态度，不偏袒任何一方，确保双方都能够充分表达自己的观点。

3.寻找共同解决方案

在双方充分沟通的基础上，管理者可以引导双方共同寻找解决方案。这可能需要双方在某些方面做出妥协或调整，以实现一个对双方都有利的结果。管理者可以提供一些建议或思路，但要避免直接替双方做决定。

4.跟进与反馈

在协商和调解之后，管理者需要对结果进行跟进，确保双方都能够遵守达成的协议。同时，也要关注员工的反馈，了解他们对处理结果的满意度和后续的工作表现。如果发现新的问题或冲突，管理者需要及时介入，进行进一步的协商和调解。

通过协商和调解的方式处理员工冲突，不仅能够解决当前的问题，还能够增强员工之间的信任和合作，为团队的长期发展奠定基础。

（二）制定规则与制度

为了避免或减少员工之间的冲突，制定清晰、公正的规则和制度是至关重要的。这些规则和制度可以明确员工的职责、权利和行为准则，为团队提供一个稳定、有序的工作环境。

1.明确岗位职责

每个员工都应该清楚自己的岗位职责和工作范围。这有助于避免工作重叠和混乱，减少因职责不清而产生的冲突。同时，明确的岗位职责也能够让员工更加专注于自己的工作，提高工作效率。

2.建立工作流程

制定清晰的工作流程可以确保团队的工作有条不紊地进行。这包括明确的工作步骤、时间表和责任人。建立工作流程，可以减少因工作混乱而产生的冲突和误解。

3.公正的奖惩制度

一个公正的奖惩制度可以激励员工积极工作,并减少因不满和不公平感而产生的冲突。奖励应该基于员工的工作表现和贡献进行,而不是基于个人喜好或关系。同时,惩罚也应该公正、透明,让员工清楚地知道哪些行为是不被接受的。

4.提供反馈与沟通渠道

为了保持制度的灵活性和适应性,管理者应该为员工提供反馈和沟通的渠道。员工可以通过这些渠道表达对制度和规则的意见和建议,管理者可以根据员工的反馈进行调整和完善。

通过制定和执行公正、合理的规则和制度,管理者可以为团队创造一个和谐、有序的工作环境,减少员工之间的冲突和摩擦。

(三)培训与指导

培训与指导是解决员工冲突、提升员工能力的长期策略之一。通过提供相关的培训和指导,管理者可以帮助员工提升沟通技巧、增强冲突处理能力,从而更有效地应对工作中的挑战和问题。

1.沟通技巧培训

良好的沟通是避免和解决冲突的关键。管理者可以为员工提供沟通技巧的培训,帮助他们学会如何有效地表达自己的观点、倾听他人的意见以及处理沟通中的障碍和误解。这样的培训可以帮助员工建立良好的人际关系,减少因沟通不畅而产生的冲突。

2.冲突处理培训

针对员工在工作中可能遇到的冲突情况,管理者可以提供专门的冲突处理培训。这样的培训可以帮助员工了解冲突的本质和解决方法,学会如何在冲突中保持冷静、理性分析并寻找合适的解决方案。同时,培训也可以提供一些实用的工具和技巧,如协商技巧、情绪管理技巧等,帮助员工更好地应对冲突带来的挑战。

3.团队建设活动

除了专门的培训外,管理者还可以通过组织团队建设活动来增强员工的团队意识和合作精神。这些活动可以包括团队拓展、合作游戏等,旨在帮助员工建立信任、增进了解并培养团队协作精神。通过这样的活动,员工可以更好地理解彼此的工作风格和需求,减少因差异而产生的冲突。

4.个性化指导

每个员工的情况都是独特的,因此管理者还需要提供个性化的指导和支持。这可以包括针对个人问题的咨询、职业规划建议等。通过个性化的指导,管理者可以帮助员工更好地应对工作中的挑战和压力,减少因个人问题而产生的情绪冲突。

四、建立和谐的员工关系

(一)营造积极的工作氛围

1.建立信任与尊重

(1)诚信领导:管理者应以身作则,遵守承诺,展现高度的诚信。通过自身的行为树立榜样,促进组织内部的信任建立。

(2)尊重多样性:尊重员工的不同背景、观点和经验。鼓励开放的思想交流,让员工感到自己的观点被重视。

2.提供支持与关怀

(1)情感支持:在员工遇到困难或挑战时,提供情感上的支持。让员工知道,在逆境中,组织是他们坚实的后盾。

(2)工作资源:确保员工拥有完成工作所需的资源和工具。这不仅可以提高工作效率,还能让员工感到被重视和支持。

3.鼓励合作与团队精神

(1)团队活动:定期组织团队活动,增强团队成员之间的互动和了解。这可以促进团队合作,并提高员工的工作满意度。

(2)共同目标:设定明确的团队目标,鼓励员工共同努力实现。当员工意识到自己的工作对团队和组织的重要性时,他们会更加投入和积极。

4.培养正面文化

(1)认可和奖励:当员工取得成就时,及时给予认可和奖励。这可以强化积极行为,并激发其他员工的积极性。

(2)鼓励创新和学习:营造一个鼓励创新和学习的工作环境。为员工提供培训和发展机会,让他们不断成长和进步。

(二)关注员工福利与发展

1. 薪酬福利与待遇

(1)公平薪酬:确保薪酬制度公平、透明,并与市场水平相符。根据员工的工作表现和贡献给予相应的奖励。

(2)额外福利:提供如健康保险、带薪休假、退休计划等额外福利,增加员工对组织的依赖感和归属感。

2. 职业发展与规划

(1)职业路径:与员工一起探讨他们的职业目标和路径,为他们提供明确的晋升途径和职业发展计划。

(2)培训与发展:提供多样化的培训和发展机会,帮助员工提升技能和知识。这不仅可以满足员工的个人发展需求,还能增强他们对组织的忠诚度。

3. 工作与生活平衡

(1)弹性工作安排:为员工提供灵活的工作时间和远程工作选项,帮助他们更好地平衡工作和生活。

(2)关注员工健康:关心员工的身心健康,提供如健身房、心理健康支持等资源,促进员工的整体福祉。

4. 员工反馈与参与

(1)定期调查:通过定期的员工满意度调查,了解员工对福利和发展的需求和期望。根据反馈进行相应的调整和改进。

(2)员工参与决策:在某些重要决策中邀请员工参与,让他们感到自己的意见被重视,并增加对组织的归属感。

(三)建立有效的沟通渠道

1. 多元化的沟通方式

(1)定期会议:组织定期的员工大会、部门会议等,为员工提供一个正式的平台来了解组织动态和表达意见。

(2)非正式交流:鼓励员工之间的非正式交流,如茶歇时间的闲聊、团队建设活动等,以促进信息的自由流通和员工之间的紧密联系。

2.倾听与理解

(1)开放心态:管理者应具备开放的心态,愿意倾听员工的想法和意见,无论这些意见是否与自己的观点相符。

(2)理解上下文:在沟通时努力理解对方的观点和立场,避免误解和冲突的产生。通过询问和澄清来确保信息的准确理解。

3.及时反馈与响应

(1)及时反馈:对于员工的建议和问题,管理者应及时给予反馈和回应。这可以让员工感到被重视和尊重。

(2)解决问题:当员工提出问题或关切时,管理者应积极寻找解决方案并及时跟进,确保问题得到妥善解决。

4.透明与公开

(1)信息共享:保持组织内部信息的透明和公开。让员工了解组织的战略、目标和重要决策背后的原因。这可以增加员工的信任感和参与感。

(2)鼓励开放讨论:鼓励员工对组织的问题和挑战进行开放讨论。这种开放的沟通氛围可以促进创新和改进的产生。

5.持续改进沟通方式

(1)收集反馈:定期收集员工对沟通方式和效果的反馈。根据反馈进行调整和改进,确保沟通渠道始终保持有效和高效。

(2)适应新技术:利用现代技术如企业社交平台、内部论坛等来促进沟通和协作。这些工具可以使沟通更加便捷和高效。

第二节 员工关怀与支持措施

一、员工心理健康的关注与辅导

(一)心理健康的重要性及现状

在现代社会,心理健康越来越受到人们的重视。员工的心理健康直接影响到他们的工作效率和生活质量。然而,由于工作压力、人际关系紧张、生活事件等多种因素的影响,许多员工面临着心理健康问题。因此,企业需要关注员工的心理健康状况,并采取有效的措施进行干预和辅导。

(二)心理健康辅导的策略与方法

为了改善员工的心理健康状况,企业可以采取以下策略和方法:一是建立心理健康档案,对员工进行心理测评,了解他们的心理状况和需求;二是提供心理咨询服务,为员工提供一个倾诉和寻求帮助的平台;三是开展心理健康培训,帮助员工掌握应对压力和困难的方法和技巧;四是建立心理危机干预机制,对处于心理危机中的员工进行及时有效的干预。

(三)心理健康辅导的实践案例与效果评估

许多企业在员工心理健康辅导方面取得了显著的成效。例如,某大型互联网公司建立了完善的心理健康支持体系,包括心理咨询、心理培训、心理测评等多个环节,有效地提高了员工的心理健康水平和工作效率。通过对实践案例的效果评估,可以发现心理健康辅导对于改善员工的心理状况、提高工作绩效具有积极的作用。

二、工作生活平衡的支持措施

(一)工作生活平衡的挑战与影响

随着现代社会节奏的加快和工作压力的增大,许多员工面临着工作生活失衡的问题。长时间的工作、缺乏休息和娱乐时间、家庭与工作的冲突等都对员工的身心健康产生了负面影响。因此,企业需要关注员工的工作生活平衡问题,并采取相应的支持措施。

(二)弹性工作制度的实施与推广

弹性工作制度是一种旨在帮助员工实现工作生活平衡的有效措施。通过允许员工灵活安排工作时间、地点和方式,弹性工作制度可以满足员工多样化的工作需求和生活需求。例如,允许员工在家办公、调整上下班时间等。实施弹性工作制度不仅可以提高员工的工作满意度和忠诚度,还有助于提高企业的绩效和竞争力。

（三）员工福利与关怀政策的制定与执行

为了支持员工的工作生活平衡，企业需要制定并执行一系列的福利与关怀政策。这些政策可以包括提供带薪休假、为员工提供健康保险和福利、设立员工子女教育基金等。通过这些政策，企业可以帮助员工解决后顾之忧，让他们更加专注于工作并保持良好的身心状态。

（四）企业文化建设中的工作生活平衡理念

在企业文化建设中融入工作生活平衡的理念对于促进员工的工作生活平衡具有重要意义。企业可以通过宣传倡导健康的工作生活方式、组织丰富多彩的员工活动等方式来营造积极的工作氛围和生活环境。这将有助于员工更好地平衡工作和生活的关系，实现全面发展和幸福生活。

三、员工关怀活动的策划与实施

（一）员工关怀活动的意义与目的

员工关怀活动是企业为了表达对员工的关心和关注而策划的一系列活动。这些活动旨在增强员工的归属感和忠诚度，提高员工的工作满意度和幸福感。通过员工关怀活动，企业可以传递出以人为本的管理理念，营造良好的企业氛围和团队精神。

（二）多样化的员工关怀活动形式与内容

员工关怀活动的形式和内容可以多样化以满足不同员工的需求和期望。例如，可以组织团队建设活动如户外拓展、趣味运动会等增强团队凝聚力和合作精神；举办节日庆祝活动如年会、圣诞节晚会等让员工感受到企业的温暖和关怀；提供员工培训和发展机会如职业规划辅导、技能提升课程等帮助员工实现个人成长和职业发展；还可以设立员工奖励和激励机制以表彰员工的优秀表现和贡献激发他们的工作热情和创造力。

（三）员工关怀活动的策划与组织实施

策划和组织员工关怀活动需要有一个系统性的计划和周密的安排。首先企业需要明确活动的目标和预算制定合理的活动方案；其次要成立专门的活动筹备小组负责活动的具体实施和协调工作；在活动过程中要注重活动的宣传和推广吸引更多的员工参与；最后要对活动的效果进行评估和总结，为下一次活动的策划提供参考和改进方向。精心策划和组织实施的员工关怀活动，可以让员工感受到企业的关爱和支持，从而更加积极地投入到工作中，为企业的发展贡献更多的力量。

第三节　员工满意度调查与改进

一、员工满意度调查的设计与执行

（一）明确调查目的与范围

员工满意度调查是企业了解员工对工作环境、薪资福利、职业发展等方面满意程度的重要手段。在进行员工满意度调查之前，必须首先明确调查的目的和范围。目的是指希望通过调查了解员工对哪些方面的满意度，范围则是指调查的覆盖范围，即哪些部门、职位和层级的员工将被纳入调查。

明确调查目的有助于企业更加有针对性地设计问卷和收集数据。例如，如果企业希望了解员工对工作环境的满意度，那么调查目的就应该围绕工作环境展开，包括办公设施、工作氛围、团队合作等方面。如果企业希望了解员工对薪资福利的满意度，那么调查目的就应该关注薪资水平、福利待遇、奖金制度等方面。

明确调查范围有助于企业更加全面地了解员工满意度情况。调查范围应该根据企业的实际情况来确定，包括不同部门、职位和层级的员工。这样可以确保调查结果的代表性和普适性，为企业提供更加准确的数据支持。

在明确调查目的和范围的过程中，企业需要与员工进行充分的沟通和交流。这可以确保员工了解调查的目的和意义，提高他们的参与度和积极性。同时，企业也需要向员工保证调查的保密性，确保他们的个人信息和意见不会被泄露或滥用。

（二）选择合适的调查工具与方法

选择合适的调查工具和方法对于员工满意度调查的成功至关重要。不同的调查工具和方法具有不同的特点和适用范围，因此需要根据调查目的和范围来选择最合适的工具和方法。

常见的调查工具包括问卷、访谈、小组讨论等。问卷法适用于大规模的调查，可以收集到量化的数据，便于进行统计分析和比较。访谈和小组讨论则适用于深入了解员工的想法和感受，可以收集到更加详细和全面的信息。在选择调查工具时，需要考虑调查的规模、时间和成本等因素。

除了选择合适的调查工具外，还需要选择合适的调查方法。常见的调查方法包括随机抽样、分层抽样、整群抽样等。随机抽样可以保证样本的随机性和代表性，适用于大规模的调查；分层抽样可以按照一定的比例从不同层次中抽取样本，适用于了解不同层级员工的满意度情况；整群抽样则是将整个群体作为样本进行调查，适用于小规模的调查或者需要全面了解员工满意度的情况。

在选择调查工具和方法时，还需要考虑数据的收集和处理方式。例如，如果选择在线问卷进行调查，需要考虑如何确保数据的准确性和安全性；如果选择访谈或小组讨论进行调查，需要考虑如何记录和整理访谈内容。

（三）设计合理的问卷内容

设计合理的问卷内容是员工满意度调查的关键环节之一。问卷内容应该根据调查目的和范围来设计，包括封闭式问题和开放式问题两种类型的问题。

封闭式问题提供固定的选择项，便于量化分析。例如，"你对公司的办公环境是否满意？"可以提供"非常满意""比较满意""一般""不太满意""非常不满意"等选项供员工选择。这类问题可以快速地收集到大量的数据，便于进行统计分析和比较。但是需要注意的是，封闭式问题的选项应该尽可能全面和准确地反映员工的意见和感受，避免出现歧义或误解。

开放式问题则允许员工自由表达，有助于发现潜在问题。例如，"你觉得公司的哪些方面需要改进？"可以让员工自由发表自己的意见和建议。这类问题可以收集到更加详细和全面的信息，有助于企业深入了解员工的想法和感受。但是，需要注意的是，开放式问题的回答可能比较主观和模糊，需要进行适当的整理和分析。

在设计问卷内容时，还需要遵循简洁明了、避免歧义的原则。问卷应该尽可能简短明了地表达问题的意图和要求，避免使用模糊或晦涩的词汇或语句。同时，还需要注意问卷的排版和格式设置，以方便员工填写和提交问卷。

（四）确保调查的顺利实施

在员工满意度调查的实施过程中，确保所有员工都能够顺利参与是至关重要的环节。这涉及多个方面的工作，包括提供必要的培训和指导、确保调查的保密性、提高调查的响应率等。

首先，企业应该为员工提供必要的培训和指导，以确保他们了解调查的目的、填写方法和注意事项等。这可以通过培训会议、在线教程或指导手册等方式实现。通过培训和指导，员工可以更加准确地理解问卷中的问题并给出合适的回答，从而提高数据的准确性和可靠性。

其次，企业需要确保调查的保密性，让员工放心地表达自己的意见和感受。保密性是员工满意度调查中非常重要的一个方面，因为员工可能会担心自己的回答会被泄露或滥用，从而影响自己的职业发展或工作关系等。因此，企业应该向员工保证他们的个人信息和意见不会被泄露或滥用，并采取必要的措施来保护数据的安全性和隐私性，如使用加密技术或匿名化处理等方法来保护员工的隐私和数据安全。

最后，为了提高调查的响应率，企业可以采取适当的激励措施，如提供小礼品或抽奖机会等，以鼓励员工积极参与调查并给出真实的回答。这可以提高员工的参与度和积极性，提高数据的代表性和可靠性，为企业提供更加准确的数据支持，以制定更有效的改进措施和提升员工满意度的策略。

二、调查结果的分析与解读

（一）数据整理与统计分析

员工满意度调查是企业了解员工心声、发现问题并持续改进的重要手段。在完成调查后，如何有效地整理和分析这些数据，是确保调查结果能够为企业带来实际价值的关键。

1. 数据录入与清洗

当收集到大量的员工满意度调查数据时，首先需要进行的是数据录入和清洗工作。这一步骤的目的是确保数据的准确性和一致性，为后续的分析提供可靠的基础。

(1)数据录入:将收集到的纸质或电子问卷中的数据录入电子表格或数据库。在录入过程中,需要确保数据的准确性,避免录入错误或遗漏。

(2)数据清洗:清洗数据是去除重复、无效或错误数据的过程。例如,删除未完成的问卷、剔除明显不合逻辑的答案等。同时,对于缺失值,需要根据实际情况进行填补或删除处理。

2.数据整理

数据整理是对清洗后的数据进行分类、编码和整合的过程,以便于后续的统计分析。

(1)分类与编码:对于问卷中的开放式问题,需要进行分类和编码,将文字描述转化为可量化的指标。例如,可以将员工对工作环境的描述分为"非常满意""满意""一般""不满意"等类别,并分别赋予相应的数值。

(2)数据整合:将不同来源、不同格式的数据整合到一起,形成一个完整的数据集。这有助于在后续分析中全面考虑各种因素,得出更准确的结论。

3.统计分析

在完成数据整理后,接下来是进行统计分析。通过运用适当的统计方法,可以揭示数据背后的规律和趋势。

(1)描述性统计:计算员工满意度的整体水平,如平均分、中位数等。同时,还可以计算各维度的满意度得分,以了解员工在不同方面的满意程度。

(2)差异性分析:比较不同群体(如不同部门、不同职位、不同工作年限等)之间员工满意度的差异。这有助于发现特定群体的需求和问题,为制定针对性的改进措施提供依据。

(3)相关性分析:探讨员工满意度与其他变量(如工作绩效、离职率等)之间的关系。这有助于理解员工满意度对企业绩效的影响,以及如何通过提高员工满意度来改善企业绩效。

通过数据整理与统计分析,企业可以全面了解员工满意度的现状和问题所在,为后续的改进措施提供有力的支持。

(二)识别关键问题与挑战

在完成对员工满意度调查数据的统计分析后,接下来的重要步骤是识别关键问题与挑战。这需要结合统计数据及具体的调查结果,深入分析并挖掘出员工满意度方面存在的核心问题及其背后的原因。

1. 关键问题识别

工作环境问题:根据统计数据,如果发现员工对工作环境方面的满意度普遍较低,这可能涉及办公设施不足、工作空间拥挤、噪音干扰等问题。这些问题会直接影响员工的工作效率和心情,需要引起高度重视。

(1)薪资福利问题:如果数据显示员工对薪资福利的满意度不高,这可能意味着企业的薪酬体系不合理或者福利政策不完善。长期的薪资不满可能会导致员工积极性下降、人才流失等问题。

(2)职业发展问题:当员工对职业发展和晋升机会的满意度较低时,这可能表明企业内部晋升渠道不畅、培训机会缺乏或者职业发展路径不明确。这些问题会限制员工的个人成长,降低其长期留任的意愿。

(3)领导关系问题:如果员工对与上级领导和同事关系的满意度较低,这可能涉及沟通不畅、管理风格不匹配或者团队协作不佳等问题。领导关系的好坏直接影响员工的工作积极性和团队氛围,需要及时解决。

2. 挑战分析

在识别出关键问题后,需要进一步分析这些问题背后的挑战和原因。

(1)资源限制:某些问题的解决可能受到企业资源(如资金、时间、人力等)的限制。如何在有限的资源下优先解决最关键的问题是一大挑战。

(2)文化因素:企业文化对员工满意度有着深远的影响。如果企业内部存在消极的文化氛围或者价值观不匹配等问题,这可能会加大问题解决的难度。

(3)制度障碍:不合理的制度或政策可能是导致员工满意度问题的根源之一。改革和完善相关制度需要时间和努力,也是一项重要的挑战。

(4)员工个体差异:不同的员工有着不同的需求和期望,如何兼顾大多数员工的利益同时满足个性化需求是提高员工满意度的关键挑战之一。

通过深入识别和分析关键问题与挑战,企业可以更加清晰地了解当前员工满意度的状况及需要重点改进的方面,为后续制定有效的改进措施提供指导。

(三)挖掘潜在问题与机会

在分析员工满意度调查数据时,除了关注显而易见的问题外,挖掘潜在的问题和机会同样重要。这些潜在的问题可能在当前的数据中并不明显,但如果不加以关注和处理,可能会在未来演变成更大的问题。同时,通过挖掘潜在机会,企业可以发现提升员工满意度的新途径和方法。

1. 潜在问题挖掘

(1)隐藏的不满情绪:有些员工可能在调查中没有直接表达不满,但通过分析他们的回答和反馈,企业可以发现一些隐藏的不满情绪或担忧。例如,对于某些敏感话题或涉及个人利益的问题,员工可能不愿意直接表达意见。通过深入挖掘这些潜在的不满情绪,企业可以及早发现并解决问题,避免问题扩大化。

(2)趋势分析:通过对历史调查数据的对比分析,企业可以发现员工满意度变化趋势及潜在问题的发展动向。例如,如果某一维度的满意度持续下滑,或者某一群体员工的满意度长期低于平均水平且没有明显改善,那么就需要引起高度关注,并进行深入研究和分析,以找出根本原因并采取措施加以改进。

2. 潜在机会挖掘

除了关注潜在问题,挖掘潜在机会也是提升员工满意度的关键。以下是几种可能的潜在机会。

(1)未被满足的需求:通过分析员工的反馈,企业可以发现员工尚未被满足的需求。这些需求可能涉及工作环境、培训机会、职业发展等方面。通过满足这些需求,企业可以提升员工的满意度和忠诚度。

(2)新的服务模式:随着技术和市场的不断变化,企业有机会探索新的服务模式来满足员工的需求。例如,通过引入新的技术工具或平台,提供更便捷、高效的服务,从而提升员工的满意度。

(3)员工参与和授权:通过授权员工参与决策过程,企业可以激发员工的积极性和创造力,提升他们的满意度。员工参与不仅可以提高决策质量,还有助于培养员工的责任感和归属感。

(4)企业文化和价值观:企业文化和价值观对员工满意度有着深远的影响。通过塑造积极、健康的企业文化,以及明确、共享的价值观,企业可以提升员工的认同感和归属感,进而提高员工满意度。

在挖掘潜在问题与机会的过程中,企业需要保持开放和敏感的态度,关注员工的反馈和需求,以及市场和技术的变化。同时,企业需要建立有效的机制来收集、分析和响应员工的反馈,确保能够及时发现问题并抓住改进的机会。通过持续改进和优化员工的工作环境和服务模式,企业可以不断提升员工的满意度和忠诚度,为企业的长期发展奠定坚实的基础。

三、针对问题的改进措施与计划

(一)制定具体的改进措施

1. 明确问题与挑战

首先,要确保对问题和挑战有全面而准确的理解。这包括收集和分析相关数据,与员工进行深入的交流,以及评估当前政策和流程的有效性。

对于识别出的问题,应进行优先级排序,以便首先解决那些对员工满意度和组织绩效影响最大的问题。

2. 制定具体解决方案

针对每个问题或挑战,制定具体的解决方案。例如,如果问题是薪资福利不足,可以考虑调整薪酬结构、增加奖金或提供更具吸引力的福利项目。

在制定解决方案时,要确保它们与组织的战略目标和价值观相一致,并能够在实际操作中得以实施。

3. 明确责任人和执行时间

对于每项改进措施,都应明确具体的责任人和执行时间。这有助于确保改进措施得以按计划推进,并及时取得成果。

责任人应具备完成任务的必要资源和权限,并能够在需要时寻求支持和帮助。

4. 考虑资源的投入与回报

在制定改进措施时,应考虑所需的资源投入和预期的回报。这包括时间、人力、财力等方面的投入。

通过对资源投入和回报的评估,可以确保改进措施的经济性和可行性,并在必要时寻求更高效的解决方案。

5.与员工进行充分沟通

在制定和实施改进措施的过程中,与员工进行充分沟通是至关重要的。这可以确保员工了解改进的背景和意义,并能够积极参与到改进过程中来。

通过沟通,企业还可以收集员工的反馈和建议,以便对改进措施进行持续的优化和调整。

(二)建立持续改进机制

1.定期进行员工满意度调查

通过定期的员工满意度调查,企业可以持续收集员工对工作环境、薪资福利、职业发展等方面的反馈和建议。

调查的频率和内容应根据组织的具体情况,以确保收集到最有用的信息。

2.分析调查结果并采取行动

对员工满意度调查结果进行深入分析,识别出主要的问题和挑战。根据问题的性质和紧急程度,制定相应的改进措施。

建立一个跨部门的工作小组,负责监督改进措施的实施并确保其有效性。该小组应定期向高层管理层报告进展情况。

3.鼓励员工参与改进过程

员工是组织最重要的利益相关者之一,他们的参与对于持续改进至关重要。鼓励员工提出改进建议,并对被采纳的建议给予适当的奖励和认可。

员工的参与,可以激发员工的创造力和积极性,并增强他们对组织的归属感和忠诚度。

4.建立反馈循环和调整机制

建立一个持续的反馈循环,确保员工和管理层之间的沟通畅通无阻。员工可以随时提出问题和建议,而管理层应及时给予回应和解决方案。

根据员工的反馈和满意度调查结果,不断调整和改进相关政策和措施。这可以确保组织始终关注员工的需求和期望,并不断提升员工的满意度和忠诚度。

5.监测和评估改进成果

建立一个有效的监测和评估机制,以跟踪改进措施的实施情况和成果。这可以通过定期的评估会议、关键绩效指标等方式实现。

第八章　员工关系管理

根据评估结果,对改进措施进行必要的调整和优化,以确保其持续有效并符合组织的发展目标。

(三) 加强内部沟通与协作

1.建立良好的沟通文化

鼓励开放、诚实和尊重的沟通氛围。倡导建设性的反馈和讨论,避免指责和攻击性的言辞。管理者应积极倾听员工的意见和建议,并以身作则展示出良好的沟通技巧和态度。

2.提升沟通技巧与效率

提供沟通技巧的培训和发展机会,帮助员工提升有效沟通的能力。这包括倾听技巧、清晰表达、非语言沟通等方面。

鼓励使用多样化的沟通方式,如面对面会议、电子邮件、即时消息等,以适应不同情境和需求。同时确保沟通工具的可靠性和易用性。

3.促进跨部门与跨层级合作

打破部门壁垒和层级隔阂,促进不同部门和层级之间的合作与协调。鼓励跨部门项目和团队的建设,以实现共同的目标和成果。

建立一个跨部门的沟通平台或论坛,供员工分享信息、交流经验和解决问题。这可以促进知识共享和协同工作。

4.强化信息共享与透明度

确保组织内部的信息共享及时、准确和透明。建立一个有效的信息传递机制,使员工能够方便地获取所需的信息和数据。

通过内部网站、公告板或定期会议等方式,向员工传达组织的战略方向、重要决策和业务动态等信息。这可以增强员工的参与感和归属感。

5.建立反馈与解决问题机制

鼓励员工提供反馈和建议,并建立一个快速响应和解决问题的机制。确保员工的意见和问题得到及时关注和处理。

设立一个专门的渠道或平台来收集员工的意见和建议,以便及时跟进并采取适当的措施来解决问题和改进流程。同时保持对员工的持续关注和关怀以增强其归属感和忠诚度。

第九章 人力资源信息系统管理

第一节 人力资源信息系统的选择与实施

一、系统需求分析与选型策略

（一）明确业务需求与功能定位

在选择人力资源信息系统之前，首先需要对组织的业务需求进行深入分析。这包括了解当前人力资源管理的痛点、挑战以及未来的发展方向。明确业务需求，可以为系统的选型提供清晰的方向和目标。同时，还需要考虑系统的功能定位，即系统需要支持哪些人力资源管理活动，如招聘、培训、绩效管理、薪酬福利等。

（二）评估系统性能与稳定性

在选择人力资源信息系统时，系统的性能和稳定性是至关重要的考虑因素。这包括评估系统的处理能力、响应时间、数据安全性以及故障恢复能力等。一个高性能且稳定的系统可以确保人力资源管理活动的顺利进行，提高工作效率和员工满意度。

（三）考虑系统可扩展性与集成性

随着组织的发展和变化，人力资源信息系统需要具备一定的可扩展性，以便适应未来业务需求的增长和变化。此外，系统的集成性也是需要考虑的因素，即系统是否能够与组织的其他信息系统进行无缝集成，实现数据的共享和交换。一个具有良好可扩展性和集成性的系统可以为组织带来更大的灵活性和便利性。

二、系统实施流程与步骤

(一)制定实施计划与时间表

在系统实施之前,需要制定详细的实施计划和时间表。这包括确定实施的目标、范围、关键里程碑以及所需资源等。通过制定实施计划和时间表,可以确保系统实施的顺利进行,并及时应对可能出现的问题和挑战。

(二)数据迁移与校验

在系统实施过程中,数据迁移是一个重要的环节。这包括将现有的人力资源数据迁移到新的系统中,并进行数据的校验和核对。确保数据的准确性和完整性对于系统的成功实施至关重要。因此,需要制定详细的数据迁移计划,并进行充分的数据备份和恢复措施。

(三)系统配置与测试

在完成数据迁移后,需要对系统进行配置和测试。这包括根据业务需求进行系统的个性化设置、配置权限和角色等。同时,还需要进行系统的功能测试和性能测试,确保系统的正常运行和满足业务需求。在测试过程中,需要充分记录测试结果和问题,并及时进行修复和调整。

(四)用户培训与上线支持

在系统实施完成后,需要对用户进行培训并提供上线支持。这包括向用户介绍系统的功能和操作方法,解答用户在使用过程中遇到的问题等。通过用户培训和上线支持,可以确保用户能够熟练掌握系统的使用技巧和方法,提高系统的使用效率和用户满意度。

三、系统培训与推广计划

(一)制定培训计划与内容

为了确保用户能够充分利用人力资源信息系统的功能,需要制定详细的培训计划和内容。这包括确定培训的目标、对象、时间、地点以及培训内容等。培训内容应涵盖系统的基本功能、操作方法、常见问题解答等方面,以便用户能够快速上手并熟练掌握系统的使用技巧。

（二）多样化培训方式与手段

在培训过程中，可以采用多样化的培训方式和手段，如面对面培训、在线培训、视频教程等。多样化的培训方式和手段，可以满足不同用户的需求和学习习惯，增强培训效果和用户满意度。同时，还可以利用社交媒体、内部论坛等渠道进行系统的推广和宣传，提高用户对系统的认知度和使用率。

（三）持续跟踪与评估培训效果

在培训完成后，需要对培训效果进行持续跟踪和评估。这可以通过用户反馈、使用数据统计等方式进行。通过评估培训效果，可以及时发现并解决用户在使用过程中遇到的问题和挑战，不断完善和优化培训内容和方法。同时，还可以根据用户的反馈和需求进行系统的改进和升级，提高系统的适用性和用户满意度。

第二节　系统维护与更新管理

一、系统日常维护与故障排除

（一）硬件设备巡检与保养

为确保人力资源信息系统的稳定运行并延长硬件设备的使用寿命，硬件设备巡检与保养工作至关重要。以下是详细论述。

1. 定期巡检

企业应制定明确的硬件设备巡检计划，定期对服务器、网络设备、存储设备等关键硬件进行全面的检查。巡检的频率应根据设备的重要性和使用频率来确定，通常每季度或每月进行一次。在巡检过程中，技术人员应对设备的运行状态、温度、风扇运转情况、接口连接状态等进行详细的检查和记录。

2. 清洁与保养

硬件设备在运行过程中会积累灰尘和污垢，这可能影响设备的散热效果和运行稳定性。因此，定期对设备进行清洁是必要的。清洁时应使用专业的清洁工具和材料，避免对设备造成损害。除了清洁外，还应根据设备制造商的建议对硬件进行必要的保养和维护操作，如更换滤网、润滑风扇轴承等。

3. 故障预测与预防

通过对硬件设备的巡检和监控数据分析,可以预测潜在的故障风险。企业应建立故障预测模型并制定相应的预防措施,在故障发生前进行干预和处理,从而避免系统停机或数据丢失的风险。

4. 备品备件管理

为了确保在设备故障时能够迅速恢复系统运行,企业应建立完善的备品备件管理制度。根据设备的重要性和故障历史数据确定备品备件的种类和数量,并定期对备品备件进行库存盘点和更新,确保备品备件的有效性和可用性。

5. 技术人员培训

为了提高硬件设备巡检与保养的质量和效率,企业应加强对技术人员的培训和考核,确保其具备专业的技能和知识,能够熟练地进行设备巡检和保养操作。同时,技术人员也应保持与设备制造商和专业技术团队的沟通和交流,及时了解最新的技术动态和解决方案,不断提升自身的专业水平。

(二)软件安全与漏洞修补

随着信息技术的不断发展,软件安全问题已成为企业信息安全领域的重要挑战之一。为了保障人力资源信息系统的安全稳定运行,软件安全与漏洞修补工作不容忽视。以下是详细论述。

1. 软件安全的重要性

软件是信息系统的核心组成部分,其安全性直接关系到整个系统的稳定性和数据的安全性。一旦软件存在安全漏洞,攻击者就有可能利用这些漏洞对系统进行非法访问和操作,窃取敏感信息或破坏系统的正常运行,给企业造成重大损失。因此,加强软件安全工作是企业信息安全建设的必要环节之一。

2. 常见的软件安全风险

软件安全风险主要包括恶意代码注入、跨站脚本攻击(XSS)、SQL注入等。恶意代码注入是指攻击者通过向系统中注入恶意代码实现对系统的非法控制;跨站脚本攻击则是指攻击者在用户浏览的网页中插入恶意脚本窃取用户的敏感信息;SQL注入则是指攻击者通过向数据库查询语句中注入恶意代码实现对数据库的非法访问和操作。这些风险的存在使得企业的软件系统面临着严重的安全威胁,需要采取有效的措施进行防范和应对。

3.漏洞修补的必要性

随着软件开发技术的不断进步,新的安全漏洞也会不断被发现和披露。为了确保软件的安全性,企业需要定期对所使用的软件进行漏洞评估和安全测试,及时发现并修补潜在的安全漏洞,以防止被攻击者利用漏洞进行攻击和数据窃取等操作。此外,对于已知的安全漏洞,应及时获取官方发布的补丁或升级包并进行安装和更新,确保软件的最新版本能够修复已知的漏洞并提高整体的安全性。

4.安全开发实践

在软件开发过程中,应遵循安全开发的原则和规范,减少软件中的潜在漏洞和安全风险。例如,采用安全的编程语言和框架、避免使用存在已知漏洞的组件和插件;实施严格的输入验证和过滤、防止恶意输入导致的安全问题;采用加密技术对敏感数据进行加密存储和传输、保护数据的机密性和完整性等。

5.持续监控与应急响应

为了确保软件的安全性,企业应建立持续监控机制,对软件系统的运行状态和安全事件进行实时监控和分析,及时发现并处置潜在的安全威胁和风险。同时,建立完善的应急响应机制,制定详细的应急预案,并进行定期的演练和培训,提高应对突发事件的能力,减少安全事件对企业造成的影响和损失。

二、系统版本更新与升级管理

(一)版本更新计划制定

在人力资源信息系统管理中,版本更新计划的制定是确保系统持续改进和适应性的重要环节。通过制定详细的版本更新计划,企业可以确保系统能够及时获取新的功能和性能改进,以满足不断变化的业务需求。

在制定版本更新计划时,企业应首先明确更新目标。这包括确定新版本需要实现的功能、性能提升、安全加固等方面的目标。同时,还要分析现有系统的不足之处,以及用户对系统的期望和需求,为制定更新计划提供重要依据。

接下来,企业需要确定版本更新的内容。这包括新增功能、优化现有功能、修复已知缺陷、提升系统性能等方面的内容。为了确保更新的顺利进行,还需要对更新内容进行详细的规划和设计,包括功能模块的划分、数据库结构的调整、界面设计的改进等。

此外,制定版本更新计划时还应充分考虑系统的稳定性、兼容性以及用户的实际需求。稳定性是系统更新的基本要求,要确保新版本在发布后能够稳定运行,不出现严重的故障或性能下降。兼容性则需要考虑新版本与现有系统的兼容性,以及与其他相关系统的集成能力,确保更新后的系统能够顺利融入企业现有的IT环境中。

在制定版本更新计划的过程中,企业还需要明确更新时间表。这包括确定更新的开始时间、结束时间以及各个关键阶段的时间节点。通过合理的时间安排,可以确保版本更新的顺利进行,并及时响应和处理可能出现的问题。

为了确保版本更新计划的可行性和有效性,企业在制定计划时还应充分征求相关人员的意见和建议。这包括系统开发团队、测试团队、用户代表等各方面的利益相关者。充分的沟通和协作,可以确保版本更新计划的全面性和准确性,为后续的测试、评估和发布工作奠定坚实基础。

(二)版本测试与评估

在正式进行系统版本更新之前,对新版本进行全面的测试和评估是至关重要的环节。通过测试和评估,可以确保新版本在实际环境中能够稳定运行并满足用户需求,从而为企业带来更好的业务效益。

在版本测试阶段,企业应组织专业的测试团队对新版本进行全面的测试。这包括功能测试、性能测试、安全测试等多个方面。功能测试主要是验证新版本实现的功能是否符合预期目标,是否满足用户需求;性能测试则是评估新版本的性能表现,如响应时间、吞吐量、并发用户数等;安全测试则是检查新版本的安全性和漏洞情况,确保系统能够抵御各种网络攻击和数据泄露风险。

为了确保测试的准确性和全面性,企业可以采用多种测试方法和技术手段。例如,自动化测试可以提高测试效率和准确性;压力测试和负载测试可以模拟实际业务场景下的高负载情况;模糊测试和渗透测试可以发现潜在的安全漏洞和弱点。

在测试过程中,测试团队应详细记录测试结果和问题反馈,并及时与开发团队进行沟通和协作。针对发现的问题和缺陷，开发团队应及时进行修复和优化，确保新版本的质量和稳定性。

除了内部测试外，企业还可以邀请外部用户或专家参与版本评估工作。他们可以从不同的角度和立场对新版本进行评估和反馈，为企业提供更加客观和全面的评价意见。

通过全面的测试和评估工作，企业可以对新版本的性能和质量进行准确评估，从而为后续的发布和部署工作提供重要依据。同时也有助于发现和解决潜在问题，降低新版本在实际运行中出现故障或性能下降的风险。

（三）版本发布与部署

经过全面的测试和评估确认无误后，企业可以开始新版本的发布与部署工作。这是确保新版本顺利投入使用的关键步骤，需要精心组织和周密安排。

在版本发布前，企业应准备好更新包和相关文档资料。更新包应包括新版本的程序文件、数据库脚本、配置文件等必要内容；文档资料则应包括更新说明、操作指南、常见问题解答等，帮助用户了解和使用新版本的信息。为了确保数据的完整性和安全性，在发布过程中还需要对数据进行备份和迁移处理，防止因更新导致的数据丢失或损坏问题。

在制定发布计划时，企业应明确发布的范围和时间安排，以及相关的风险和应对措施。发布范围可以是全量发布或逐步推广，根据企业的实际情况和需求进行选择；时间安排则需要考虑业务低峰期等因素，以减少对业务的影响；风险和应对措施则需要针对可能出现的问题制定应急预案和恢复方案，确保在出现问题时能够及时响应和处理。

在发布过程中，企业可以采用自动化工具进行批量部署，以提高发布效率和质量；同时还可以建立发布监控机制，实时监测发布过程中的关键指标和异常情况，确保发布的顺利进行。同时，企业还要关注用户的反馈和建议，及时调整和完善新版本的功能和性能，满足用户的实际需求和提高用户体验满意度。

（四）版本更新后的跟踪与优化

新版本发布后并不意味着版本更新工作的结束，相反，企业需要持续关注新版本的运行情况和用户反馈，及时发现并解决潜在问题，以确保系统的稳定性和持续改进。

首先,企业应建立有效的跟踪机制,对新版本的运行情况进行实时监测和分析。这包括收集和分析系统日志、性能指标数据等信息,以了解系统的运行状态和潜在问题;同时还要关注用户的反馈和建议,及时了解用户对系统的满意度和改进意见,为后续的优化工作提供依据和方向。

根据收集的信息和数据,企业可以对新版本进行持续优化和改进。这包括修复已知缺陷、优化系统性能、提升用户体验等方面的工作。针对发现的问题和不足,开发团队应及时进行修复和调整,确保系统的稳定性和可靠性;同时还可以通过引入新技术和方法提升系统的整体性能和响应速度,提高用户满意度和业务效益。

除了对系统的持续优化外,企业还应定期回顾版本更新计划,总结经验教训并不断完善更新流程和管理制度,以确保后续版本更新的顺利进行并不断提高更新效率和质量,为企业带来更好的业务价值和竞争力提升。

三、系统性能优化与改进方案

(一)性能瓶颈分析与诊断

在数字化时代,人力资源信息系统已成为企业运营不可或缺的一部分。然而,随着业务的发展和数据的增长,系统可能会遇到性能瓶颈,影响工作效率和用户体验。因此,及时分析和诊断性能瓶颈是企业维护高效人力资源信息系统的重要步骤。

1. 数据收集

要有效分析性能瓶颈,首先需要收集系统相关的性能指标数据。这包括服务器的CPU利用率、内存占用、磁盘I/O等硬件指标,以及数据库查询响应时间、系统吞吐量等软件指标。此外,收集系统日志和监控报告也能提供关于系统行为和潜在问题的有价值信息。

2. 瓶颈定位

通过对收集到的数据进行分析,可以定位性能瓶颈所在。例如,如果发现CPU利用率过高或内存占用过大,则可能是硬件资源不足的问题。如果数据库查询响应时间过长,则可能是数据库配置不当或查询语句不优化的问题。

3. 原因分析

定位到性能瓶颈后,需要进一步分析其原因。这可能需要深入了解系统的架构、配置和使用情况。例如,硬件资源不足可能是因为服务器老化或业务需求增长过快;软件配置不当可能是因为参数设置不合理或软件版本过时。

(二) 硬件资源扩展与优化

针对硬件资源不足的问题,扩展和优化硬件资源是提高系统性能的有效手段。

1. 计算能力提升

如果服务器计算能力不足,可以通过增加服务器数量或配置更高性能的服务器来提升计算能力。例如,采用多核CPU、增加CPU缓存等措施可以提高服务器的计算能力。

2. 存储设备优化

对于存储设备,可以通过扩展存储容量或采用更高速的存储设备来提高数据存储和访问速度。例如,使用SSD替代传统硬盘可以提高I/O性能;采用RAID技术可以提高数据存储的可靠性和性能。

3. 网络带宽提升

网络带宽是影响系统性能的关键因素之一。优化网络架构和增加网络带宽可以提高数据传输效率,减少网络延迟和拥塞现象。

(三) 软件配置调整与优化

在软件层面进行优化也是提高系统性能的重要手段之一。以下是一些常见的软件优化措施。

1. 数据库性能优化

数据库是人力资源信息系统的核心组件之一。调整数据库参数、优化查询语句、建立索引等可以提高数据库性能。此外,定期清理冗余数据和进行数据库维护也是保持数据库性能的重要措施。

2. 文件存储优化

文件存储是影响系统性能的关键因素之一。压缩文件大小、减少冗余数据、采用高效的文件存储格式等,可以优化文件存储,提高系统性能。

3.系统整体性能优化

除了针对特定组件进行优化外,还可以通过启用缓存机制、减少不必要的服务、优化系统配置等方式来提高系统整体性能。例如,使用内存数据库或分布式缓存技术可以提高数据访问速度;关闭不必要的后台服务可以减少系统资源占用。

(四)持续监控与改进方案制定

为确保人力资源信息系统的持续高效运行并不断优化性能表现,建立持续监控机制并制定改进方案至关重要。以下是一些建议。

1.性能监控机制建立

企业应建立定期的性能监控机制,收集和分析系统性能指标数据以及用户反馈意见等信息来评估系统性能表现,并发现潜在问题。这可以通过使用专业的监控工具或自定义脚本实现。监控数据应包括硬件资源使用情况、软件性能指标、网络状况等关键信息。通过对这些数据的实时分析和历史趋势观察,可以及时发现并解决潜在的性能问题。

2.制定改进方案并实施优化措施

根据监控数据和评估结果制定相应的优化措施和改进方案是解决性能问题的关键步骤。这可能包括硬件资源的扩展与升级、软件配置的调整与优化、代码级别的重构与优化等具体措施。企业应制定详细的实施计划并分配相应的资源进行方案的执行与跟进,确保改进措施的有效实施并取得预期效果。同时要注意在实施过程中做好数据备份和应急准备工作,以防万一出现问题能够及时恢复系统正常运行。

3.跟踪实施效果并持续改进

实施改进措施后需要跟踪其实施效果以确保问题得到有效解决,并持续提升系统性能表现。这可以通过定期的性能测试和用户满意度调查等手段进行验证和评估。如果发现仍然存在性能瓶颈或新的问题出现,应及时调整改进方案并继续进行优化工作直至达到预期的性能目标。同时随着技术的不断发展和业务需求的不断变化,企业应保持对新技术和新方法的关注,并结合实际情况引入适当的技术手段来提高系统性能和用户体验水平,保持与时俱进的竞争力。

第三节　系统安全与隐私保护

一、系统安全防护措施与策略

（一）建立健全安全防护体系

在数字化时代，人力资源信息系统已经成为企业运营不可或缺的一部分，其安全性直接关系到企业核心数据和员工隐私的保护。为了保障人力资源信息系统安全稳定运行，建立健全安全防护体系显得尤为重要。这一体系需要从多个层面进行构建，确保系统的机密性、完整性和可用性。

1. 物理安全

(1)确保服务器和数据存储设备位于受限制的物理环境中，如安全的数据中心。这可以防止未经授权的物理访问，减少数据泄露或被篡改的风险。

(2)采用不间断电源供应(UPS)和备用发电机，确保在电力故障时系统能够持续运行。

(3)实施严格的访问控制，包括门禁系统和监控摄像头，记录并监控所有进出数据中心的人员。

2. 网络安全

(1)部署防火墙和入侵检测系统(IDS/IPS)，实时监测和阻止恶意网络流量。

(2)采用虚拟专用网络(VPN)技术，确保远程用户安全地访问系统。

(3)定期对网络设备和安全策略进行审查和更新，以应对不断变化的网络威胁。

3. 数据安全

(1)实施数据加密，包括数据传输加密和数据存储加密，确保数据在传输和存储过程中的安全性。

(2)定期进行数据备份和恢复演练，以防数据丢失或损坏。

(3)采用数据泄露防护(DLP)工具，监测和防止敏感数据的非法泄露。

4.应用安全

(1)对所有应用程序和系统进行定期的安全漏洞评估和补丁管理,确保系统没有已知的安全漏洞。

(2)采用安全的编程实践和代码审查,减少应用程序中的安全漏洞。

(3)实施应用程序防火墙和Web应用防火墙(WAF),防止针对应用层的攻击。

(二)强化身份认证与访问控制

身份认证和访问控制是信息安全的核心组成部分,对于保护人力资源信息系统的安全至关重要。通过强化身份认证和访问控制机制,可以确保只有经过授权的人员能够访问和使用系统资源,从而防止未经授权的访问和数据泄露。

1.强密码策略

(1)实施复杂的密码策略,要求用户使用足够长且包含大小写字母、数字和特殊字符的密码。

(2)定期强制用户更换密码,并限制密码重复使用。

(3)使用密码管理工具和密码库来安全地存储和管理密码。

2.多因素认证

(1)除了密码外,引入额外的认证因素,如动态口令、指纹识别或智能卡等。这可以增加账户的安全性,即使密码被泄露也能提供额外的保护。

(2)对于高权限账户或敏感操作,实施更严格的多因素认证流程。

3.严格的权限管理

(1)根据职责分离原则,为用户分配适当的访问权限。确保每个用户只能访问其被授权的资源,避免权限滥用和数据泄露。

(2)定期审查和更新权限设置,以适应组织结构和业务需求的变化。

(3)实施最小权限原则,即只授予完成工作所需的最小权限,减少潜在的安全风险。

4.监控和日志记录

(1)实时监控用户的登录活动和资源访问情况,以便及时发现异常行为或潜在的安全威胁。

(2)记录详细的审计日志,包括用户操作、系统事件和安全警报等。这有助于追踪和调查潜在的安全问题或违规行为。

5. 集成身份与访问管理（IAM）解决方案

可以采用集成的IAM解决方案来集中管理身份认证和访问控制策略。IAM解决方案可以提供自动化的用户生命周期管理、角色管理、单点登录等功能，进一步提高系统的安全性和效率。

6. 教育和培训

提高员工对身份认证和访问控制重要性的认识，通过培训和意识提升活动帮助他们理解并遵守相关政策和流程。同时强调保护个人信息和敏感数据的重要性，以避免由于不慎而导致的安全问题。

7. 定期审查和测试

定期审查身份认证和访问控制策略的有效性并进行必要的调整和优化。同时定期进行渗透测试和漏洞扫描以验证系统的安全性并识别潜在的风险点。进行及时修复和改进。

8. 应急响应计划

制定详细的应急响应计划以应对身份认证或访问控制相关的安全事件或故障情况。该计划应包括事件报告、分析、处置和恢复等关键步骤以确保快速有效地响应并恢复正常的身份验证和访问控制功能。

二、数据备份与恢复计划

（一）制定详细的数据备份策略

在人力资源信息系统中，数据备份是一项至关重要的任务。为了确保数据的完整性和可恢复性，企业需要制定详细的数据备份策略。首先，要根据数据的重要性、更新频率等因素，对数据进行分类。对于关键数据，如员工档案、薪酬信息等，应采用实时备份或定期全量备份的方式，确保在任何情况下都能迅速恢复。对于非关键数据，可以采用定期增量备份的方式，以减少备份存储的空间占用。

在制定备份策略时，还需要考虑备份数据的存储位置和环境。备份数据应存储在安全可靠的环境中，以防止数据泄露或损坏。可以选择将数据备份到远程服务器、云存储或专用备份设备上，以确保数据的安全性和可访问性。此外，还应定期测试备份数据的可恢复性,以确保在需要时能够成功恢复数据。

(二) 建立灾难恢复机制

除了数据备份,建立灾难恢复机制也是保障人力资源信息系统稳定运行的重要措施。灾难恢复计划旨在应对自然灾害、人为破坏等极端情况,确保在发生灾难时能够迅速恢复正常运营。

在制定灾难恢复计划时,企业应首先评估可能面临的灾难风险,并根据风险评估结果制定相应的恢复策略。灾难恢复流程应包括数据恢复、系统重建、业务连续性保障等步骤。同时,还要明确灾难恢复团队的组成和职责,确保在灾难发生时能够迅速响应并有效执行恢复计划。

为了提高灾难恢复的效率和成功率,企业还应定期进行灾难恢复演练。通过模拟故障场景,检验备份数据的可用性和恢复流程的可行性,及时发现并解决问题。演练结果将为优化灾难恢复计划提供重要依据。

(三) 定期测试备份与恢复流程

仅仅制定备份与恢复计划是不够的,还需要定期对其进行测试,以确保在真正需要时能够顺利执行。企业应建立完善的测试机制,定期对备份数据和恢复流程进行全面的测试。

在测试过程中,要重点关注以下几个方面:首先,检验备份数据的完整性和准确性,确保备份数据与原始数据一致;其次,测试恢复流程的可行性和效率,确保在发生故障时能够迅速恢复正常运营;最后,评估测试结果并提出改进措施,不断完善备份与恢复计划。

通过定期测试备份与恢复流程,企业可以及时发现潜在问题并采取相应措施加以解决。这将有助于提高数据保护的效率,降低因数据丢失或损坏而带来的风险。

(四) 持续优化备份与恢复策略

随着业务的发展和技术的更新。备份与恢复策略也需要不断优化以适应新的需求和挑战。企业应持续关注新技术的发展,如云计算、大数据等,并探索更加高效、安全的备份与恢复方案。

在优化备份与恢复策略时,企业可以考虑以下几个方面:首先根据实际情况调整备份频率和存储方式以提高数据保护的效率和效果；其次采用先进的压缩和加密技术对备份数据进行处理以确保数据的安全性和隐私性；最后建立完善的监控和报警机制，及时发现并解决潜在问题。

通过持续优化备份与恢复策略，企业可以不断提升数据保护的水平，降低因数据丢失或损坏而带来的风险，为业务的稳定发展提供有力保障。同时企业还应加强员工培训和意识提升，提高全员对数据保护的重视程度，共同维护人力资源信息系统的安全与稳定。

三、隐私保护政策与合规性审查

（一）明确隐私保护政策

在数字化时代，个人信息保护已成为公众和企业关注的焦点。企业，作为大量个人信息的处理者，有责任和义务确保这些信息的安全与合法使用。因此，制定一项明确、详尽且符合法律法规要求的隐私保护政策至关重要。

1. 政策内容清晰明了

隐私保护政策是企业向员工和客户展示其如何处理个人信息的重要窗口。政策中应明确说明收集信息的范围、目的、使用方式、存储期限等，确保受影响的个体能够清晰了解自己的信息将如何被使用和保护。同时，政策语言应平实易懂，避免使用过于专业的术语，确保信息受众能够无障碍理解。

2. 法律法规合规性

隐私保护政策必须严格遵守国家及地方的隐私和数据保护法律法规。企业应密切关注法律法规的更新和变化，及时调整政策内容，确保持续合规。此外，对于跨国企业，还需考虑不同国家和地区间的法律差异，制定适应不同法律环境的隐私政策。

3. 合法、正当、必要原则

企业在处理个人信息时，应遵循"合法、正当、必要"的原则。这意味着信息的收集和使用必须基于合法的目的，且在必要和适当的范围内进行。企业应明确界定这些范围和目的，并在隐私政策中加以说明，以确保个人信息的合理使用。

（二）加强合规性审查

随着数据价值的日益凸显，企业处理个人信息的活动也日益频繁。在这个过程中，加强合规性审查是确保个人信息安全和隐私权益不受侵犯的关键环节。

1. 设立专门审查机构

企业应设立专门的合规性审查机构或指定专人负责此项工作。该机构或人员应具备专业的法律知识和数据处理经验，能够对企业的个人信息处理活动进行全面、深入的审查和监督。

2. 风险评估与应对措施

对于涉及敏感信息的处理活动，如金融交易、医疗健康数据等，企业应进行详细的风险评估。评估内容应包括潜在的安全风险、隐私泄露风险以及对业务的影响等。根据风险评估结果，企业应制定并执行相应的安全措施，如加密存储、访问控制等，以降低风险并保护个人信息安全。

3. 持续监控与更新

合规性审查不是一次性的任务，而应是一个持续的过程。企业应定期对其个人信息处理活动进行复查和监控，确保始终符合法律法规的要求和隐私政策的承诺。同时，随着技术和业务的发展变化，企业还应及时更新其合规性审查标准和流程，以适应新的环境和挑战。

（三）建立投诉与监督机制

为了确保隐私政策的执行并保障员工的隐私权益，建立有效的投诉与监督机制至关重要。这不仅能够及时发现和纠正可能存在的问题，还能增强员工和客户对企业的信任和满意度。

1. 设立投诉渠道

企业应设立专门的投诉渠道，如投诉邮箱、热线电话等，便于员工和客户就隐私政策的执行情况进行反馈和投诉。同时，企业还应确保这些渠道的畅通和有效，及时处理并回复投诉，以展现其负责任的态度和行动。

2. 内部监督机制

除了外部投诉渠道外，企业还应建立内部监督机制。这可以包括定期的内部审计、合规性检查等活动，以确保隐私政策的执行和个人信息处理活动的合规性。

同时，内部监督还能帮助企业及时发现并纠正潜在的问题和风险点，防止小问题演变成大危机。

3. 与第三方合作与监督

在某些情况下，企业可能需要与第三方服务提供商合作处理个人信息。在选择这些服务提供商时，企业应确保其具有足够的数据保护能力和合规性承诺，并要求其遵守企业的隐私政策和相关法律法规。同时建立定期评估和监督机制确保第三方服务提供商始终符合企业的要求和标准。

四、应对网络攻击与数据泄露的应急预案

（一）制定应急预案与响应流程

在数字化时代，网络攻击和数据泄露已成为企业面临的主要威胁之一。为了有效应对这些潜在风险，制定全面、实用的应急预案以及明确的响应流程至关重要。

1. 威胁分析与风险评估

在制定应急预案之前，企业首先应对其信息系统进行全面的威胁分析和风险评估。这包括识别潜在的攻击途径、评估数据泄露的可能性和影响程度等。通过这一步骤，企业能够更准确地了解自身面临的风险和挑战，为制定有针对性的应急预案提供依据。

2. 明确应急组织与责任分工

应急预案中应明确应急组织的构成和各个成员的责任分工。这通常包括应急指挥部、技术支持团队、公关团队等。每个团队应有明确的职责和任务，以确保在紧急情况下能够快速、高效地响应。同时，应急预案还应明确不同层级之间的汇报和决策机制，确保信息的及时传递和决策的迅速执行。

3. 制定详细响应流程

针对不同类型和级别的网络攻击和数据泄露事件，企业应制定详细的响应流程。这些流程应包括事件的发现、报告、分析、处置和恢复等环节，并为每个环节设定明确的时间限制和操作规范。此外，响应流程还应考虑到与外部机构(如执法部门、专业安全机构等)的协作与沟通，确保在必要时能够获得及时的支持和帮助。

第九章　人力资源信息系统管理

（二）加强应急演练与培训

应急预案和响应流程的制定只是第一步，要确保其在实际应用中的有效性，必须通过定期的应急演练和培训来提高员工的应急处置能力。

1.定期组织应急演练

企业应定期组织不同规模和级别的应急演练活动。这些演练可以模拟真实的网络攻击或数据泄露场景，让员工在实际操作中熟悉应急响应流程和操作规范。通过演练，企业不仅能够检验应急预案的可行性和有效性，还能发现其中存在的问题和不足，为后续的改进提供依据。

2.加强员工培训与教育

提高员工的网络安全意识和应急处置能力是预防网络攻击和数据泄露的重要措施。企业应定期为员工提供网络安全培训和教育课程，包括基本的网络安全知识、应急响应操作规范等。同时，还可以通过模拟攻击和泄露事件来培养员工的实战经验和应对能力。此外，企业还可以鼓励员工参加专业的网络安全认证考试，以提升其专业技能水平。

（三）及时报告与处置网络攻击和数据泄露事件

当网络攻击或数据泄露事件真正发生时，企业的反应速度和处置能力将直接影响到事件的后果和损失程度。因此，及时报告和有效处置是应对这些事件的关键。

1.快速启动应急响应流程

一旦检测到网络攻击或数据泄露事件，企业应迅速启动应急响应流程。这包括立即通知应急组织成员、启动安全防御措施、隔离受影响的系统等。同时，企业应尽快确定事件的性质和影响范围，以便为后续处置提供准确的信息。

2.及时向相关部门报告情况

根据事件的严重程度和影响范围，企业应及时向相关部门（如执法部门、监管机构等）报告情况。这不仅有助于获得外部支持和协助，还是企业应尽的法律义务。在报告过程中，企业应提供详细的事件描述、已采取的措施以及需要协助的内容等信息。

3.采取有效措施降低损失并恢复系统

在处置网络攻击和数据泄露事件时,企业应采取一切必要措施来阻止攻击行为并降低损失程度。这可能包括加强安全防护措施、修复系统漏洞、恢复受影响的数据等。同时,企业还应积极与相关方沟通协商解决方案以降低声誉损失和法律风险。在处理过程中企业还应总结经验教训,及时调整和完善应急预案以提高未来应对类似事件的能力。

第十章 跨文化人力资源管理

第一节 文化差异对人力资源管理的影响

一、文化价值观的差异与冲突

（一）个体主义与集体主义

文化差异在人力资源管理中首先体现在个体主义与集体主义的价值观冲突上。在个体主义文化中，员工被鼓励独立思考、自主决策，并追求个人成就。而在集体主义文化中，员工更倾向于依赖团队、服从集体决策，并强调团队荣誉。这两种价值观的差异会对企业的招聘、培训、绩效考核等环节产生深远影响。例如，在招聘过程中，个体主义文化可能更看重个人的能力和潜力，而集体主义文化则可能更注重应聘者的团队协作能力和对集体的忠诚度。

（二）权力距离

权力距离是指一个社会或组织中，权力的分配和接受程度的不平等状况。在不同的文化中，人们对于权力距离的接受度差异巨大。在一些文化中，员工可能习惯于接受等级森严的管理方式，尊重并服从上级的决策；而在另一些文化中，员工可能更期望参与决策过程，与管理者建立平等的合作关系。这种权力距离的差异会影响企业的组织结构、领导风格以及员工激励方式。

（三）不确定性规避

不确定性规避是指一个社会或组织对于不确定性和模糊性的容忍程度。不同文化对于不确定性的态度迥异。有的文化鼓励员工勇于尝试、敢于创新，即使面临失败的风险；而有的文化则更强调规避风险、保持稳定，对于变革和创新持谨慎态度。这种不确定性规避的差异会影响企业的决策风格、创新能力和适应变化的能力。

二、沟通风格与方式的差异

(一) 直接沟通与间接沟通

在跨文化交流中,沟通风格的差异往往是最直观也是最容易引发误解的。直接沟通与间接沟通是两种截然不同的沟通方式,它们在表达观点、传递信息和解决问题时展现出不同的特点。

1. 直接沟通

(1) 特点:直接、坦率、明确。在直接沟通的文化中,人们倾向于直截了当地表达自己的想法和观点,不回避敏感或争议性话题。他们重视效率和清晰度,通常期望对话能够快速达到目标或达成共识。

例如,在美国、德国等西方文化国家,直接沟通是主流。在这些文化中,人们可能会直接告诉对方他们的想法,甚至在会议中直接挑战他人的观点,目的是寻求真相或最佳解决方案。

(2) 挑战:当直接沟通风格的人遇到间接沟通风格的人时,他们可能会觉得对方不够真诚或回避问题。而间接沟通风格的人可能会觉得直接风格的人过于冒犯或缺乏礼貌。

2. 间接沟通

(1) 特点:委婉、含蓄、注重和谐。在间接沟通的文化中,人们更倾向于使用隐喻、暗示或非言语手段来表达自己的意思。他们强调维护人际关系的和谐,避免直接冲突或给人带来尴尬。

例如,在日本、中国等亚洲国家,间接沟通更为普遍。在这些文化中,人们可能会用委婉的说法来提出建议或批评,或者通过非言语手段(如眼神交流、点头)来表示认同或不满。

(2) 挑战:间接沟通可能会导致信息的模糊性或不准确性,尤其是在跨文化交流中。直接沟通风格的人可能会觉得间接风格的人不够坦诚或难以理解。

3. 解决方式

为了解决这两种沟通风格的差异带来的问题,跨文化管理者需要做到以下几点。

(1) 增强文化敏感性：了解不同文化中的沟通规范，尊重并适应不同的沟通风格。

(2) 明确沟通目标：在沟通前明确目标，确保信息能够准确、有效传达。

(3) 使用多种沟通方式：结合直接和间接的沟通方式，根据情境和对象选择合适的沟通手段。

(4) 提供反馈和澄清：在沟通过程中不断提供反馈，确保双方对信息的理解是一致的。

（二）非语言沟通

除了语言本身的差异外，非语言沟通也是跨文化交流中不可忽视的一部分。非语言信号包括肢体语言、面部表情、声音语调等，它们在传递信息和表达情感时发挥着重要作用。

1. 肢体语言

(1) 差异：不同的文化中，相同的肢体语言可能有完全不同的含义。例如，在某些文化中，点头可能表示同意，而在其他文化中则可能表示不同意或仅仅是表示理解。

(2) 挑战：在跨文化交流中，肢体语言的不当使用可能导致误解或冲突。例如，某些手势在某些文化中可能是礼貌的，而在其他文化中则可能是冒犯的。

2. 面部表情

(1) 差异：面部表情在不同文化中的解读也可能存在差异。例如，微笑在某些文化中可能表示友好或欢迎，而在其他文化中则可能仅仅表示礼貌或尴尬。

(2) 挑战：对于面部表情的误解可能会导致沟通障碍或情感冲突。例如，在某些文化中，瞪大眼睛可能表示惊讶或好奇，而在其他文化中则可能被视为不尊重或不礼貌。

3. 声音语调

(1) 差异：不同文化中对于声音语调的重视程度和解读方式也可能不同。例如，在某些文化中，高语调可能表示兴奋或热情，而在其他文化中则可能被视为不专业或过于情绪化。

(2)挑战:声音语调的不当使用可能会影响信息的传递和情感的表达。例如,在某些文化中,用平缓的语调说话可能被视为缺乏热情或兴趣。

4.其他方法

为了有效进行跨文化非语言沟通,管理者需要做到以下几点。

(1)观察并学习:密切观察不同文化中的非语言信号,了解并学习它们的含义和用法。

(2)保持开放心态:对于不同的非语言信号保持开放和接受的态度,避免先入为主的判断。

(3)实践并反馈:在实际交流中不断实践非语言沟通技巧,并根据反馈进行调整和改进。

(4)借助专业资源:利用跨文化培训、书籍、网络资源等了解不同文化中的非语言沟通规范。

(三)时间观念与空间观念

时间和空间观念在不同文化中也存在显著的差异,这些差异对跨文化交流和管理产生深远影响。

1.时间观念

(1)差异:有的文化非常强调时间的精确性和守时性(如西方文化),而有的文化则更加灵活和宽松地对待时间(如某些亚洲和非洲文化)。在一些文化中,迟到几分钟可能是常态;而在另一些文化中,这可能会被视为不尊重或缺乏职业素养的表现。

(2)挑战:时间观念的差异可能导致会议延误、项目延期或其他与时间相关的冲突。例如,在一种时间观念较为宽松的文化中举办会议时,来自时间观念严格的文化背景的人可能会感到不满或焦虑。

2.空间观念

(1)差异:空间的使用和解读在不同文化中也存在显著差异。某些文化可能更重视个人隐私和空间距离(如北欧文化),而另一些文化则可能更注重集体空间和公共区域的利用(如亚洲一些国家)。例如,在一些文化中,人们可能会在公共场合大声交谈;而在其他文化中,这可能会被视为不礼貌或侵犯他人隐私的行为。

(2)挑战:空间观念的差异可能导致工作环境的不适应、社交活动的尴尬或其他与空间相关的冲突。例如,在一种注重个人隐私的文化中工作的人可能会觉得在开放式办公环境中的噪声干扰是一个问题;而在另一种文化背景下的人可能并不认为这是一个严重的问题。

3.其他方式

为了应对时间和空间观念的差异带来的挑战,跨文化管理者需要做到以下几点。

(1)了解并尊重差异:认识到不同文化中对时间和空间的观念存在差异是正常的,并且没有绝对的"正确"或"错误"之分。尊重并适应不同文化的时间和空间观念是建立有效跨文化关系的基础。

(2)灵活调整策略:根据具体情境和文化背景灵活调整自己的时间和空间管理策略。例如,在与时间观念较为宽松的文化合作时,可以适当放宽对时间精确性的要求;在与注重个人隐私的文化打交道时,可以注意保持适当的空间距离和尊重个人隐私。

(3)提供培训和指导:为团队成员提供跨文化培训和指导,帮助他们了解和适应不同文化中的时间和空间观念。通过培训和指导,团队成员的跨文化敏感性和适应能力可以得到增强。

三、工作习惯与效率的差异

(一)工作方式与流程

在全球化的今天,企业经常面临跨文化管理的挑战。工作方式和流程的差异,往往是由于文化背景的不同造成的。这些差异如果处理不当,可能会导致工作效率的降低、团队合作的不畅,甚至可能影响到项目的成败。

1.工作方式的差异

在亚洲文化,尤其是中华文化中,注重集体主义与和谐。在团队中,成员往往避免直接冲突,选择更为委婉的沟通方式。因此,在做决策时,可能需要更长的时间来收集意见和达成共识。而在西方文化,尤其是美国文化中,个人主义和直接沟通更被重视。团队成员可能更倾向于直接表达观点,这有助于加快决策过程。

这种工作方式的差异也体现在项目执行上。在一些文化中，员工可能习惯于按照既定的流程和步骤进行工作，注重细节和精确性；而在另一些文化中，员工可能更加注重灵活性和创新性，会根据实际情况进行调整和创新。

2. 工作流程的差异

工作流程的差异也是跨文化管理中常见的问题。在一些国家，如德国和日本，他们强调精益管理和流程优化。这意味着在工作过程中，每一个步骤都会被仔细规划并严格执行。而在一些更为灵活的文化中，如印度和巴西，工作流程可能更加灵活多变，员工会根据实际情况进行调整。

（二）工作节奏与效率观念

在全球化的背景下，企业越来越多地面临跨文化管理的挑战。其中，不同文化对于工作节奏和效率的观念差异是一个显著的问题。这些差异可能会导致团队协作的不顺畅、项目延误甚至失败。因此，了解并妥善管理这些差异对于企业的成功至关重要。

1. 工作节奏的差异

在某些文化中，如北美和欧洲的一些国家，快节奏、高效率是被高度推崇的。人们习惯于在短时间内完成大量任务，并经常同时处理多个项目。这种"快节奏"文化往往强调时间就是金钱，迅速响应和行动是常态。然而，在其他文化背景下，如一些亚洲和南美国家，人们可能更注重工作的稳定性和持久性。他们倾向于花更多时间在一个任务上，确保工作的质量和准确性。这种"慢节奏"文化强调深思熟虑和细致入微。

2. 效率观念的不同

与工作节奏相关的是对效率的不同理解。在某些文化中，效率与产出直接相关——即在给定的时间内完成尽可能多的任务。但在其他文化中，效率可能更多地与资源的优化利用、减少浪费以及确保长期可持续性有关。因此，"做得多"并不总是等同于"做得好"。在某些文化中，"做得好"比"做得快"更重要。因此，"质量"比"数量"更受重视。这种对效率的不同理解可能导致团队成员之间的误解和冲突。例如，一个习惯于快节奏工作的团队成员可能会认为慢节奏工作的同事效率低下；反之亦然。

第二节　跨文化沟通与合作技巧

一、跨文化沟通的基本原则与策略

跨文化沟通是在不同文化背景下进行的交流活动。为确保沟通的有效性和准确性，必须遵循一些基本原则和采取相应的策略。

（一）尊重文化差异

在全球化日益盛行的今天，跨文化沟通已成为日常生活和工作中不可或缺的一部分。面对不同文化背景的人，如何有效地进行沟通，避免因文化差异而产生的误解和冲突，是我们需要深入探讨的问题。其中，尊重文化差异是实现跨文化沟通的首要原则。

文化差异体现在各个方面，包括语言、价值观、习俗、行为方式等。这些差异是由历史、地理、社会等多种因素共同作用而形成的，是文化独特性的体现。因此，我们应该以开放、包容的心态去理解和接纳这些差异。

尊重文化差异意味着我们要摒弃文化偏见和刻板印象。文化偏见是指对某种文化的片面、不准确的理解和评价，而刻板印象则是对某一群体特征的过度概括和简化。这些偏见和印象往往会导致我们对不同文化的人产生误解和歧视，严重影响跨文化沟通的效果。

为了尊重文化差异，我们需要采取一些具体的措施。首先，要提高文化敏感性和文化适应性，尽可能地了解和学习不同文化的特点和习俗。其次，在沟通中要尽量避免使用可能引起文化误解的言辞和行为。最后，当遇到文化差异带来的挑战时，要以开放的心态去寻求解决方案，而不是简单地否定或忽视对方的观点和需求。

（二）建立共同语言

在跨文化沟通中，语言往往是最大的障碍。不同文化背景下的人使用的语言可能完全不同，即使使用相同的语言，也可能因为方言、俚语、专业术语等因素而产生理解上的困难。因此，建立共同语言是跨文化沟通的关键。

为了建立共同语言,我们首先需要了解和学习对方的语言和文化背景。这包括学习对方的语言基础知识、常用词汇和表达方式,以及了解对方的文化习俗和价值观。通过学习和了解,我们可以找到双方都能理解的表达方式,从而减少沟通障碍。

除了学习对方的语言和文化背景外,我们还可以借助一些辅助工具来建立共同语言。例如,使用国际通用语言如英语作为沟通媒介;使用简单、明了的词汇和句子结构;借助图片、图表等非语言符号来辅助表达等。这些工具可以帮助我们更好地理解和传达信息,提高沟通效率。

(三)倾听与理解

倾听是有效沟通的关键环节之一,尤其在跨文化沟通中更显得尤为重要。通过倾听对方的观点和意见,我们可以了解对方的需求和情感状态;同时也有助于发现可能存在的文化差异和误解,并及时进行调整和澄清。因此可以说,倾听是建立信任和促进合作的重要手段之一。

为了实现有效的倾听,我们首先需要保持耐心和专注。在对方发言时,不要轻易打断或急于表达自己的观点,而是给予对方充分的时间和空间来表达自己的想法和情感。其次,我们需要积极反馈自己的理解,确保准确理解了对方的意图和需求。这可以通过重复或总结对方的观点来进行确认。最后,我们还需要保持开放的心态,尊重并接纳不同的观点和意见,不要急于做出评价或判断,而是以探索和学习的态度来进行对话和交流。

二、建立信任与尊重的合作关系

在跨文化背景下建立合作关系,需要双方相互信任和尊重。以下是一些建议。

(一)明确合作目标

在任何合作项目的起点,明确合作目标都是至关重要的。这不仅仅是一个简单的任务或项目描述,而是对合作双方共同期望的深入理解和具体化的过程。它要求双方共同参与,共同探讨,确保所有相关人员都对目标有清晰、一致的认识。

1. 统一思想与明确方向

当双方对合作的目标有明确的认识时,这意味着他们已经站在了同一个起点,朝着同一个方向努力。这种共同的方向感可以大大增强团队的凝聚力,让每个人都知道自己正在为何而努力。

明确的目标还可以为团队提供一个清晰的路线图。在面对困难和挑战时,团队可以参照这些目标来决定采取何种策略或行动,确保始终保持在正确的轨道上。

2.激发团队成员的动力和积极性

一个明确且具有挑战性的目标可以激发团队成员的斗志和热情。当人们知道自己正在为一个有意义的目标而努力时,他们更有可能投入更多的时间和精力,展现出更高的工作效率和创造力。

明确的目标还可以为团队成员提供成就感和满足感。当他们看到自己的努力正在逐步接近目标时,他们会感到自己的努力是有价值的,这可以进一步增强他们的工作动力和积极性。

3.有利于合作过程中的调整与应对

在合作过程中,难免会遇到一些预期之外的情况或挑战。一个明确的目标可以帮助团队迅速做出决策,确定是否需要调整原计划,以及如何进行调整。

同时,明确的目标还可以作为一个衡量标准,帮助团队评估自己的进展和成果。如果发现与目标存在较大的偏差,团队可以及时采取措施进行纠正,确保合作项目的顺利进行。

为了确保合作目标的明确和有效,双方应在合作初期进行充分的沟通和讨论,确保对目标有深入的理解和共识。同时,随着合作项目的进展,双方还应定期对目标进行评估和调整,确保其始终与项目的实际情况和需要保持一致。

(二)建立有效的沟通机制

沟通是任何合作关系中不可或缺的一环。一个健全、有效的沟通机制可以确保信息的及时、准确传递,增进双方的理解和信任,从而推动合作项目的顺利进行。

1.定期会议与电话会议

定期的面对面会议或电话会议为双方提供了一个固定的沟通平台。在这些会议上,双方可以共同回顾过去的工作进展,讨论当前的问题和挑战,以及规划未来的工作计划。

这种定期的沟通方式有助于确保双方始终保持在同一信息水平上,避免因为信息的不对称而导致的误解和冲突。

2.日常沟通渠道的畅通

除了定期的会议外,双方还应保持日常沟通渠道的畅通。这可以通过电子邮件、即时通信工具或专用协作平台等方式实现。通过这些渠道,双方可以及时分享重要的信息和资源,迅速响应对方的需求和问题。

日常的沟通也有助于建立一种持续、动态的合作关系,让双方能够随时了解对方的最新动态和需求,从而更加灵活地调整自己的工作计划和策略。

3.共同解决问题

通过有效的沟通机制,双方可以共同面对和解决合作过程中遇到的问题和挑战。无论是技术难题、资源短缺还是管理挑战,只要双方能够坦诚地交流和协作,就一定能够找到解决问题的最佳方案。

这种共同解决问题的过程不仅可以增强双方的信任和默契,还可以进一步提升团队的协作能力和解决问题的能力。

为了确保沟通机制的有效性,双方应共同制定明确的沟通规则和流程,确保信息准确、及时传递。同时,双方还应注重沟通技巧和方法的培训和提高,以提高沟通效率和效果。

(三)尊重文化差异和多样性

1.促进包容性工作环境

尊重文化差异意味着在工作场所中营造一个包容性的环境,鼓励团队成员以开放的心态接纳和理解不同的文化观念、工作方式和沟通风格。这样的环境可以促进团队成员之间的相互理解和信任,增强团队的凝聚力和创造力,为实现共同目标而努力工作打下坚实的基础,从而推动项目的成功实施并取得优异的成果。同时,也有助于吸引和留住多元化的人才,提高团队的适应性和创新能力,以应对日益复杂多变的全球化挑战,为企业的长期发展注入新的活力和动力。

2.激发团队创造力和创新力

文化差异和多样性是创新的源泉。不同文化背景的人可能有着不同的思考方式、解决问题的方法和工作习惯,这些都可以为团队带来新鲜的视角和创新的思维方式,激发团队的创造力和创新力,推动团队不断发展和进步,取得更加卓越的成就。

3.提升项目质量和效益

当团队成员能够尊重和欣赏彼此的文化差异时,他们更有可能在工作中发挥出自己的最佳水平,提高工作效率和质量,推动项目的顺利进行并取得优异的成果。同时,也有助于建立长期的商业关系,拓展市场份额,增强企业的竞争力和影响力,实现可持续的发展。因此,尊重文化差异对于跨文化合作的成功至关重要。它不仅能够促进团队成员之间的相互理解和信任,还能够激发团队的创造力和创新力,提升项目的质量和效益,为企业的发展注入新的活力和动力。

4.促进文化交融与共享

尊重文化差异也意味着鼓励团队成员分享自己的文化背景和经验。通过交流和学习,可以促进不同文化之间的交融和共享,形成一种更加全面和多元的文化认知。这种文化交融不仅可以增进团队成员之间的相互理解和友谊,还可以为团队带来更多的灵感和创意,推动团队不断发展和进步,取得更加卓越的成就。

三、解决文化冲突的方法与技巧

(一)识别和理解冲突来源

在全球化的背景下,跨文化交流与合作日益频繁,而随之而来的文化冲突也日益凸显。有效管理文化冲突,对于提升国际合作项目的成功率、促进不同文化间的理解与交融,具有不可忽视的重要意义。

首先,识别文化冲突的来源和性质是解决冲突的第一步。文化冲突往往源于不同文化背景下的价值观、习俗、沟通方式等方面的差异。这些差异可能会导致误解、偏见甚至对立,从而引发冲突。因此,深入了解和分析不同文化的特点和差异是解决文化冲突的基础。

1.识别和理解冲突来源的重点

在识别文化冲突的过程中,我们需要关注以下几个方面。

(1)价值观差异:不同文化对于道德、伦理、社会规范等方面有不同的看法和评价标准。这些价值观的差异可能会导致行为方式的不同,进而引发冲突。

(2)语言和沟通障碍:语言是文化的载体,不同文化背景下的语言习惯和表达方式可能存在差异。这些差异可能会导致沟通不畅或误解,从而引发冲突。

(3)习俗和礼仪差异:不同文化有不同的习俗和礼仪规范,对于同一件事情可能有完全不同的看法和做法。这些差异可能会导致相互之间的不适应和摩擦。

(4)社会结构和组织方式差异:不同文化背景下的社会结构和组织方式可能存在差异,如家庭观念、权威观念、时间观念等。这些差异可能会导致合作过程中的不协调和冲突。

2.识别和理解冲突来源的措施

为了更好地识别和理解文化冲突的来源,可以采取以下措施。

(1)加强跨文化培训:通过跨文化培训,增强员工对不同文化的认识和了解,提高跨文化敏感度和适应性。

(2)建立有效的沟通机制:建立开放、包容、平等的沟通环境,鼓励员工表达自己的观点和需求,促进相互之间的理解和信任。

(3)尊重文化差异:尊重不同文化的价值观和习俗,避免对他人文化的偏见和歧视,以平等、包容的态度对待文化差异。

(4)进行文化研究和分析:通过收集和分析不同文化背景下的信息和数据,深入了解不同文化的特点和差异,为解决文化冲突提供有针对性的方法和策略。

(二)采用协商和调解方式解决冲突

在解决文化冲突时,我们应优先采用协商和调解的方式,而非依赖强制或诉讼手段。这是因为协商和调解更能体现双方的平等地位,有助于维护合作关系,同时也有助于促进双方对彼此文化的理解和尊重。

1.坦诚交流

在协商过程中,双方应坦诚地表达自己的观点和需求,避免隐瞒或误导对方。通过充分的交流,双方可以更好地了解彼此的立场和关切,为寻找共同点和解决方案奠定基础。

2.耐心倾听

倾听是有效沟通的关键环节。在协商过程中,双方应耐心倾听对方的意见和需求,理解对方的观点和立场。通过倾听,我们可以更好地把握问题的本质和症结所在,从而提出有针对性的解决方案。

3.寻找共同点和解决方案

在充分了解彼此的观点和需求后,双方应努力寻找共同点和可能的解决方案。这可能需要双方做出一定的妥协和调整,以实现互利共赢的结果。在寻找解决方案的过程中,双方可以共同探讨各种可能性,并评估每种方案的优劣和风险。

4.建立信任关系

信任是解决文化冲突的关键因素之一。在协商过程中,双方应努力建立信任关系,通过诚信、公正和透明的行为赢得对方的信任。信任关系的建立有助于降低双方的防御心理,促进双方之间的合作与协同工作。

5.持续关注与调整

文化冲突往往具有复杂性和动态性。在采用协商和调解方式解决冲突后,双方应持续关注问题的进展情况并做出相应的调整。这有助于确保解决方案的实施和执行效果符合双方的期望和需求。

(三)借助第三方力量协助解决冲突

当文化冲突难以通过双方协商解决时,我们可以考虑借助第三方力量来协助解决冲突。第三方可以提供中立的观点和专业的建议,帮助双方找到合理的解决方案并推动方案的实施和执行。这对于处理复杂的文化冲突问题具有重要意义。

1.选择合适的第三方

在选择第三方时,我们应考虑其专业性、中立性和可信度等因素。专业的第三方机构或专家通常具有丰富的跨文化管理经验和专业知识,能够提供有效的指导和建议。同时,中立性也是选择第三方的重要因素之一,确保其在处理冲突时能够保持公正和客观的态度。

2.明确第三方的角色和职责

在引入第三方协助解决文化冲突前,我们应明确其角色和职责范围以避免潜在的混乱或误解。第三方的职责可以包括协助双方识别问题、提供解决方案建议、推动方案的实施和执行等。同时我们也应尊重第三方的独立性和专业性,给予其充分的支持和配合。

3.利用第三方的专业知识和经验

专业的第三方机构或专家通常具有丰富的实践经验和专业知识,在处理文化冲突问题时能够提供有价值的建议和指导。他们可以帮助双方更深入地了解彼此的文化背景和特点，分析冲突的根源并提出针对性的解决方案建议。同时他们还可以协助双方制定实施计划并监督方案的执行情况，确保解决方案的有效实施。

4.保持沟通和合作

在引入第三方协助解决文化冲突后，我们应保持与第三方的密切沟通和合作，确保双方的信息传递顺畅及时反馈问题和进展情况。同时我们也应尊重第三方的意见和建议，积极采纳其合理的建议并调整自己的行为和策略，以更好地解决文化冲突问题。

四、促进团队协同工作的实践建议

在跨文化背景下促进团队协同工作需要关注以下几个方面。

（一）制定明确的团队目标和任务分工

在全球化日益盛行的今天，跨文化团队已成为许多组织不可或缺的一部分。面对来自不同文化背景的团队成员，如何确保他们能够有效地协同工作，是每一个团队领导者都需要深入思考的问题。而制定明确的团队目标和任务分工，是实现跨文化团队协作的首要步骤。

团队目标是团队前进的方向和动力源泉，只有明确的团队目标才能让团队成员心往一处想、劲往一处使。在制定团队目标时，领导者需要充分考虑团队成员的意见和建议，确保目标既符合组织的整体战略，又能激发团队成员的积极性和创造力。同时，目标需要具有可衡量性和可达成性，以便团队成员能够清晰地了解自己的工作成果和进度。

任务分工是确保团队目标得以实现的关键环节。在跨文化团队中，由于成员的文化背景、工作习惯和价值观可能存在差异，因此需要更加细致地进行任务分工。领导者需要了解每个成员的优势和不足，根据他们的特长和兴趣来分配任务，确保每个人都能够在自己擅长的领域发挥最大的价值。同时，任务分工也需要考虑到团队成员之间的互补性，通过合理的组合和搭配，形成协同工作的良好氛围。

为了实现有效的任务分工，领导者可以采用一些具体的措施。例如，可以组织团队成员进行定期的沟通和交流,分享各自的工作进展和遇到的困难;可以建立清晰的任务清单和责任矩阵,明确每个人的职责和期望成果;还可以设立奖励机制,对在团队协作中表现突出的成员给予适当的表彰和奖励。

(二)建立有效的团队协作机制

团队协作机制是促进团队成员协同工作的关键所在。在跨文化团队中,由于成员之间可能存在文化差异和语言障碍等问题,因此需要更加注重团队协作机制的建立。

定期的团队会议是促进团队协作的重要手段之一。通过定期的团队会议,团队成员可以及时了解彼此的工作进展和遇到的问题,共同商讨解决方案。同时,团队会议也是一个分享经验和资源的平台,成员们可以在会议上分享自己的知识和经验,促进团队整体水平的提升。在会议中,领导者需要注重引导和控制讨论的方向,确保会议的高效和有序进行。

除了团队会议外,工作坊等活动也是促进团队协作的有效方式。工作坊可以为团队成员提供一个更加轻松和自由的交流环境,让大家在轻松愉快的氛围中展开讨论和合作。在工作坊中,可以设立一些具体的任务和项目,让成员们分组进行讨论和实践,通过团队合作来完成任务。这样的活动不仅有助于增进团队成员之间的了解和信任,还可以锻炼他们的团队协作能力。

(三)培养团队成员的跨文化意识和能力

在跨文化团队中,培养团队成员的跨文化意识和能力至关重要。由于不同文化背景的成员可能在沟通方式、工作习惯和价值观等方面存在差异,因此需要培养他们的跨文化意识,让他们能够理解和尊重不同文化的特点和差异。同时,也需要提高他们的跨文化能力,包括语言沟通能力、文化适应能力和冲突解决能力等。

为了实现这一目标,可以采取一些具体的措施。首先,可以组织跨文化培训和学习活动,让团队成员了解不同文化的特点和沟通技巧,提高他们的文化敏感性和适应性。其次,可以为团队成员提供多元文化的体验和交流机会,如参加国际会议、访问外国企业等,让他们亲身感受不同文化的魅力和差异。最后,还可以鼓励团队成员之间进行跨文化合作,让他们在实践中学习和成长,锻炼他们的跨文化能力和团队协作能力。

总之，制定明确的团队目标和任务分工、建立有效的团队协作机制以及培养团队成员的跨文化意识和能力，是确保跨文化团队有效协同工作的关键所在。通过这些措施的实施，我们可以提高团队的凝聚力和战斗力，激发团队成员的积极性和创造力，为组织的成功和发展做出更大的贡献。

第三节　国际人力资源管理策略与实践

一、国际人力资源规划与管理策略

（一）全球化视野下的人力资源规划

在全球化的背景下，国际人力资源规划需要从全球范围内考虑人才的供需、流动和配置。这要求企业不仅关注国内人才市场，还要对国际人才市场有深入的了解和预判。通过全球化视野下的人力资源规划，企业可以更有效地应对不同国家和地区的人才市场变化，确保人才的稳定和持续发展。

（二）跨文化适应与融合策略

在跨文化环境中，人力资源管理面临的最大挑战之一是文化差异。企业需要制定跨文化适应与融合策略，帮助员工理解和适应不同文化背景下的工作方式、沟通方式和管理方式。这可以通过提供跨文化培训、建立多元文化团队、促进文化交流等方式实现，从而提高员工的跨文化适应能力和企业的文化整合水平。

（三）国际人力资源管理政策与法规遵从

在国际人力资源管理中，企业需要遵守不同国家和地区的法律法规，特别是与劳动、就业和员工福利相关的法规。因此，制定符合国际法规的人力资源政策是至关重要的。这要求企业对目标市场的法规环境有充分的了解，并适时调整人力资源管理策略，以确保企业的合规性和员工的权益。

（四）国际人才激励与留任策略

在国际化背景下，吸引和留住优秀人才是企业成功的关键。企业需要制定具有国际竞争力的激励和留任策略，包括提供具有吸引力的薪酬福利、良好的职业发展规划、丰富的培训和发展机会等。同时,建立多元化的工作环境和包容性的企业文化也是吸引和留住国际人才的重要因素。

二、跨国企业的人力资源政策与文化整合

(一)跨国企业人力资源政策的制定与执行

跨国企业需要在全球范围内制定和执行统一的人力资源政策,以确保企业在不同国家和地区运营的一致性和高效性。这需要企业充分考虑不同国家和地区的文化、法律和经济环境,制定符合当地实际情况的人力资源政策。同时,企业需要建立有效的人力资源管理体系,确保政策的执行和落地。

(二)文化整合在跨国企业中的实践与挑战

文化整合是跨国企业在跨文化环境中运营的关键环节。通过有效的文化整合,企业可以促进不同文化背景员工之间的理解和合作,提高企业的整体绩效。然而,在实践中,文化整合往往面临诸多挑战,如文化差异引起的沟通障碍、价值观冲突等。企业需要采取积极的文化整合措施,如建立共同的企业文化和价值观、促进员工之间的文化交流等,以应对这些挑战。

(三)跨文化培训与多元文化团队建设

为了提高员工的跨文化适应能力和多元文化团队的协作效率,跨国企业需要提供跨文化培训和多元文化团队建设支持。这可以帮助员工了解不同文化背景下的行为准则、沟通方式和工作习惯,提高员工的跨文化交际能力。同时,通过多元文化团队建设活动,企业可以促进不同背景员工之间的交流与合作,增强团队的凝聚力和创造力。

三、国际人才的招聘与选拔实践

(一)国际人才市场的现状与趋势分析

在国际化背景下,了解和把握国际人才市场的现状与趋势对于企业制定有效的人才招聘和选拔策略至关重要。企业需要关注全球范围内的人才流动、供需变化,以及新兴技术的发展对人才市场的影响等方面的情况,以制定符合市场需求的人才招聘和选拔计划。

(二)国际化人才的招聘渠道与策略

为了吸引和招聘优秀的国际化人才,企业需要拓展多元化的招聘渠道和制定具有针对性的招聘策略。这包括利用社交媒体、专业招聘网站、国际人才市场等渠道进行招聘宣传;针对不同国家和地区的人才特点制定差异化的招聘策略;以及建立与高校、科研机构等的合作关系以获取优质的人才资源等。

(三)跨文化面试与评估技巧

在国际化背景下进行面试和评估时,企业需要掌握跨文化面试与评估技巧以确保选拔到合适的人才。这要求面试官具备跨文化的敏感性和沟通技巧以准确评估候选人的能力和潜力;同时采用多元化的评估方法如案例分析、小组讨论等以全面了解候选人的综合素质和适应能力。

(四)国际人才的薪酬与福利设计

为了吸引和留住优秀的国际化人才,企业需要设计具有国际竞争力的薪酬与福利体系。这需要企业考虑不同国家和地区的经济发展水平、行业薪酬水平以及员工需求等因素制定合理的薪酬结构;同时提供丰富的员工福利如健康保险、子女教育支持等以增强员工的归属感和忠诚度。此外企业还可以根据员工的绩效表现提供奖金、股权等激励措施以激发员工的工作积极性和创造力。

第十一章　人力资源风险管理与法律法规遵守

第一节　人力资源风险的识别与评估

一、人力资源风险的定义与分类

（一）人力资源风险的定义

人力资源风险，是指企业在人力资源管理过程中，由于内外部因素导致企业可能遭受的损失或不利影响。这些风险可能源自招聘、培训、绩效管理、薪酬福利、员工关系等各个方面，对企业运营和战略目标实现构成威胁。

（二）人力资源风险的分类

1. 招聘风险

招聘风险包括招聘过程中的欺诈、歧视、虚假宣传等，可能导致企业形象受损或法律诉讼。

2. 培训风险

培训不足或不当可能导致员工技能不足，影响工作效率和企业竞争力。

3. 绩效管理风险

不公平或不透明的绩效考核可能引发员工不满，降低工作积极性。

4. 薪酬福利风险

薪酬体系设计不合理或福利政策不公平，可能导致员工流失或内部矛盾。

5. 员工关系风险

员工关系风险包括劳动纠纷、员工投诉、工会问题等，处理不当可能引发法律诉讼或社会舆论压力。

二、风险识别方法与工具

(一) 风险识别方法

1.问卷调查法

通过向员工发放问卷,收集关于潜在风险的意见和反馈。

2.访谈法

与目标群体进行面对面交谈,深入了解他们的观点和担忧。

3.头脑风暴法

组织专家团队进行自由讨论,激发创新思维,识别潜在风险。

4.历史数据分析法

通过对历史数据进行分析,发现可能的风险趋势和模式。

(二) 风险识别工具

1.风险矩阵

风险矩阵用于评估风险的严重性和可能性,帮助企业对风险进行优先级排序。

2.故障树分析

图形化展示风险事件的因果关系,有助于深入理解风险来源和影响。

3.风险登记表

记录已识别风险的详细信息,包括风险描述、影响范围、应对措施等。

4.专家系统

利用专家知识和经验,构建风险识别和分析的智能化系统。

三、风险评估模型与量化分析

(一) 风险评估模型

1.定性评估模型

基于专家判断和经验,对风险进行描述性评估,如高、中、低风险等级划分。

2.定量评估模型

运用数学方法和统计工具,对风险进行数值化评估,如概率-影响矩阵、蒙特卡罗模拟等。

3.综合评估模型

结合定性和定量方法,综合考虑多种因素进行风险评估,如模糊综合评价、层次分析法等。

(二) 量化分析方法

1.敏感性分析

通过改变某一风险因素的数值,观察其对整体风险的影响程度。

2.概率-影响分析

评估风险事件发生的概率和其对企业目标的影响程度,计算风险指数。

3.损失分布分析

基于历史数据或模拟数据,绘制损失分布图,了解潜在损失的范围和概率。

4.风险价值分析

风险价值分析用于衡量在一定置信水平下,企业可能面临的最大损失金额。

通过综合运用上述方法和工具进行人力资源风险的识别与评估,企业可以更加全面、准确地了解自身面临的风险状况,为制定有效的风险管理策略提供科学依据。同时,随着企业内外部环境的变化和新的风险因素的出现,企业需要持续更新和完善其风险评估体系和方法论,以应对不断变化的挑战和机遇。

第二节 劳动法律法规的遵守与执行

一、劳动法律法规的核心内容解读

(一) 劳动合同的签订与履行

劳动合同是劳动者与用人单位确立劳动关系、明确双方权利和义务的协议。依法签订劳动合同是双方的责任,也是保障劳动者权益的基础。劳动合同的签订应遵循平等自愿、协商一致的原则,且合同内容应明确、具体,包括工作内容、工作地点、工作时间、劳动报酬等关键条款。同时,劳动合同的履行过程中,双方应严格遵守合同约定,确保劳动者的权益得到充分保障。

（二）劳动报酬与福利待遇

劳动报酬是劳动者付出劳动的回报，是劳动关系的核心内容之一。法律法规对劳动报酬的支付有明确规定，包括工资水平、支付方式、支付时间等。企业应依法按时足额支付劳动者工资，不得拖欠或克扣。此外，福利待遇也是劳动者权益的重要组成部分，包括社会保险、住房公积金、带薪休假等。企业应依法为劳动者缴纳社会保险费，提供必要的福利待遇。

（三）工作时间与休息休假

工作时间与休息休假是保障劳动者身心健康的重要制度。法律法规对工作时间、加班工资、休息休假等有明确规定。企业应合理安排劳动者的工作时间和休息时间，确保劳动者的合法权益。对于加班工作，企业应依法支付加班工资。同时，劳动者应享有法定节假日、带薪年休假等休息休假的权利。

二、企业合规性审查与风险防范

（一）企业规章制度的合规性审查

企业规章制度是企业内部管理的重要依据，也是保障劳动者权益的重要措施。企业应依法建立和完善规章制度，确保其内容合法、合理，且不违反国家法律法规和劳动政策。在制定规章制度时，企业应充分征求劳动者意见，确保其民主性和科学性。同时，规章制度应向劳动者公示，确保其知情权。

（二）用工行为的合规性审查

企业在用工过程中应严格遵守国家法律法规和劳动政策，确保用工行为的合法性。对于招聘、录用、培训、考核等环节，企业应依法进行，不得存在歧视、欺诈等行为。对于涉及劳动者切身利益的重大事项，如裁员、降薪等，企业应依法履行民主程序，充分听取劳动者意见，确保其合法权益。

（三）风险防范机制的建立与完善

为防范劳动法律风险，企业应建立完善的风险防范机制。包括建立健全的法律顾问制度、定期开展法律风险评估、加强员工法律培训等。通过这些措施，企业可以及时发现并解决潜在的法律风险，确保企业用工行为的合规性。

三、劳动合同管理与争议处理

(一) 劳动合同的变更与解除

劳动合同作为员工与企业之间权益的法定保障,其变更与解除涉及双方的核心利益,因此必须谨慎、公正并依法进行。劳动合同的变更通常指的是在合同期限内,由于某些原因双方协商一致或法律规定,对合同中的某些条款进行修改或补充。而劳动合同的解除则是合同期限未满时,双方提前终止合同关系的行为。

1.劳动合同变更的情形与程序

劳动合同的变更可能由多种原因引起,如企业经营策略调整、员工岗位变动、市场环境变化等。当这些变化发生时,企业应及时与员工进行沟通,探讨是否需要对劳动合同进行相应调整。变更劳动合同应遵循一定的程序:双方协商、达成一致、签订书面协议。在此过程中,企业应确保员工的知情权、参与权和表达权,确保变更内容的合法性和合理性。

2.劳动合同解除的情形与处理

劳动合同的解除相对更为复杂,因为它涉及双方权益的终止。根据《中华人民共和国劳动合同法》的规定,劳动合同的解除包括双方协商一致解除、劳动者单方解除和用人单位单方解除三种情形。在解除劳动合同时,企业应特别注意法律规定,如提前通知期限、经济补偿等问题。尤其是涉及经济补偿时,企业应依法计算并支付相应的经济补偿金,确保员工的合法权益不受损害。

3.经济补偿金的计算与支付

经济补偿金是劳动合同解除时,企业给予员工的一定经济补偿。其计算通常与员工的工作年限、工资水平等因素挂钩。企业应按照国家规定或双方协商的标准进行计算,并在规定时间内支付给员工。及时、足额地支付经济补偿金不仅是企业的法定义务,也是维护员工权益和企业声誉的重要举措。

(二) 劳动争议的预防与处理

劳动争议是劳动关系中不可避免的问题之一,它可能源于劳动合同的履行、劳动报酬的支付、工作条件的提供等各个方面。为了维护劳动关系的和谐稳定,企业应重视劳动争议的预防与处理工作。

1.建立健全的劳动争议调解机制

企业应建立专门的劳动争议调解机构或指定专人负责调解工作。这一机构或人员应具备专业的法律知识和调解技能,能够公正、客观地处理各类劳动争议。同时,企业还应制定完善的调解规则和程序,确保调解工作的规范化和制度化。

2.加强员工之间的沟通与交流

良好的沟通与交流是预防劳动争议的有效途径。企业应建立畅通的沟通渠道,鼓励员工之间、员工与管理层之间进行充分交流。通过及时了解员工的诉求和意见,企业可以及时调整管理策略和工作方法,避免或减少劳动争议的发生。

3.及时发现并解决潜在的争议问题

企业应定期对劳动关系进行审查和分析,及时发现潜在的争议问题。一旦发现问题,应立即采取措施进行解决,防止问题扩大和激化。此外,企业还可以通过开展员工培训、提高员工法律意识等方式,增强员工的自我保护能力,减少劳动争议的发生。

4.积极应对并依法处理已发生的劳动争议

对于已经发生的劳动争议,企业应积极应对并依法处理。在处理过程中,企业应充分尊重劳动者的诉求和权益保障劳动者的合法权益不受侵犯。同时企业也应维护自身的声誉和利益,避免不必要的损失。在处理劳动争议时企业应坚持公平公正的原则,寻求双方都能接受的解决方案,以维护劳动关系的和谐稳定。

四、劳动法律法规的更新与应对

(一)关注劳动法律法规的最新动态

随着社会的不断发展和进步,劳动法律法规在不断地完善和更新,旨在更好地保障劳动者的权益和推动劳动关系的和谐发展。对于企业来说,密切关注国家法律法规和劳动政策的最新动态至关重要。这不仅是企业合规经营的基础,也是企业稳健发展的保障。

1.建立法律法规信息收集机制

企业应设立专门的法务部门或指定专人负责收集、整理和分析国家发布的劳动法律法规和政策。通过定期浏览政府官网、关注法律服务机构、订阅相关报纸杂志等方式,确保能够及时获取最新的法律法规信息。

2.加强内部沟通与传达

收集到最新的法律法规信息后,企业应及时组织内部会议或培训,向管理层和员工传达相关法律法规的最新要求和变化,确保企业内部对法律法规有统一、准确的理解。

3.参与行业交流与学习

企业可以积极参加行业协会、商会等组织举办的研讨会、培训班等活动,与同行交流学习在法律法规遵守方面的经验和做法,共同提高行业的合规水平。

(二)及时调整企业用工策略和管理制度

当劳动法律法规发生变化时,企业应迅速反应,评估新法规对企业用工行为和管理制度的影响,并根据法律法规的要求及时调整企业的用工策略和管理制度。这不仅是企业合规性的要求,也是避免法律风险和经济损失的关键。

1.全面评估影响

当新的劳动法律法规出台后,企业应组织专业团队对新法规进行深入研究和分析,评估其对企业现有用工策略和管理制度的全面影响。这包括员工招聘、劳动合同签订、薪酬福利、工作时间与休息休假、社会保险与福利、劳动纪律与奖惩制度等方面。

2.及时调整策略

根据评估结果,企业应对现有用工策略和管理制度中与新法规不相适应的部分进行调整。这可能涉及员工劳动合同的变更、薪酬体系的调整、工作时间安排的优化等。在调整过程中,企业应充分与员工沟通,解释调整的原因和必要性,确保员工的理解和支持。

3.完善管理制度

除了调整具体的用工策略外,企业还应从管理制度层面进行改进。这包括完善内部规章制度、明确各级管理人员在劳动法律法规遵守方面的职责、建立违法行为的内部监督机制等。通过制度的完善和执行,确保企业在日常运营中始终严格遵守劳动法律法规的要求。

(三)加强员工培训和法律意识提升

员工是企业的重要组成部分,他们的行为直接影响企业的合规性和形象。因此,加强员工培训和法律意识提升是企业应对劳动法律法规更新的重要措施之一。

1. 定期举办法律培训

企业应定期举办针对全体员工的劳动法律法规培训活动。培训内容应包括最新的劳动法律法规要求、员工在工作中应遵守的行为规范等。通过培训,使员工充分了解和掌握最新的法律要求,增强他们的法律意识和合规意识。

2. 制作并发放宣传资料

为了方便员工随时学习和了解劳动法律法规,企业可以制作并发放相关的宣传资料,如手册、海报等。这些资料可以张贴在显眼位置或分发给员工个人,提醒他们在日常工作中严格遵守法律法规要求。

3. 鼓励员工参与法律讨论

企业可以设立内部论坛或讨论组,鼓励员工就劳动法律法规相关的话题进行讨论和交流。通过这种方式,不仅可以激发员工对法律问题的思考和学习兴趣,还能帮助企业及时发现和解决潜在的法律风险问题。

4. 建立激励机制

为了激励员工积极参与法律培训和意识提升活动,企业可以建立相应的激励机制。例如,设立"合规之星"等奖项表彰在遵守劳动法律法规方面表现突出的员工给予一定的物质和精神奖励。通过激励机制的引导使员工更加自觉地遵守和执行劳动法律法规的要求。

第三节 法律纠纷的处理与预防措施

一、法律纠纷的应对策略与程序

(一)建立应急响应机制

在现代商业环境中,企业不可避免地会面临各种突发事件,其中法律纠纷是尤为严重的一种。这类纠纷可能源自合同争议、知识产权侵犯、劳动关系等多种问题,对企业的声誉、财务状况甚至日常运营带来重大冲击。因此,对于任何一家希望稳健发展的企业而言,建立一套完善的应急响应机制至关重要。

应急响应机制的首要任务是快速而准确地评估纠纷的性质。这需要企业拥有一支专业且敏锐的法务团队,能够在第一时间对纠纷进行深入分析,识别其主要类型和潜在风险。例如,纠纷是否涉及核心业务?是否可能引发连锁反应?是否存在潜在的刑事责任?这些问题的答案将直接影响企业的应对策略。

除了性质评估外,企业还需迅速了解纠纷的影响范围。某些纠纷可能仅限于特定的业务单元或地区,而另一些则可能波及整个企业或甚至影响到全球范围内的运营。对于后者,企业不仅需要调动更多的资源来应对,还需考虑如何在更广泛的利益相关者群体中维护信任和信心。

在评估了纠纷的性质和影响范围后,企业应迅速采取措施来减轻潜在风险。这可能包括暂停涉及纠纷的业务活动、主动与对方沟通寻求和解,或是启动法律程序来保护自身权益。在这一阶段,企业应确保所有行动都符合法律法规的要求,避免因急于应对而犯下新的错误。

为了更有效地应对法律纠纷,企业可以组建一个由法务、公关和业务部门等多方参与的应急小组。这样的小组能够集合不同领域的专业知识和经验,确保企业在面对危机时能够做出全面而协调的决策。法务部门提供法律建议和支持,公关部门负责对外沟通和形象管理,业务部门则提供关于纠纷背景和业务影响的具体信息。三者相互配合,能够在最大程度上保护企业的利益。

(二)明确内部报告与决策流程

当企业面临法律纠纷时,信息的及时性和准确性对于有效应对至关重要。内部报告路径的明确可以确保所有相关部门都能在第一时间获得必要的信息,进而采取适当的行动。为了实现这一目标,企业应建立明确的报告渠道和流程,确保从发现纠纷到决策层接收信息的整个过程高效且透明。

企业内部的不同层级和部门应有明确的职责划分。一旦发现法律纠纷的迹象,相关人员应立即按照规定的流程向上级报告。这个流程应尽量减少中间环节,以确保信息的快速传递。同时,报告的内容应尽可能详细,包括纠纷的基本情况、已经造成的影响以及建议的初步应对措施等。

决策层在接收到报告后,应根据纠纷的性质和严重程度来决定应对措施。对于一些较小或较为简单的纠纷,决策层可能只需要给予法务部门足够的支持来解决问题。而对于重大或复杂的纠纷,决策层可能需要召开紧急会议,邀请各相关部门共同商讨解决方案。

在决策过程中,企业应充分利用已有的专业知识和资源。法务部门应提供详细的法律分析和建议,公关部门应评估纠纷对企业形象和声誉的潜在影响,而业务部门则应提供关于市场和业务运营的实时反馈。这样的综合评估能够帮助企业制定出更加全面和有效的应对策略。

(三)积极寻求外部法律支持

尽管大多数企业都会拥有一支内部法务团队来处理日常事务和法律咨询工作,但在面对复杂或重大的法律纠纷时,单纯依赖内部资源可能是不够的。在这种情况下,积极寻求外部律师或法律机构的支持就显得尤为重要。

外部律师通常具有深厚的法律知识和丰富的实践经验,能够为企业提供专业的法律意见和策略建议。他们可以帮助企业分析纠纷的深层次原因和潜在风险,提供有针对性的解决方案。同时,外部律师还可以代表企业与对方进行谈判或参与诉讼活动,以争取最有利的结果。

在选择外部律师或法律机构时,企业应注重其专业背景、过往经验和声誉等因素。同时,双方应建立明确的合作关系和沟通机制以确保在关键时刻能够迅速响应并协同工作。通过内外部资源的有效整合,企业能够在应对法律纠纷时更加从容和有力,从而最大限度地保护自身的权益和利益。

二、企业内部调解机制的建立与完善

(一)设立调解委员会

在现代企业中,法律纠纷不仅限于企业与外部实体之间,员工与员工之间、员工与企业之间的法律冲突也时有发生。这些内部冲突若处理不当,不仅可能影响企业的日常运营,还可能损害企业的声誉和员工的士气。因此,设立调解委员会显得尤为重要。

调解委员会作为企业内部的中立第三方机构,其主要职责是公正、客观地调解各类纠纷,促进双方当事人的和解。为了确保调解的公正性和中立性,调解委员会的成员应具备高度的职业道德和专业知识,同时独立于企业的管理层和利益相关方。

在人员构成上,调解委员会可以包括企业内部法务人员、人力资源专家以及外部聘请的法律或调解专家。这样的组合可以确保委员会既有对企业内部情况的深入了解,又能保持独立和客观的判断。

(二)制定调解规则与程序

制定调解规则与程序是调解委员会有效运作的基础。这些规则和程序应详细规定调解的各个环节,包括调解申请的提交、受理条件、调解过程、协商方式、结案标准等。

首先,明确调解申请的条件和流程是必要的。员工或企业部门在遇到法律纠纷时,可以按照规定的程序向调解委员会提交申请。申请中应包括纠纷的基本情况、涉及的法律法规以及申请方的诉求等信息。

其次,调解委员会在受理申请后,应进行初步的调查和评估,了解纠纷的实际情况和争议焦点。在此基础上,制定具体的调解计划和策略。

在调解过程中,调解委员会应遵循公正、透明、保密等原则,为双方当事人提供一个平等对话的平台。通过促进双方充分沟通、协商,寻求双方都能接受的解决方案。

(三)培训与提升调解能力

调解委员会成员的专业素养和调解能力直接影响调解效果。因此,企业应重视对调解委员会成员的培训和能力提升。

培训内容可以包括法律法规、调解技巧、心理学知识等。通过培训,调解委员会成员不仅可以具备扎实的法律知识,还能熟练掌握各种调解技巧和方法,更好地应对复杂的法律纠纷。

此外,还可以通过组织模拟调解、案例分析等实践活动,提高调解委员会成员的实战能力。同时,鼓励员工了解并信任调解机制,通过宣传和教育增强他们的法律意识,也是提升企业内部法律环境的重要一环。

（四）监测与评估调解效果

为了确保调解机制的有效运行和持续改进，企业应定期对调解委员会的工作进行监测和评估。

监测可以通过收集调解过程中的数据和信息来实现，如调解案件的数量、类型、处理时长等。这些数据可以帮助企业了解调解工作的实际情况和潜在问题。

评估则可以通过对调解结果进行量化和定性分析来进行。例如，可以考察调解成功率、当事人满意度等指标来评价调解效果。同时，还可以通过收集当事人和旁观者的反馈意见来评估调解过程的公正性、透明度和效率等方面。

在监测和评估的基础上，企业应及时总结经验教训，不断完善调解规则和程序，提高调解工作的质量和效率。同时，将调解成果作为企业风险管理的重要指标之一，持续优化企业内部法律环境。

三、法律风险防范与培训教育

（一）识别潜在法律风险

企业作为一个复杂且多面的组织，其运营过程中涉及的法律法规也极为广泛。为了确保企业的长期稳健发展，定期识别潜在的法律风险显得尤为重要。这不仅是企业法务部门的职责，更需要企业全体员工的共同参与。

全面审查企业运营：企业应定期组织专业团队，对企业运营的各个环节进行全面审查。这包括但不限于市场营销、产品研发、供应链管理、财务管理、人力资源管理等各个方面。审查的目的在于发现可能存在的法律风险，如合同违约、知识产权侵权、劳动纠纷等。

运用风险评估工具和方法：为了更加准确地识别法律风险，企业应运用专业的风险评估工具和方法。这可以帮助企业对各类风险进行量化和定性评估，从而确定风险的等级和优先级。例如，企业可以使用风险矩阵、故障树分析等方法，对识别出的风险进行排序和分类。

关注行业动态和法律法规变化：企业应时刻关注所在行业的动态和国家法律法规的变化。行业的竞争态势、市场需求的变化以及政策法规的调整都可能对企业的运营产生影响，进而引发新的法律风险。因此，企业需要建立一个有效的信息收集和分析机制,以便及时调整自身的经营策略和管理制度。

(二)制定风险防范措施

针对识别出的法律风险,企业应制定相应的防范措施,以确保企业运营的稳定和安全。

1. 完善合同管理制度

企业应建立完善的合同管理制度,明确合同的签订、履行、变更和终止等各个环节的流程和要求。同时,加强对合同履行的监督和检查,确保合同的严格履行,减少因合同违约而引发的法律风险。

2. 加强知识产权保护

在知识经济时代,知识产权的重要性不言而喻。企业应加强对自身知识产权的保护,建立完善的知识产权管理制度,包括专利申请、商标注册、版权保护等方面。同时,加强对员工的知识产权培训和教育,提高他们的知识产权保护意识。

3. 优化人力资源管理政策

人力资源管理是企业运营中不可或缺的一部分,也是法律风险防范的重点领域之一。企业应优化人力资源管理政策,包括招聘、培训、绩效考核、薪酬福利等方面。确保企业在招聘过程中不歧视任何群体,在培训中注重员工技能的提升和职业规划的发展,在绩效考核和薪酬福利方面做到公平合理。

4. 建立风险监测机制

为了确保各项风险防范措施的有效执行,企业应建立风险监测机制。这包括定期对各项措施的执行情况进行检查和评估,及时发现和解决问题。同时,建立风险报告制度,将监测结果及时上报给企业管理层和相关部门,以便及时调整和完善风险防范措施。

(三)开展全员法律培训

提高全员法律意识是防范法律风险的关键环节。只有当企业的每一个员工都具备基本的法律知识和意识时,企业才能真正做到合规经营。

1. 定期举办法律培训活动

企业应定期举办针对全体员工的法律培训活动。培训内容应涵盖与工作相关的法律法规和企业政策,如劳动法、合同法、知识产权法等。通过讲解法律条文、分析实际案例等方式,帮助员工深入了解和掌握相关法律知识。

2. 采用互动式教学方法

为了提高培训的实效性,企业应采用互动式教学方法。例如,案例分析、角色扮演等方式可以让员工更加直观地了解法律知识的应用和实践。同时鼓励员工在培训过程中提问和发表观点,激发他们的学习热情和思考能力。

3. 持续跟进和反馈

为了确保培训效果,企业应持续跟进员工的法律学习情况。可以通过定期测试、问卷调查等方式了解员工对法律知识的掌握程度以及在实际工作中的运用情况。根据反馈结果及时调整和完善培训计划,确保培训内容的针对性和实效性。

(四)营造合规文化氛围

企业的文化对其员工的思维方式和行为方式具有深远的影响。因此营造一个注重合规、遵守法律的文化氛围对于防范法律风险至关重要。

1. 领导层的示范作用

企业的领导层应以身作则成为遵守法律法规的典范。他们不仅要在言语上强调合规的重要性,更要在实际行动中展现出对法律的尊重和遵守。通过领导层的示范作用,引导员工树立正确的法律观念和价值观。

2. 内部宣传和教育

企业应通过内部宣传和教育渠道如企业内部网站、公告栏、员工手册等向员工普及法律知识宣传合规文化的重要性。同时结合企业的实际情况和案例向员工展示合规经营的好处以及违规行为的后果,从而增强员工的合规意识。

3. 建立激励机制

为了鼓励员工积极参与,合规文化的建设企业可以建立相应的激励机制。例如设立"合规之星"等奖项表彰在遵守法律法规方面表现突出的员工,给予一定的物质和精神奖励。通过激励机制的引导,激发员工的积极性和主动性,形成自觉遵守法律法规的良好氛围。

四、外部法律援助与合作机制的建立

（一）构建外部法律援助网络

在现代商业环境中，法律纠纷的复杂性和多样性不断增加，使得企业在应对时面临巨大的挑战。为了确保企业在法律纠纷中能够迅速且有效地应对，积极构建外部法律援助网络显得尤为重要。

构建外部法律援助网络的第一步是识别并选择合适的合作伙伴。律师事务所是企业在面临法律纠纷时最常寻求支持的机构之一。它们通常拥有专业的律师团队，具备深厚的法律知识和丰富的实践经验，能够为企业提供全面的法律咨询和代理服务。在选择律师事务所时，企业应注重其专业领域、过往业绩、服务质量以及费用结构等因素，确保找到最适合自身需求的合作伙伴。

除了律师事务所外，行业协会也是构建外部法律援助网络的重要资源。行业协会通常汇聚了同一行业的众多企业和专家，能够为会员提供行业内的最新动态、政策法规解读以及专业培训和指导等服务。通过与行业协会建立紧密合作关系，企业不仅可以及时了解行业动态和政策变化，还能在面临行业内的法律纠纷时获得协会的支持和帮助。

构建了外部法律援助网络后，企业应积极维护和拓展这一网络。定期与合作伙伴进行沟通和交流，了解他们的最新动态和专业见解，可以为企业提供更广泛的知识和经验支持。同时，企业也可以通过网络中的资源共享和互助机制，与合作伙伴共同应对法律纠纷，降低应对成本和风险。

（二）参与行业合规交流与合作平台

行业合规交流与合作平台是企业间共同应对法律风险、提升合规水平的重要场所。通过参与这样的平台，企业可以与同行分享经验、交流最佳实践，并共同探讨行业内面临的法律问题和挑战。

参与行业合规交流与合作平台的方式多种多样。企业可以参加行业协会组织的研讨会、论坛等活动，与同行面对面交流并分享经验。同时，也可以通过在线平台或社交媒体等工具，与更广泛的行业人士进行互动和讨论。这些交流不仅有助于企业了解行业内的最新动态和趋势，还能为企业提供新的思路和解决方案，帮助企业更好地应对法律风险。

参与行业合规交流与合作平台的好处不仅仅是信息和经验的共享。通过这样的合作,企业还能够建立与其他企业的良好关系,共同应对行业内的挑战和问题。这种合作不仅可以降低企业单独应对风险的成本和压力,还能提升行业整体的合规水平,为行业的健康发展做出贡献。

(三)建立与政府部门的沟通渠道

企业与政府部门的沟通是确保企业合规经营、及时了解政策动态和法规变化对企业影响的关键环节。通过建立与政府部门的沟通渠道,企业可以更加主动地了解政策走向和法规要求,及时调整自身的经营策略和业务模式,以降低潜在的法律风险。

建立与政府部门的沟通渠道可以采取多种方式。企业可以通过定期的工作汇报、政策研讨会等途径与政府部门保持联系。在这些场合中,企业可以向政府部门展示自身的经营情况和合规成果,同时也可以听取政府部门的意见和建议,加深对政策的理解和把握。此外,企业还可以通过参与政府组织的公开咨询、征求意见等活动,积极参与政策制定过程,为政策的完善和实施提供有价值的反馈和建议。

与政府部门的良好沟通不仅有助于企业及时了解政策动态和法规变化对企业的影响,还能够增加企业的政策预见性和应对能力。通过与政府部门建立互信和合作关系,企业可以在政策调整或法规变动时获得更多的指导和支持,从而更加从容地应对潜在的法律风险和挑战。

(四)加强与社会公众的互动与沟通

在面临法律纠纷时,企业与社会公众的沟通和互动对于维护企业形象和信誉至关重要。社会公众对企业的认知和评价往往影响着企业的声誉和市场地位,因此加强与社会公众的互动与沟通显得尤为重要。

为了积极回应公众关切并主动公开透明地披露信息,企业应建立完善的公关机制和信息披露制度。在面临法律纠纷时,企业应迅速反应并通过官方渠道发布权威信息说明情况、澄清误解并表达解决问题的决心和措施。同时企业还可以通过媒体采访、新闻发布会等方式主动与媒体和公众进行沟通回答疑问、解释立场以争取理解和支持。

除了及时的信息披露和沟通外，企业还可以通过社会责任实践和公益活动等方式提升公众对企业的认知和好感度。积极履行社会责任，展示企业对社会的贡献和价值，可以增强公众对企业的信任和理解，从而降低潜在的舆论风险。

第十二章 人力资源效能评估与改进

第一节 人力资源效能评估的方法与指标

一、效能评估指标体系的设计原则

(一) 科学性原则

在构建企业人力资源效能评估指标体系时,首先要遵循科学性原则。这意味着评估指标应基于科学理论,能够真实、客观地反映企业人力资源的实际状况。同时,评估方法的选择也应具有科学依据,确保评估结果的准确性和可靠性。

(二) 系统性原则

企业人力资源效能评估是一个系统工程,涉及多个方面和层次。因此,在设计评估指标体系时,应遵循系统性原则,从整体上考虑各个指标之间的内在联系和相互作用。通过构建一个层次清晰、结构合理的评估指标体系,可以全面、准确地反映企业人力资源的效能状况。

(三) 可操作性原则

评估指标体系的设计还应考虑可操作性原则。这意味着评估指标应具有可测量性,能够通过现有的数据和信息进行量化评估。同时,评估方法的选择也应考虑到实际操作的可行性,避免过于复杂或难以实现的评估方法。通过确保评估指标体系的可操作性,可以提高评估工作的效率和准确性。

二、定量评估方法与模型应用

（一）数据分析法

数据分析法是一种基于统计数据的定量评估方法。通过对企业人力资源相关的数据进行收集、整理和分析，可以揭示人力资源的数量、质量、结构等方面的特征和规律。这种方法适用于对人力资源规模、素质、流动等基础性指标的评估。

（二）经济计量模型

经济计量模型是一种运用数学方法描述经济现象之间数量关系的模型。在企业人力资源效能评估中，可以运用经济计量模型对人力资源投入与产出之间的关系进行定量分析。通过构建适当的模型并代入相关数据，可以计算出人力资源的效益指数、效率指数等关键指标，为评估工作提供科学依据。

（三）数据包络分析（DEA）

数据包络分析是一种非参数方法，用于评价具有多个输入和多个输出的决策单元（DMU）之间的相对效率。在企业人力资源效能评估中，可以将每个企业视为一个DMU，通过DEA方法对其人力资源的投入产出效率进行评价。这种方法无须设定具体的函数形式，可以充分考虑数据的多样性和复杂性。

（四）人工智能与机器学习技术应用

随着人工智能和机器学习技术的不断发展，这些先进技术在企业人力资源效能评估中的应用也日益广泛。通过运用人工智能技术，可以对大量的人力资源数据进行自动处理和分析，提高评估工作的效率和准确性。同时，机器学习技术可以帮助构建更加精准的评估模型，实现对企业人力资源效能的动态监测和预测。

三、定性评估工具与技术选择

（一）专家评价法

专家评价法是一种基于专家经验和知识的定性评估方法。通过邀请相关领域的专家对企业人力资源的状况进行综合评价，可以充分利用专家的专业知识和经验，对人力资源的效能进行深入分析。这种方法适用于对人力资源的战略性、创新性等难以量化的方面进行评估。

（二）问卷调查法

问卷调查法是一种通过向目标群体发放问卷收集信息的定性评估方法。在企业人力资源效能评估中，可以通过设计合理的问卷，对企业员工、管理者等相关人员进行调查，了解他们对人力资源状况的看法和意见。通过对问卷数据的整理和分析，可以揭示人力资源存在的问题和改进的方向。

（三）案例分析法

案例分析法是一种对典型案例进行深入剖析的定性评估方法。在企业人力资源效能评估中，可以选择一些具有代表性的企业作为案例研究对象，对其人力资源的管理实践、制度创新等方面进行详细分析。通过案例分析，可以总结经验教训，为其他企业提供借鉴和参考。

（四）社会网络分析法

社会网络分析法是一种运用图论和数学模型研究社会网络中个体之间关系的定性评估方法。在企业人力资源效能评估中，可以运用社会网络分析法对员工之间的关系、团队合作等方面进行分析。通过构建社会网络模型并对其进行可视化展示和分析，可以揭示企业内部的人际关系网络和团队协作状况，为人力资源管理提供新的视角和思路。

第二节　问题诊断与改进措施制定

一、效能评估结果的问题诊断分析

（一）组织结构与人员配置的不合理性

在企业的人力资源管理中，组织结构与人员配置是影响效能的关键因素。一个合理且高效的组织结构能够确保各项工作的顺利进行，同时提高资源的利用效率。然而，在现实中，企业往往面临着组织结构和人员配置不合理的问题，这些问题成为阻碍效能提升的重要瓶颈。

通过对企业人力资源效能评估结果的分析，我们可以诊断出是否存在组织结构冗余、职责不清或人员配置不当等问题。具体来说，组织结构冗余可能表现为过多的管理层级、重复的职能部门或无效的决策流程。这些问题不仅增加了管理成本，还可能导致工作效率低下和决策迟缓。同时，职责不清也是企业中常见的问题之一。当员工的职责和权限没有明确界定时，他们可能会感到无所适从，导致工作混乱和效率低下。此外，人员配置不当也是一个重要问题。如果人员配备不足或配备的人员技能与岗位要求不匹配，将直接影响工作的质量和效率。

这些问题不仅会导致工作效率低下和资源浪费，还可能对员工士气产生负面影响。员工可能会感到自己的工作没有得到充分认可或重视，从而降低工作积极性和投入度。长期下去，这些问题将对企业的整体效能产生严重影响。

为了解决这些问题，企业需要进行组织结构优化和人员合理配置。首先，应重新审视现有的组织结构，精简管理层级，消除重复的职能部门，并建立简洁高效的决策流程。其次，应明确每个岗位的职责和权限，确保员工能够清晰地理解自己的工作范围和目标。同时，企业还应建立科学合理的人员选拔和配置机制，确保人员技能与岗位要求相匹配。通过定期的人员评估和岗位调整，可以保持人员配置的动态优化。

（二）激励机制的缺失与不完善

有效的激励机制是企业人力资源管理中的重要组成部分。它能够激发员工的工作积极性和创造力，提升整体工作效能。然而，在企业中，往往存在激励机制缺失或不完善的情况。

具体而言，激励机制的缺失与不完善表现为薪资制度不合理、晋升机会匮乏以及奖惩制度不明确等。首先，薪资制度的不合理可能导致员工感到自己的付出与回报不成正比。如果薪资水平无法反映员工的绩效和贡献，那么员工可能缺乏努力工作的动力。此外，晋升机会的匮乏也是企业中常见的问题之一。员工渴望在工作中获得成长和进步，如果缺乏明确的晋升路径和机会，他们可能会感到前途渺茫，从而失去工作热情。同时，奖惩制度的不明确也可能导致员工对工作成果缺乏明确的预期和评价标准。当员工无法清楚地知道自己的行为会受到何种奖励或惩罚时，他们可能会对工作产生困惑和不满。

这些问题的存在将对企业的人力资源效能产生严重影响。员工缺乏工作动力可能导致工作效率低下和质量下降。此外，长期缺乏激励机制还可能使员工对工作失去兴趣和热情,甚至出现人才流失的情况。

为了改善这种情况,企业需要建立科学合理的激励机制。首先,应对薪资制度进行改革,确保薪资水平能够真实反映员工的绩效和贡献。同时,应设立明确的晋升路径和晋升机会,让员工看到自己在组织中的发展前景。此外,还应建立明确的奖惩制度,让员工清楚地知道自己的行为会受到何种奖励或惩罚。这些措施的实施,可以激发员工的工作积极性和创造力,提升整体工作效能。

(三)培训与发展机会的不足

员工的培训和发展是提升人力资源效能的关键环节之一。通过培训和发展机会的提供,员工可以不断提升自己的技能水平和综合素质,更好地适应工作需求的变化和组织的发展要求。然而,在企业中,由于经费、时间等资源的限制或其他原因的影响,往往存在培训不足或发展机会匮乏的问题。

具体而言,培训不足可能表现为培训内容单一、培训方式陈旧或培训频率不足等。如果培训内容仅仅局限于员工当前的工作需要而忽视了他们未来的职业发展需求,或者培训方式过于传统陈旧,缺乏创新性和互动性,那么这样的培训将难以激发员工的学习兴趣和参与热情。同时,如果培训频率不足,员工可能无法及时获取新的知识和技能,导致他们的工作能力滞后于实际需求的变化。

发展机会的匮乏也是一个重要问题。在企业中,由于岗位晋升渠道不畅、项目经验不足或学习资源丰富度不够等原因,员工可能面临发展受限的困境。他们可能感到自己的工作缺乏挑战性和成就感,无法充分发挥自己的潜力和实现个人价值。长期下去,这将导致员工的工作积极性和满意度下降,影响整体工作效能。

为了解决培训与发展机会不足的问题,企业需要加强对员工培训和发展的重视和投入。首先,应对员工的培训需求进行全面分析,了解他们的实际需求和发展目标,然后制定科学合理的培训计划,并确保培训内容的多样性和实用性。同时,应采用多种培训方式,如线上课程、工作坊、研讨会等,以提高培训的互动性和效果。此外,企业还应积极为员工创造更多的发展机会,如提供岗位轮换、参与重大项目、承担更具挑战性的工作任务等,以激发员工的工作热情和创造力,提升他们的综合素质和能力水平。

（四）沟通与协作不畅

良好的沟通与协作是实现高效人力资源管理的基础。在企业中，部门之间或员工之间的沟通不畅、协作不紧密等问题可能导致工作重复、资源浪费以及信息传递不及时等现象。这些问题的存在不仅影响工作效率，还可能对组织氛围和员工士气造成负面影响。

具体来说，沟通不畅可能表现为信息传递不及时、沟通渠道不畅或沟通方式不当等。当部门之间或员工之间缺乏有效的沟通机制时，信息传递可能受到阻碍，导致重要信息无法及时传达给相关人员。这可能导致工作延误、决策失误甚至资源浪费等问题。同时，沟通渠道的不畅也可能使员工感到被忽视或无法表达自己的意见和需求，长期下去将影响员工的工作积极性和满意度。

协作不紧密也是一个重要问题。在企业中，部门之间或员工之间可能存在竞争关系或利益冲突，导致协作困难。当部门之间缺乏合作精神和团队意识时，可能出现工作重复、资源浪费以及相互推诿责任等现象。这不仅影响工作效率，还可能对组织氛围造成负面影响，使员工士气低落，影响整体工作效能的提升。

为了解决沟通与协作不畅的问题，企业需要建立有效的沟通机制和协作平台，促进部门之间和员工之间的沟通与交流，加强团队合作精神的培养和建设。同时还需要建立良好的冲突解决机制，及时化解可能出现的矛盾和纠纷，保持组织内部的和谐与稳定。通过这些措施的实施，可以提升企业的沟通效率和协作能力，进而提升整体工作效能，实现组织的可持续发展目标。

二、改进措施的目标设定与计划制定

（一）优化组织结构与人员配置

在企业中，优化组织结构与人员配置是提升整体效能的关键步骤。针对诊断出的问题，制定具体的优化方案至关重要。

首先，调整部门设置是优化组织结构的核心。在现代化管理模式下，组织应更注重灵活性和高效性。通过合并相似功能的部门、增设关键领域的专业部门等方式，可以使组织结构更加合理，减少资源浪费和沟通成本。同时，应建立扁平化的组织结构，缩短决策层与执行层之间的距离，提高决策效率和响应速度。

其次，明确职责划分是优化人员配置的基础。企业中，员工之间职责不清、工作重叠等问题时有发生。详细梳理各个岗位的工作职责和权限，可以确保每个员工都能明确自己的工作内容和目标。在此基础上，进行人员配置的调整，使人员与岗位更加匹配，提高员工的工作效率和工作满意度。

此外，建立完善的岗位分析和人员评估机制是实现优化配置的重要手段。通过对岗位进行深入分析，可以明确岗位所需的技能、经验和素质要求，为人员选拔和配置提供科学依据。同时，定期对员工进行绩效评估和能力评估，可以及时发现员工的优势和不足，为员工的职业发展和培训提供参考。

在优化组织结构与人员配置的过程中，还需要注重员工的参与和沟通。通过与员工充分交流，了解他们的意见和建议，可以使优化方案更加符合实际情况和员工需求。同时，积极宣传和组织相关培训，帮助员工适应新的组织结构和岗位要求，确保优化工作的顺利进行。

（二）完善激励机制

在企业中，完善激励机制是激发员工工作积极性和创造力的关键。为此，应建立公平合理的薪资制度。薪资作为员工劳动成果的直接体现，应与员工的工作绩效紧密挂钩。通过设立明确的绩效考核标准和奖励机制，可以确保员工收入与工作绩效相匹配，激发员工的工作动力。

同时，应设立明确的奖惩制度。对于表现优秀的员工给予及时表彰和奖励不仅可以鼓励其继续努力，还可以为其他员工树立榜样。相反，对于违反规定或表现不佳的员工，应给予适当的惩罚以维护制度的严肃性和公平性。通过明确的奖惩制度可以营造积极向上的工作氛围促进员工之间的竞争与合作。

除了物质激励外企业还可以通过提供晋升机会、实施员工持股计划等方式增强员工的归属感和责任感。晋升机会的设立可以让员工看到在组织中的成长空间和职业发展前景，从而激发其工作热情。员工持股计划则可以将员工的个人利益与组织的整体利益紧密结合，使员工更加关注组织的发展并为之付出努力。

在完善激励机制的过程中应注重个体差异和多元化需求。不同员工有着不同的价值观和职业追求因此激励机制也应因人而异、灵活多样。通过了解员工的需求和期望制定个性化的激励方案，企业可以最大限度地激发员工的工作潜能提高整体工作效能。

（三）加强培训与发展

为满足员工成长和发展的需要，企业应加大对培训和发展的投入。这不仅可以提升员工的技能水平和综合素质，还可以增强组织的创新能力和竞争力。

首先，企业应定期组织内部培训。通过邀请行业专家或内部资深员工进行授课，可以传授最新的行业知识和实践经验，帮助员工提升专业技能和解决实际问题的能力。同时，内部培训还可以促进员工之间的交流与合作，增强团队凝聚力。

其次，鼓励员工参加外部培训和学习也是非常重要的。外部培训可以提供更广阔的学习资源和视野，帮助员工拓展思路和开阔眼界。同时，外部培训还可以让员工接触到不同的工作方法和思维方式，激发其创新思维和创造力。

除了培训外，企业还应建立完善的职业发展规划和晋升机制。通过为员工制定个性化的职业发展规划，可以帮助员工明确自己的职业目标和发展路径，从而有计划地提升自己的能力和素质。同时，设立公正的晋升机制可以让员工看到在组织中的晋升空间和职业发展前景，从而激发其工作积极性和动力。

（四）促进沟通与协作

在企业中，促进沟通与协作是提升整体效能的重要环节。良好的沟通与协作可以消除部门之间的壁垒，提高工作效率和质量。

首先，企业可以建立定期的部门间沟通会议机制。通过定期召开部门间会议，可以促进各部门之间的信息交流和资源共享，及时发现并解决工作中出现的问题和矛盾。同时，部门间会议还可以为各部门提供一个共同讨论和协商的平台，促进部门之间的合作与协调。

其次，鼓励员工之间的交流和合作也是非常重要的。企业可以通过组织团队建设活动、跨部门项目等方式，增强员工之间的了解和信任，促进彼此之间的合作与配合。同时，还可以通过设立内部社交平台或论坛等方式，为员工提供一个自由交流的空间，鼓励员工分享经验和知识，促进信息的共享和传播。

此外，建立有效的信息反馈机制也是促进沟通与协作的关键环节。企业应确保管理层能够及时了解员工的需求和意见，为员工提供一个表达意见和建议的渠道。同时，管理层应积极回应员工的反馈，及时采取措施解决问题和改进工作，从而促进问题的及时解决和员工满意度的提高。

三、跨部门协作与资源整合优化

(一)构建跨部门协作平台

在现代复杂多变的工作环境中,单一部门很难独立应对所有的挑战和任务。为此,构建一个高效的跨部门协作平台成为企业不可或缺的一环。

1. 资源共享与信息交流

通过跨部门协作平台,各部门可以上传和分享资料、数据、案例等,使得信息在组织内部流动更为顺畅。例如,财务部门可以分享预算和支出数据,供其他部门在规划和执行项目时参考。同时,技术部门可以提供最新的技术工具和解决方案,支持其他部门提升工作效率。

2. 协同解决问题

面对复杂的问题或项目,往往需要多个部门的共同合作。跨部门协作平台可以提供一个共同的讨论空间,让相关部门能够实时交流、共同分析、协同制定解决方案。这样的协同工作不仅可以加快问题的解决速度,还能提高解决方案的质量和全面性。

3. 打破部门壁垒

传统的部门划分往往导致"部门墙"的出现,使得部门间沟通不畅、合作困难。跨部门协作平台通过促进信息的透明化和资源的共享,有助于打破这些壁垒,增强部门间的信任与合作。员工可以更加了解其他部门的工作内容和挑战,从而增强对整体工作的理解和认同。

(二)优化资源配置

在资源有限的情况下,如何合理配置资源以实现最大的效益是企业必须面对的问题。

1. 需求分析

首先需要对各部门的工作需求进行深入分析,了解哪些资源是必需的,哪些是可以优化的。这可以通过定期的需求调研和评估来实现,确保资源能够流向最需要的地方。

2.资源调配

根据需求分析的结果,对资金、人力、物力等资源进行合理的调配。例如,对于关键项目或紧急任务,可以优先分配更多的资源以确保其顺利进行。同时,对于非关键或非紧急的任务,可以适当减少资源投入,避免资源的浪费。

3.动态调整

资源配置并非一成不变,而是需要根据实际情况进行动态调整。通过持续的监测和评估,及时发现资源配置中存在的问题,并进行及时的调整,以确保资源的有效利用。

(三)强化跨部门培训与交流

为了提升员工的综合素质和增强部门间的理解与合作,跨部门的培训与交流活动至关重要。

1.培训内容设计

培训内容应涵盖各个部门的基本知识和工作流程,让员工对其他部门的工作有一个基本的了解。同时,还可以引入一些跨部门的合作案例和最佳实践,激发员工的合作意识和创新思维。

2.交流形式多样化

除了传统的培训讲座外,还可以采用研讨会、工作坊、团队建设活动等多种形式进行交流。这些活动可以提供一个轻松的氛围,让员工在互动中增进了解和信任。

3.持续性与反馈机制

跨部门的培训与交流应是一个持续的过程,而非一次性的活动。通过定期的评估和反馈机制,可以了解活动的效果并持续改进。同时鼓励员工在日常工作中积极应用所学知识和经验促进部门间的有效合作。

(四)建立跨部门评估与反馈机制

为了确保跨部门协作的持续改进和有效性,评估与反馈机制的建立至关重要。

1.评估标准制定

明确跨部门协作的评估标准包括协作效率、问题解决速度、资源利用情况等方面。这些标准应具有可衡量性和客观性以便进行公正的评估。

2.定期评估与反馈

通过定期的跨部门评估会议,对协作效果进行全面的分析和评价。在会议上各部门可以分享协作过程中的成功经验和存在的问题并提出改进建议。同时鼓励员工提供个人的反馈意见,以便更好地了解协作过程中的实际情况。

3.问题追踪与改进

对于评估中发现的问题应建立问题追踪机制,确保每一个问题都能得到及时的关注和解决。通过持续改进和优化跨部门协作的流程和机制,不断提升协作效率和质量,推动企业整体绩效的提升。

四、持续改进机制的建立与完善

(一)设立持续改进目标

在企业中,持续改进是一项至关重要的任务,它旨在不断优化组织运营和管理的各个方面,提高工作效率和质量。为了有效地推动持续改进,首先需要设立明确、具体的改进目标。这些目标不仅为改进工作提供了方向,还能激发员工的积极性和参与度。

设立持续改进目标时,需要考虑以下几个方面。

1.与组织战略和业务需求相契合

改进目标应与组织的整体战略和业务需求保持一致。这意味着目标需要关注组织的核心业务领域和关键绩效指标,以确保改进工作的成果能够对组织产生积极影响。

2.可衡量性和可实现性

为了确保改进工作的成果可以量化和评估,目标应具有可衡量性。同时,目标还应具有可实现性,即在合理的时间和资源约束下能够实现。过于宏大或模糊的目标可能导致员工失去信心和动力。

3.关注员工和客户

改进目标应关注员工和客户的需求和期望。员工是组织内部改进的重要推动力量,而客户则是组织外部改进的关键因素。通过关注员工和客户,可以更好地了解实际需求,从而制定更加贴切的改进目标。

4.鼓励创新和持续改进

改进目标应鼓励员工进行创新尝试和持续改进。创新是推动组织发展的重要动力,而持续改进则有助于不断提高工作效率和质量。通过设立鼓励创新和持续改进的目标,可以激发员工的创造力和积极性。

在设立持续改进目标的过程中,企业需要充分听取员工、客户等相关方的意见和建议,确保目标的合理性和可行性。同时,还需要建立相应的监督和评估机制,对目标的实施情况进行定期检查和评估,以便及时发现问题并采取相应措施进行调整和完善。

(二)建立反馈与调整机制

为了确保持续改进工作的有效进行,企业需要建立有效的反馈与调整机制。这一机制能够及时收集员工、客户等相关方的意见和建议,对改进措施进行必要的调整和完善。通过反馈与调整机制,企业可以不断优化改进方案,提高改进工作的针对性和实效性。

在建立反馈与调整机制时,需要考虑以下几个方面。

1.多元化的反馈渠道

为了确保能够全面收集到各方面的意见和建议,企业需要建立多元化的反馈渠道。这包括员工调查、客户满意度调查、内部会议、建议箱等多种方式。通过这些渠道,可以及时了解员工和客户的需求和期望,为改进工作提供有价值的参考信息。

2.及时响应和处理

收到反馈后,企业需要及时响应和处理。对于员工和客户提出的意见和建议,应进行认真分析和评估,并制定相应的改进措施。同时,还需要建立有效的跟踪机制,确保改进措施得到及时执行并取得预期效果。

3.定期评估和调整

为了确保改进措施的实际效果符合预期,企业需要定期进行评估和调整。通过定期评估,可以了解改进措施的执行情况和成果,及时发现问题并采取相应措施进行调整和完善。此外,还需要根据实际情况对改进目标进行适时调整,以确保改进工作的持续性和有效性。

4.鼓励员工参与

员工是组织内部改进的重要推动力量。因此,在建立反馈与调整机制时,需要鼓励员工积极参与。通过提供必要的培训和支持,激发员工的创造力和积极性,使其能够主动提出改进意见和建议,并参与到改进措施的制定和执行过程中。

通过建立有效的反馈与调整机制,企业可以不断优化改进方案,提高改进工作的针对性和实效性。同时,还能增强员工和客户对组织的信任感和满意度,促进组织的可持续发展。

(三) 推广最佳实践和经验分享

在持续改进过程中,企业应注重推广最佳实践和经验分享。通过定期组织内部交流会、编写案例集等方式,可以将成功的经验和做法在组织内进行推广和应用。这有助于促进知识共享和创新能力的提升,同时也能提高员工的参与度和归属感,增强团队的凝聚力和向心力。

推广最佳实践和经验分享的具体措施包括如下。

1.定期组织内部交流会

企业可以定期组织内部交流会,让员工分享自己在工作中的经验和教训。这不仅可以促进员工之间的交流和学习,还能激发员工的创造力和创新精神。同时,还可以通过邀请外部专家或行业领先企业进行分享交流,引入新的思路和方法,推动组织的创新发展。

2.编写案例集

将组织内部或行业内的成功案例进行整理和汇编成案例集是一种有效的经验分享方式。通过案例集的学习和传播,可以让更多的员工了解和掌握成功的经验和做法,从而在工作中加以应用和提高工作效率和质量。同时案例集还可以作为组织内部培训的重要教材帮助员工提升专业能力和素质。

3.建立知识共享平台

企业可以建立知识共享平台如内部网站、论坛等为员工提供一个交流和学习的空间。在这个平台上员工可以发布自己的工作经验、心得体会等同时也可以浏览和学习他人的分享内容。这种方式可以促进知识的流动和共享提高组织的整体知识水平和创新能力。

4.激励和奖励机制

为了鼓励员工积极参与最佳实践和经验分享,企业可以建立相应的激励和奖励机制。例如,可以对在内部交流会或案例编写中表现优秀的员工进行表彰和奖励,以此激发员工的参与热情和积极性。同时还可以通过将分享内容纳入员工绩效考核体系等方式使员工在分享知识的同时也能获得相应的回报和认可。

通过推广最佳实践和经验分享,企业可以不断优化工作流程和提升工作效率,同时也能提高员工的综合素质和专业能力,增强组织的竞争力和可持续发展能力。

第三节 持续改进与卓越管理实践

一、卓越管理理论在企业的应用探索

(一)卓越管理理论的核心思想

卓越管理理论起源于企业管理领域,其核心思想是追求持续改进、创新以及客户满意。这种管理理念不仅适用于企业,也同样适用于企业。在企业中,卓越管理理论的应用意味着不断提升公共服务的质量和效率,确保资源的优化配置和高效利用。

首先,卓越管理理论强调持续改进。这意味着企业需要不断寻求提升和完善的机会,无论是在服务流程、技术应用还是员工能力方面。通过持续的改进,企业能够更好地满足公众的需求,提升服务质量,实现其公共使命。

其次,卓越管理理论注重创新。创新是推动企业发展的关键驱动力,它包括制度创新、技术创新、管理创新等多个方面。通过引入新的理念、技术和方法,企业能够打破传统思维的束缚,提高工作效率和服务水平,更好地适应复杂多变的社会环境。

最后,卓越管理理论以客户满意为导向。在企业中,客户即公众,因此企业需要密切关注公众的需求和反馈,不断优化服务内容和方式,提升公众满意度。通过提供优质的公共服务,企业能够赢得公众的信任和支持,实现其社会价值。

(二)卓越管理理论在企业的适用性

企业作为提供公共服务的组织,面临着不断变化的社会需求和复杂的内外部环境。卓越管理理论的引入能够帮助企业建立持续改进的文化,提升组织的适应性和创新能力。

首先,卓越管理理论能够帮助企业适应不断变化的社会需求。随着社会的发展和科技的进步,公众对公共服务的需求也在不断变化。企业需要通过持续改进和创新来满足这些变化的需求,而卓越管理理论正是提供了这样的方法和工具。

其次,卓越管理理论能够提升企业的适应性和创新能力。在复杂多变的内外部环境下,企业需要具备快速适应和应对变化的能力。通过引入卓越管理理念和方法,企业能够培养员工的创新意识和学习能力,激发组织的创新活力,从而更好地应对挑战和抓住机遇。

最后,卓越管理理论能够提高企业的服务质量和效率。服务质量和效率是评价企业绩效的重要指标。通过应用卓越管理理论,企业可以优化服务流程、提升技术应用、加强员工培训等措施,不断提高服务质量和效率,满足公众日益增长的需求。

(三)实施卓越管理的关键步骤

在企业中实施卓越管理需要遵循一定的步骤,以确保改革的顺利进行并达到预期效果。以下是在企业中实施卓越管理的关键步骤。

1. 明确组织的使命和愿景

首先企业需要清晰定义其存在的目的和未来的发展方向。这将为后续的卓越管理实践提供明确的方向,指引并确保所有改进措施与组织的战略目标保持一致。

2. 进行全面的现状分析

在实施卓越管理之前对组织进行全面的诊断和分析至关重要。这包括评估当前的服务质量、效率、资源利用情况以及与公众的互动等方面。通过现状分析可以识别出存在的问题和改进的空间,为后续的改进计划提供依据。

3. 制定具体的改进计划和措施

基于现状分析的结果,企业需要制定具体的改进计划和措施。这可能包括优化服务流程、引入新的技术或方法、提升员工能力、加强内部沟通等方面。计划应具有可操作性和可衡量性，确保改进措施的有效实施和监控。

4. 建立监测和评估机制

为了确保改进措施的有效实施和持续改进，建立监测和评估机制是关键。这包括设立定期的评估指标、收集反馈数据、进行内部审计等方式。通过监测和评估可以及时发现存在的问题，并采取相应的纠正措施，确保卓越管理的持续进行。

5. 营造持续改进的文化

实施卓越管理不仅仅是一系列改进措施的实施，更是一种文化的转变。企业需要营造一种持续改进的文化，鼓励员工积极参与创新和改进活动，并提供必要的支持和资源。通过培养员工的创新意识和学习能力，可以激发组织的创新活力推动持续改进的实现。

6. 加强领导力和团队合作

领导力和团队合作是成功实施卓越管理的关键因素。领导者需要提供明确的指导和支持，为员工创造一个有利于改进和创新的环境。同时加强团队合作可以促进不同部门之间的协作和信息共享，确保改进措施的有效实施。

7. 关注用户需求和反馈

作为提供公共服务的组织，企业需要密切关注用户的需求和反馈。通过定期的用户调查和反馈收集，可以了解用户对服务的满意度和需求变化，从而及时调整服务内容和方式，提升用户满意度。

8. 持续学习和改进

卓越管理是一个持续不断的过程，企业需要保持开放的心态，持续学习和改进。通过关注行业动态、参加培训和研讨会、分享最佳实践等方式，员工可以不断获取新的知识和方法推动组织的持续发展和创新。

二、标杆管理与最佳实践分享

（一）标杆管理的概念及意义

标杆管理，作为一种追求卓越的管理方法，其核心在于不断寻找、学习和应用行业内或跨行业的最佳实践，从而推动组织自身绩效的持续提升。这种管理方式强调的是对比、学习和超越的过程，是一种对卓越绩效的持续追求。在企业这样一个提供公共服务、追求社会效益的组织中,标杆管理的实施显得尤为重要。

首先,标杆管理有助于企业发现自身与优秀组织之间的差距。通过对比行业内外的优秀组织和案例,企业可以清晰地看到自身在服务质量、管理效率、创新能力等方面的不足。这种差距的发现为后续的改进和创新提供了明确的方向。

其次,标杆管理促进了经验的借鉴和共享。企业可以通过学习他人的成功经验,避免走弯路,加速自身的成长和发展。这种经验的借鉴不仅可以提升企业的工作效率,还可以为其在面临类似问题时提供有效的解决方案。

最后,标杆管理是企业实现卓越绩效的有效途径。通过不断学习和应用最佳实践,企业能够逐步提升自身的服务水平和管理能力,从而在公共服务领域中树立卓越的标杆,赢得社会的广泛认可和赞誉。

(二)最佳实践的识别与选择

在实施标杆管理的过程中,如何识别和选择最佳实践是关键的一步。这要求企业具备敏锐的洞察力和精准的判断力。

首先,企业需要广泛收集信息,了解行业内外的优秀组织和案例。这可以通过参加行业交流会议、访问优秀组织、查阅相关研究报告等多种方式实现。在收集信息的过程中,企业需要关注那些在实践中取得显著成效、具有创新性和可复制性的案例。

其次,对收集到的案例进行深入分析是识别最佳实践的重要环节。企业需要运用科学的方法论和工具,对案例的背景、实施过程、成效等方面进行全面的剖析。通过分析,企业可以识别出那些真正具有借鉴意义的最佳实践。

在选择最佳实践时,企业需要考虑其与自身情况的匹配度和可实施性。不同的组织具有不同的内外部环境、资源条件和发展阶段,因此并非所有的最佳实践都适用于每一个组织。企业需要根据自身的实际情况和需求,选择那些与自身情况相匹配、具有可操作性的最佳实践。

(三)最佳实践的实施与推广

一旦确定了最佳实践,企业就需要制定详细的实施计划。这包括明确实施目标、制定时间表、分配资源、设计风险应对措施等。在实施过程中,企业需要关注员工的参与和培训。员工是实施最佳实践的主体,他们的参与程度和技能水平直接影响到最佳实践的实施效果。因此,企业需要通过有效的培训和激励措施,提高员工的参与度和技能水平。

同时,建立有效的监测和评估机制是确保最佳实践顺利实施的关键。企业需要设定明确的评估指标和评估周期对实施过程进行定期的监测和评估。通过评估可以及时发现并解决实施过程中遇到的问题确保最佳实践的顺利推进。

成功实施最佳实践后企业可以通过内部培训和外部交流等方式将其进行推广。内部培训可以将最佳实践的经验和教训分享给更多的员工提升组织的整体能力;外部交流则可以将最佳实践推广到其他组织促进整个行业的共同进步和发展。

(四)持续改进与标杆管理的循环

标杆管理和最佳实践分享并非一次性的活动而是一个持续循环的过程。在实施最佳实践后,企业需要不断总结经验教训进行持续改进和优化。这种持续改进的过程是推动组织持续发展的关键动力,它要求企业始终保持对卓越绩效的追求,不断寻找新的标杆和最佳实践进行学习和借鉴。

同时,标杆管理和最佳实践的分享也是一种开放和包容的管理方式,它鼓励组织之间进行交流和合作,共同推动行业的发展和进步。通过这样一个循环往复的过程,企业能够不断提升自身的管理水平和服务质量,实现持续进步和发展,为社会的繁荣和进步做出更大的贡献。

三、创新管理与激励机制设计

(一)创新管理的内涵及重要性

创新管理,作为现代组织管理的重要领域,具有深远的意义和广泛的应用。它的核心理念是激发和引导组织内部的创新意识,通过科学、系统的管理手段,推动创新的产生、发展和应用,从而不断提升组织的竞争力和适应能力。在企业中,创新管理的重要性尤为突出。

首先,创新管理能够激发企业内部的创新活力。面对复杂多变的社会环境和公众需求,企业需要不断创新以适应和引领发展。通过创新管理,可以培养和激发员工的创新意识,鼓励他们勇于尝试、敢于挑战,从而形成一种积极向上、充满活力的组织氛围。

其次，创新管理有助于提升企业的服务质量。企业作为公共服务的重要提供者，其服务质量直接关系到公众的满意度和社会的和谐稳定。通过创新管理，企业可以不断优化服务流程、改进服务方式、提高服务效率，从而提供更加优质、高效、便捷的服务，满足公众的多样化需求。

最后，创新管理有助于增强企业的应对能力。在快速变化的社会环境中，企业需要不断适应新的形势和任务。通过创新管理，可以培养组织的学习能力和应变能力，使其能够迅速响应环境变化，有效应对各种挑战和压力。

（二）激励机制在创新管理中的作用

在企业的创新管理中，激励机制扮演着至关重要的角色。它是激发员工创新意愿和动力的关键手段，对于推动组织的创新发展具有不可替代的作用。

首先，激励机制能够激发员工的创新意愿。通过设立明确的奖励制度和激励机制，企业可以引导员工关注创新、重视创新，并鼓励他们积极提出新的想法和建议。这种正向的激励措施能够使员工感受到自己的付出和贡献得到了认可和回报，从而更加愿意投入时间和精力进行创新活动。

其次，激励机制能够提升员工的创新能力。除了物质奖励外，企业还可以通过提供培训、学习机会等方式，帮助员工提升创新意识和能力。这种激励机制不仅能够使员工掌握更多的创新方法和技能，还能培养他们的创新思维和解决问题的能力，为组织的创新发展提供有力的人才保障。

最后，激励机制有助于形成良好的组织氛围。一个鼓励创新的组织氛围能够激发员工的创造力和创新精神，促进团队成员之间的交流和合作。通过激励机制的建立和完善，企业可以营造一个积极向上、充满活力的工作环境，使员工在轻松愉悦的氛围中充分发挥自己的潜力和才能。

（三）创新管理与激励机制的结合

将创新管理与激励机制相结合，是企业推动持续创新发展的关键所在。这种结合不仅有助于激发员工的创新意识和动力，还能确保创新活动的有效实施和成果转化，从而推动企业的卓越发展。

首先，制定明确的创新目标和计划，是创新管理与激励机制结合的基础。企业应根据自身的发展战略和市场环境，设定具体的创新目标，并制定详细的实施计划。这些目标和计划应明确指出创新的方向、预期的成果,以及实现这些成果所需的资源和时间。同时,目标应具有可衡量性,以便于评估创新活动的成效,并为激励机制提供依据。

其次,设计合理的激励机制是激发员工创新热情的关键。企业应结合员工的实际需求和创新目标设定,制定多元化的激励方案。这包括物质奖励,如奖金、股票期权等;非物质奖励,如晋升机会、荣誉表彰;以及提供培训和学习机会等。通过满足不同员工的不同需求,激励机制能够最大限度地激发员工的创新意愿和动力,形成全员参与创新的良好局面。

此外,建立创新成果的评估和转化机制,是确保创新管理与激励机制有效结合的重要环节。企业应设立专门的评估团队,对创新成果进行客观、全面的评价,并根据评价结果给予相应的奖励或惩罚。同时,还应建立创新成果的转化机制,将优秀的创新成果快速应用到实际工作中,推动企业的卓越发展。

四、构建学习型组织与知识管理体系

(一)学习型组织的特征与意义

学习型组织,顾名思义,是一个不断学习、不断进步的组织。这样的组织具有一系列显著的特征,这些特征共同构成了一个有利于知识获取、创新和发展的环境。在企业中构建学习型组织,对于提升员工素质、增强组织适应性和创新能力具有重要意义。

首先,学习型组织具有开放性的学习氛围。在这样的组织中,学习被视为一种常态,员工被鼓励持续学习、更新知识。组织提供多样化的学习资源和机会,如培训课程、在线学习平台等,以满足员工不同的学习需求。同时,开放性的学习氛围还体现在鼓励员工之间的交流与合作,促进知识的共享与传递。

其次,学习型组织具有扁平化的组织结构。这种结构打破了传统的层级制度,减少了信息传递的障碍,使得员工能够更加自由地交流和学习。扁平化结构还鼓励员工参与决策过程,提高了员工的参与感和归属感,进一步激发了他们的学习热情和创新精神。

此外,学习型组织鼓励创新和试验的文化。在这样的文化中,员工被鼓励尝

试新的方法、新的思路,即使失败也不会受到惩罚。这种容错机制为员工提供了一个安全的环境,让他们敢于挑战传统、勇于创新。同时,组织也积极推广成功的创新实践,促进知识的转化和应用。

构建学习型组织对于企业来说具有深远的意义。首先,它有助于培养员工的学习意识和能力,使员工能够不断适应变化的环境和需求。其次,学习型组织促进了知识的共享和创新,提高了知识的利用效率和价值,推动了组织的创新发展。最后,学习型组织有助于提升组织的整体绩效,使企业能够更好地履行公共使命,服务社会公众。

(二)知识管理体系的构建与运作

知识管理体系是组织内部对知识进行系统化管理的一系列活动和过程。在企业中构建知识管理体系,旨在通过有效管理知识资源,提升组织的创新能力和竞争力。知识管理体系的构建涉及知识的获取、存储、共享和应用等环节。

首先,知识的获取是知识管理体系的起点。企业需要关注外部环境的变化和趋势,积极从外部获取知识资源。同时,也要重视内部知识的挖掘和提炼,鼓励员工分享自己的经验和知识。通过多样化的知识获取途径,企业能够不断丰富自己的知识库,为创新和发展提供源源不断的知识支持。

其次,知识的存储和共享是知识管理体系的核心环节。企业需要建立完善的知识库和知识交流平台,以便员工能够方便地存储和共享知识。知识库可以对各类知识进行分类和整理,便于员工查找和使用。而知识交流平台则鼓励员工之间的交流与合作,促进隐性知识的传递和共享。通过知识的存储和共享,企业能够打破部门之间的壁垒,实现知识的最大化利用。

最后,知识的应用是知识管理体系的落脚点。企业需要将获取和共享的知识应用到实际工作中去,以解决实际问题并推动创新发展。通过设立创新项目、组建跨部门团队等方式,可以促进知识的应用和转化。同时,企业也需要建立有效的激励机制,鼓励员工积极应用新知识、新方法,推动工作的改进和创新。

(三)学习型组织与知识管理体系的互动关系

学习型组织和知识管理体系之间存在密切的互动关系。学习型组织的建设为知识管理体系提供了良好的组织基础和文化氛围,促进了知识的共享和创新;而知识管理体系的构建则为学习型组织提供了有力的支撑,通过系统化的知识管理推动了组织的学习和进步。

学习型组织注重持续学习、适应变化和自我更新的能力,这种能力为知识管理体系的构建提供了必要的条件和动力。在学习型组织中,员工具有强烈的学习意识和能力,他们愿意主动获取知识、分享知识和应用知识,这为知识管理体系的构建提供了丰富的知识资源和人力资源。同时,学习型组织的开放性和创新性也为知识管理体系的构建提供了良好的文化氛围和组织环境,使得知识管理活动能够更加顺利地进行并取得更好的效果。

反过来,知识管理体系的构建也为学习型组织的建设提供了有力的支撑和保障。通过系统化的知识管理,企业能够实现对知识的有效获取、存储、共享和应用,提高了知识的利用效率和价值,这使得学习型组织能够更加高效地进行学习和创新活动,不断提升自身的竞争力和适应能力。同时,知识管理体系的建立也有助于形成组织学习的良性循环,促进知识的不断更新和发展,从而推动学习型组织的持续进步和发展。

第十三章 人力资源数据分析与应用

第一节 人力资源数据分析的重要性与意义

一、数据驱动决策在企业人力资源管理中的价值体现

(一)提高决策的科学性和准确性

在人力资源管理中,决策的制定常常受到多种因素的影响,而数据的支持能够使决策更加科学和准确。通过对人力资源数据的收集和分析,管理者可以获取员工和组织在各个方面的实际情况,如员工的绩效、能力特长、工作态度以及组织中存在的问题等。这些数据可以帮助管理者更加全面地了解员工的实际状况,减少主观臆断的影响,从而做出更加科学和准确的决策。

例如,通过分析员工的绩效数据,管理者可以了解员工的绩效表现和业绩水平,从而制定更加合理的薪酬和奖励制度,提高员工的工作积极性和工作质量。同时,通过对员工能力特长的分析,管理者可以更加准确地评估员工的潜力和发展空间,为选拔和培养优秀人才提供依据。

此外,数据分析还可以帮助管理者发现组织中存在的问题和瓶颈,为改进管理流程、优化组织结构提供方向。通过数据分析,管理者可以发现管理流程中的不足之处,进而进行流程优化和管理改进,提高组织的整体效能。

(二)优化人力资源配置

人力资源配置是企业管理中的重要环节,通过对人力资源数据的分析,企业可以更准确地评估人才供给与需求之间的匹配度,优化人力资源的配置。例如,通过对员工绩效数据、技能数据和工作需求等信息的分析,企业可以更加准确地评估员工的潜力和发展空间,为选拔和培养优秀人才提供依据。同时,根据数据

分析结果，企业可以调整招聘策略和培训计划，提高招聘的质量和效率。

另外，通过对员工工作量、工作性质和工作时长等数据的分析，企业可以更加合理地安排员工的工作时间和工作任务，避免人力资源的浪费和过度使用。这有助于提高员工的工作效率和工作质量，提升组织的整体效能。

（三）提升组织效能和员工满意度

数据分析在提升组织效能和员工满意度方面也具有重要作用。通过对组织数据的分析，企业可以发现组织中存在的问题和瓶颈，为改进管理流程、优化组织结构提供方向。例如，通过对组织结构数据的分析，企业可以发现组织结构中的冗余和不足之处，进而进行组织结构的优化和调整；通过对管理流程数据的分析，企业可以发现管理流程中的瓶颈和低效环节，进而进行流程优化和管理改进。这些改进有助于提高组织的整体效能和运行效率。

同时，通过数据分析来提升员工满意度和福利水平也是提升组织整体效能的重要手段之一。例如，通过对员工绩效数据的分析，企业可以制定更加合理的薪酬和奖励制度，提高员工的工作积极性和工作质量；通过对员工满意度数据的分析，企业可以了解员工的需求和期望，进而改善员工的工作环境和福利待遇。这些措施有助于增强员工的归属感和忠诚度，提高员工的工作满意度和绩效表现，从而提升组织的整体效能。

二、数据分析在提升组织效能中的作用与意义

（一）揭示组织问题与瓶颈

通过对人力资源相关数据的深入分析，企业可以发现组织中存在的问题和瓶颈。例如，通过分析员工的绩效数据，可以发现绩效不佳的原因；通过分析员工流动率，可以了解员工离职的主要原因；通过分析培训数据，可以发现培训需求和培训效果的不足之处。这些问题的发现有助于企业有针对性地制定改进措施，提升组织的效能。

（二）优化组织结构和流程

数据分析可以帮助企业评估现有组织结构和流程的合理性和有效性。通过对岗位设置、职责划分、管理层次等方面的数据分析，企业可以发现组织结构中的冗

余和不足之处，进而优化组织结构，提高管理效率。同时，通过对业务流程的数据分析，可以发现流程中的瓶颈和低效环节，进而优化流程设计，提高工作效率。

（三）提升团队协同和沟通效率

数据分析可以帮助企业了解团队内部的协同情况和沟通效率。例如，通过分析团队合作项目的完成时间和质量数据，可以评估团队协同的效率和问题所在；通过分析员工沟通交流的数据，可以了解沟通渠道和效果的有效性。这些数据可以为企业提供改进团队管理和沟通机制的依据，提升团队的协同效率和沟通效果。

（四）预测组织未来发展和变革方向

基于对历史数据的分析，企业可以预测组织未来的发展趋势和变革方向。例如，通过分析行业发展趋势和市场竞争数据，可以预测企业未来的人才需求和业务发展方向；通过分析员工的成长轨迹和发展潜力数据，可以预测未来的人才供给情况。这些预测可以为企业的战略规划和决策提供重要参考，帮助其更好地把握市场机遇和应对挑战。

第二节　人力资源数据分析的常用方法与技术

一、描述性统计分析与可视化技术运用

描述性统计分析是通过对数据的基本特征进行描述，如均值、方差、频数等，以揭示数据的内在规律。在人力资源数据分析中，描述性统计分析是基础且重要的环节。例如，通过对员工的年龄、性别、学历等基本信息的统计分析，可以了解员工队伍的基本构成。可视化技术则通过图形、图像等形式直观展示数据，帮助管理者更好地理解数据背后的含义。常见的可视化技术包括柱状图、折线图、饼图等。通过将数据与可视化技术结合，可以更直观地展现员工队伍的特点，为后续的数据分析提供基础。

具体来说，描述性统计分析与可视化技术在人力资源数据分析中有以下应用。

（一）员工队伍结构分析

通过描述性统计分析，可以对员工的年龄、性别、学历等基本信息进行统计，

形成员工队伍的基本结构。可视化技术可以将这些数据以图表的形式展现,帮助管理者直观地了解员工队伍的构成。例如,通过柱状图展示不同年龄段员工的数量分布,通过折线图展示员工学历的变化趋势等。这有助于企业了解员工队伍的现状,为后续的人力资源规划提供依据。

(二)员工绩效评估分析

描述性统计分析可以对员工的绩效数据进行统计分析,如计算平均绩效、找出绩效突出的员工等。可视化技术可以将这些数据以图表的形式展现,帮助管理者更好地了解员工的绩效状况。例如,通过柱状图展示不同部门的员工绩效分布,通过折线图展示员工绩效的变化趋势等。这有助于企业发现员工绩效的问题所在,为后续的员工培训和激励提供依据。

(三)招聘数据分析

描述性统计分析可以对招聘数据进行分析,如应聘者的数量、来源、应聘岗位等。可视化技术可以将这些数据以图表的形式展现,帮助管理者更好地了解招聘市场的状况。例如,通过饼图展示不同来源的应聘者比例,通过折线图展示招聘岗位的需求变化趋势等。这有助于企业更好地制定招聘策略,提高招聘效率和质量。

二、推断性统计分析在人力资源决策中的应用实践

推断性统计分析是通过样本数据推断总体特征的方法。在人力资源数据分析中,推断性统计分析可以帮助管理者更好地了解总体情况,从而做出更为科学、合理的决策。例如,通过分析员工的离职率、招聘成功率等数据,可以推断出企业人力资源管理中存在的问题,进而制定相应的解决策略。常见的推断性统计分析方法包括回归分析、方差分析等。通过这些方法的应用,可以帮助企业更好地制定人力资源政策,提高管理效率和质量。具体来说,推断性统计分析在人力资源决策中有以下应用。

(一)人力资源需求预测

通过推断性统计分析,可以根据历史招聘数据和市场状况预测未来的人力资源需求。例如,利用回归分析方法建立人力资源需求预测模型,根据企业的发展

战略和市场变化趋势预测未来的人才需求数量和类型。这有助于企业提前制定人力资源规划,确保人才供给与需求的匹配。

(二)员工培训与发展计划制定

通过推断性统计分析,可以根据员工的绩效数据和职业发展规划制定有针对性的培训和发展计划。例如,利用方差分析方法比较不同绩效水平的员工在各项能力指标上的差异,进而针对不同层级的员工设计不同的培训课程和职业发展路径。这有助于提高员工的综合素质和职业竞争力,促进企业的长远发展。

(三)员工激励与薪酬设计

通过推断性统计分析,可以根据员工的个人特点和绩效表现制定合理的激励与薪酬方案。例如,利用回归分析方法建立薪酬模型,根据员工的岗位职责、能力水平以及市场行情等因素确定其薪酬水平。同时结合激励因素的分析结果设计多维度的激励机制如奖金、股权等以激发员工的积极性和创造力。这有助于提高员工的满意度和忠诚度降低人才流失率进而提升企业的整体竞争力。

三、数据挖掘与机器学习算法在人力资源管理中的尝试与挑战

随着大数据时代的到来和技术的不断发展,数据挖掘和机器学习算法在人力资源管理中的应用越来越广泛。这些技术可以帮助企业更好地发掘数据的潜在价值,提高管理效率和质量。例如,利用关联规则挖掘员工培训与绩效的关系发现潜在的改进点;利用聚类分析对员工进行分类以便更好地了解其需求和期望;利用预测模型预测员工的离职倾向和职业发展轨迹等。然而,在实际应用中也面临着一些挑战和问题如数据质量不高、算法的可解释性不强等需要进一步探讨和解决。具体来说,数据挖掘与机器学习算法在人力资源管理中有以下应用。

(一)人才选拔与招聘优化

通过数据挖掘和机器学习算法的应用结合应聘者的基本信息和过往绩效数据,可以对人才进行精准筛选,提高招聘效率和匹配度,同时运用预测模型对内部晋升人员进行评估,确保选拔过程的公平性和科学性。此外利用社交网络分析和情感分析等技术手段可以进一步了解应聘者的社交网络情况和潜在的情感倾向,从而丰富选拔过程中的参考信息提高选拔准确性。但同时也需要注意算法的公平

性和透明度问题,避免出现歧视和不公现象的发生。

(二)人才培训与发展个性化定制

通过数据挖掘和机器学习算法的应用可以深入分析员工的培训需求和能力短板,为其提供个性化的培训和发展方案,增强培训效果和员工的职业竞争力。例如利用关联规则挖掘员工的工作表现与培训课程之间的关系,发现潜在的改进点;利用聚类分析对员工进行分类以便更好地了解其需求和期望;利用预测模型预测员工的未来职业发展方向,为其制定更具针对性的培训计划和发展路径。然而在实际应用中也需要注意保护员工的隐私权和知情权,避免过度干预和侵犯个人权益的现象发生,同时加强数据的监管和审核,确保算法的公正性和准确性。

(三)人才激励与留任方案设计

数据挖掘和机器学习算法可以帮助企业更深入地了解员工的离职倾向和留任意愿,从而制定出更加精准的人才激励和留任方案。例如,利用机器学习算法对员工的绩效数据、工作满意度、家庭状况等信息进行分析,预测员工离职的可能性,进而制定相应的留任策略。同时,通过数据挖掘技术,可以深入了解员工的个人需求和职业发展目标,为其提供更具针对性的职业发展机会和薪酬激励方案。这有助于提高员工的满意度和忠诚度,降低员工离职率,确保企业人才队伍的稳定性。

在应用数据挖掘和机器学习算法时,企业需要重视数据质量和算法的可解释性。首先,要确保数据的准确性和完整性,避免因数据错误或缺失导致分析结果的不准确。其次,要加强算法的评估和验证,确保其预测结果的可靠性和稳定性。此外,企业还需要关注算法的公平性和透明度问题,避免出现歧视和不公现象的发生。

同时,企业还需要建立完善的数据安全保障机制,确保员工个人隐私不被泄露。在数据收集和使用过程中,要严格遵守相关法律法规和隐私政策,避免侵犯员工个人权益。

综上所述,数据挖掘和机器学习算法在人力资源管理中具有广泛的应用前景,能够帮助企业更好地发掘数据的潜在价值,提高管理效率和质量。但同时也面临着一些挑战和问题,需要进一步加强研究和探讨,以推动人力资源管理领域的持续发展。

第三节　数据驱动的人力资源管理策略与实践

一、基于数据的人力资源规划策略制定与执行效果评估

（一）数据收集与分析

在大数据时代的背景下，企业的人力资源管理逐渐转向数据驱动，更加注重数据的分析和利用。为了制定科学、合理的人力资源规划策略，企业需要全面、深入地收集和分析现有的人力资源数据。这些数据不仅包括员工的基本信息，如年龄、性别、学历、工作经历等，还要涵盖员工的绩效表现、培训发展、福利待遇等方面的信息。通过这些数据的收集，企业可以更准确地了解员工的整体状况和存在的问题，为后续的规划策略制定提供有力的依据。

在数据收集的过程中，企业需要注重数据的准确性和完整性。这要求企业建立健全的数据收集机制，明确各部门的职责和分工，确保数据的来源可靠、内容完整。同时，企业还需要对收集到的数据进行清洗和整理，剔除无效和异常数据，确保数据分析的准确性。

数据分析是制定有效的人力资源规划策略的关键环节。通过运用统计分析、数据挖掘等技术手段，企业可以对收集到的数据进行深入分析，提取有价值的信息。例如，通过分析员工的绩效数据，可以了解员工的工作表现和业务能力，为培训计划和职业发展提供参考；通过分析员工的流失率，可以了解员工对单位的满意度和忠诚度，为留人策略的制定提供依据。

在数据分析过程中，企业需要注重数据的关联性和趋势性。关联性分析可以帮助企业发现员工数据之间的潜在联系，如员工的工作表现与绩效之间的关系、员工培训与职业发展的关系等。趋势性分析则可以帮助企业预测未来的发展趋势，如员工流失率的趋势变化、业务发展对人力资源的需求等。通过对数据的关联性和趋势性进行分析，企业可以更好地把握人力资源管理的规律和趋势，为规划策略的制定提供有力支持。

(二)规划策略的制定

基于数据分析的结果,企业可以制定有针对性的人力资源规划策略。这些策略旨在优化人力资源结构、提升员工的整体素质和工作效率、促进企业的可持续发展。以下是一些具体的规划策略。

1. 员工培训与发展策略

根据员工的绩效表现和职业发展需求,制定个性化的培训计划和发展路径。通过定期的培训和技能提升课程,帮助员工提升自身能力,提高工作绩效。同时,建立完善的晋升机制,为员工提供更多的职业发展机会和空间。

2. 人才招聘与配置策略

根据业务发展需求和岗位特点,制定有针对性的人才招聘计划。通过有效的招聘渠道和选拔方式,选拔符合岗位要求的优秀人才。同时,根据员工的个人特点和能力,合理配置人力资源,实现人岗匹配。

3. 绩效管理策略

建立科学的绩效管理体系,制定合理的绩效指标和评价标准。通过定期的绩效评估和反馈,帮助员工了解自己的工作表现和不足之处,激励员工努力提升自己的工作绩效。同时,将绩效结果与员工的薪酬、晋升等方面挂钩,实现奖惩分明。

4. 员工福利与激励策略

根据员工的实际需求和期望,制定具有竞争力的福利制度和激励措施。通过提供良好的福利待遇和多元化的激励方式,提高员工的工作满意度和忠诚度。同时,关注员工的工作环境和心理健康,营造良好的工作氛围。

在制定规划策略的过程中,企业需要注重策略的可行性和可持续性。这要求企业充分考虑自身的实际情况和能力限制,确保策略的可操作性。同时,企业还需要注重策略的长远规划,不断完善和调整策略,以适应外部环境和内部条件的变化。

(三)执行效果评估

在实施人力资源规划策略后,企业需要对执行效果进行定期评估。通过对比实施前后的数据变化和目标达成情况,分析规划策略的有效性。

1.员工流失率

实施规划策略后,员工流失率的变化是评估留人策略效果的重要指标。如果员工流失率得到有效控制或呈下降趋势,则表明留人策略是有效的;反之则需要进一步调整和完善留人策略。

2.绩效提升比例

通过对员工的绩效数据进行评估和分析,可以了解实施培训计划和发展路径后员工绩效的提升情况。如果绩效提升的比例较高且持续稳定,则表明培训和发展策略是有效的;反之则需要调整培训计划和发展路径的内容和方式。

3.招聘完成率

评估招聘计划的完成情况是衡量人才招聘与配置策略效果的重要指标。如果招聘完成率较高且招聘的人才质量较高,则表明招聘策略是有效的;反之则需要优化招聘渠道和选拔方式等措施提高招聘效率和质量。

4.薪酬满意度

通过调查问卷等方式了解员工对薪酬福利的满意度是评估福利与激励策略效果的指标之一。如果薪酬满意度较高且员工的工作积极性和投入度提高明显则表明福利与激励策略是有效的;反之则需要调整福利制度和激励措施等措施提高员工的满意度和工作积极性。

除了以上指标外还可以根据实际情况选择其他相关指标进行评估如培训计划完成率、岗位匹配度等综合评估人力资源规划策略的有效性和可持续性。同时根据评估结果进行反馈和调整,不断优化和完善规划策略,以适应企业发展的需要,提高人力资源管理水平,促进企业的可持续发展。

二、招聘选拔过程中数据驱动的决策支持与实践探索

(一)简历筛选与匹配度分析

在当今的数字化时代,简历是每位应聘者的"名片",也是企业了解应聘者的第一步。传统的简历筛选方法往往依赖于HR的经验和直觉,但这种方式既不科学也不高效。数据驱动的决策支持为简历筛选提供了新的可能。

通过使用先进的算法和技术,企业可以快速地分析应聘者的基本信息、工作

经历和教育背景等数据,并与岗位需求进行匹配度分析。这种匹配度分析不仅包括对技能的匹配,还包括对性格、价值观、职业期望等方面的匹配。通过这种方式,企业可以更精准地筛选出符合岗位需求的候选人,从而提高招聘的效率和准确性。

在进行简历筛选时,数据驱动的决策支持能够迅速地过滤掉不合适的候选人,从而提高招聘的质量。通过减少盲目筛选的时间和成本,企业可以更加专注于对优秀候选人的评估和选拔,从而确保招聘到的是最合适的人选。

此外,数据驱动的简历筛选还有助于提高招聘的公平性和透明度。通过量化的评估标准,企业可以避免主观偏见和经验主义的影响,确保选拔过程的公正性和准确性。这不仅有助于提高员工的满意度和忠诚度,也有助于提升企业的整体形象和声誉。

(二)面试评估与能力测试

面试是招聘过程中不可或缺的一环,也是评估候选人能力和潜力的重要手段。在面试环节中,数据驱动的决策支持同样发挥着重要作用。

通过对应聘者进行能力测试和行为面试,数据驱动的决策支持可以对候选人的能力和潜力进行量化评估。这种评估不仅包括对技能和知识的测试,还包括对应聘者的沟通技巧、团队合作、解决问题能力等方面的评估。通过将这些能力指标与岗位需求进行匹配,企业可以更准确地评估候选人的适合程度。

在面试过程中,数据驱动的决策支持能够收集和分析候选人的各种表现数据,如语言表达、逻辑思维能力、情感智商等。通过将这些数据与测试结果进行对比和分析,企业可以对候选人进行更为客观的评价和比较。这种基于数据的评估方式能够为选拔决策提供有力支持,避免主观偏见和经验主义的影响。

此外,数据驱动的面试评估还有助于提高选拔的公正性和准确性。通过量化的评估标准,企业可以确保选拔过程的科学性和客观性,从而提高选拔的公正性和准确性。这不仅有助于提高员工的满意度和忠诚度,也有助于提升企业的整体绩效和竞争力。

(三)员工入职后的表现预测

在招聘过程中,对员工入职后的表现进行预测是至关重要的。通过分析员工的历史数据和行为模式,企业可以对新入职员工的表现进行预测,从而做出更为准确的用人决策。

例如，根据员工的绩效表现、工作态度和团队合作能力等方面的数据，企业可以对员工未来的表现和发展趋势进行预测。这种预测可以帮助企业提前识别潜在的高绩效员工和低绩效员工，从而制定有针对性的培养和激励措施。

此外，数据驱动的表现预测还有助于降低用人风险。通过对员工的各项数据进行全面分析，企业可以更准确地评估员工的潜力、适应性和价值观等方面的特点。这有助于降低用人风险，减少人才流失的可能性，同时提高员工的稳定性和忠诚度。

（四）招聘渠道与宣传效果评估

选择合适的招聘渠道是招聘过程中至关重要的一环。不同的招聘渠道有着各自的优势和不足，因此选择合适的渠道对于提高招聘效率和效果至关重要。数据驱动的决策支持可以帮助企业评估不同渠道的宣传效果和人才质量。

通过对不同招聘渠道的数据进行分析，如招聘网站、社交媒体、校园招聘等渠道的应聘者数量、质量以及后续的表现，企业可以对不同渠道的优劣进行比较。通过比较不同渠道的宣传效果和人才质量，企业可以优化招聘渠道的选择，提高招聘的针对性和效率。这有助于降低招聘成本，同时提高招聘到的人才的质量和适应性。

此外，数据驱动的宣传效果评估还有助于企业了解不同渠道的目标受众和用户特点。通过分析不同渠道的用户数据，企业可以更好地了解目标受众的需求和期望，从而制定更有针对性的招聘策略和宣传计划。这有助于提高招聘的针对性和有效性，吸引更多符合岗位需求的优秀人才。

三、绩效管理中数据驱动的激励措施设计与实践经验总结

（一）绩效数据的收集与分析

绩效管理是企业管理中至关重要的一环，而数据驱动的绩效管理更是提升了其科学性和准确性。要实现这一目标，首先需要对绩效数据进行全方位的收集。这不仅包括传统的量化数据，如工作量、完成的项目数、客户满意度等，也包括一些质性数据，如员工的工作态度、团队合作能力、创新能力等。这些数据能够从多

个维度全面反映员工的工作表现,为后续的分析提供翔实的基础资料。

在收集到数据后,下一步是进行深入的分析。通过运用统计分析、数据挖掘等技术,对员工的绩效数据进行处理和解读,可以发现员工在工作中表现出来的特点和问题。例如,通过分析员工的工作量数据,可以了解员工的工作效率;通过分析客户满意度数据,可以了解员工的服务质量。这些分析结果为后续的激励措施设计提供了重要的参考依据。

(二)个性化激励措施的设计

基于绩效数据分析的结果,企业可以设计出更加个性化的激励措施。对于高绩效的员工,除了给予物质奖励外,还可以提供更多的发展机会,如参与高层会议、接受专业培训、晋升等。这些激励措施能够帮助员工实现自我提升和自我价值,从而提高其对组织的忠诚度和工作动力。

对于低绩效的员工,激励措施的设计则更为复杂。除了进行必要的辅导和培训外,企业还可以提供改进计划,帮助员工找到问题所在并制定解决方案。同时,给予一定的正向激励也是必要的,让员工感受到组织的关心和支持,激发其积极向上的动力。

通过个性化的激励措施,企业不仅能够提高员工的积极性和工作动力,还能促进整体绩效的提升。此外,这种基于数据的激励方式还能在一定程度上减少主观臆断的影响,使激励更加公正和客观。

(三)激励措施的实践经验总结

在实施数据驱动的激励措施后,企业需要进行实践经验的总结。具体来说,这一环节主要包括以下几个方面。

1. 效果评估

对实施的激励措施进行全面的效果评估。这包括对员工的绩效提升、工作态度变化、组织整体氛围等方面的评估。通过定性和定量相结合的方法,对激励措施的实际效果进行分析和衡量。

2. 成功与失败因素分析

深入分析导致激励措施成功或失败的各种因素。这包括对实施过程中出现的问题、员工的反馈意见、外部环境变化等因素的考察和分析。找出成功和失败的关键因素，可以为未来制定更加有效的激励措施提供重要参考。

3.经验教训总结

基于上述分析，总结出实践中的经验和教训。对于成功的案例，提炼出可供借鉴的经验；对于失败的案例，则吸取教训，避免重蹈覆辙。同时，还需要不断反思和修正自身的理论和方法，提高数据驱动的激励措施设计的科学性和有效性。

4.知识分享与传播

将总结出的实践经验进行分享和传播。这不仅有助于提升本组织的管理水平，还可以为其他组织提供有益的借鉴和参考。通过学术会议、行业交流等方式，推动相关实践经验在更广泛范围内的传播和应用。

通过以上几个方面的实践经验总结，企业可以不断完善和优化数据驱动的激励措施，提高其针对性和有效性。同时，这种总结和反思也有助于组织形成持续改进的文化氛围，推动其不断向前发展。

（四）持续改进与优化

数据驱动的激励措施并不是一成不变的，而是需要根据实际情况进行持续改进和优化。这是因为组织和员工的情况是动态变化的，原有的激励措施可能随着时间的推移而逐渐失去效用。因此，企业需要定期进行绩效数据的收集和分析，了解员工的需求和期望，以及组织内外部环境的变化趋势。基于这些信息，及时调整和优化激励措施，确保其始终与实际情况相匹配。

例如，如果发现某项激励措施对员工的吸引力下降，就需要深入分析其原因，并针对性地做出调整。可能是原有的激励措施已经无法满足员工的需求，或者是员工对激励措施的认知发生了变化。通过调整激励措施的形式和内容，或者增加其多样性、灵活性或个性化程度，可以提高其对员工的吸引力。

除了调整激励措施本身外，企业还需要不断完善绩效数据的收集和分析系统。随着技术的发展和管理理念的更新，绩效数据的来源和类型会越来越丰富多样。为了确保数据的准确性和可靠性，企业需要不断优化数据收集和分析的方法和技术，提高其自动化和智能化水平。这不仅可以提高数据处理的效率和精度，还可以减少人为因素对数据质量的影响。

第四节 数据安全与隐私保护在人力资源数据分析中的应用

随着信息技术的发展,人力资源数据分析在企业管理中的地位日益凸显。然而,数据安全和隐私保护问题也随之凸显出来。为了确保数据的安全与隐私,企业需要采取一系列措施来识别和防范数据安全风险,同时确保数据分析过程中的隐私保护原则得到贯彻与执行。

一、企业人力资源数据安全风险识别与防范策略制定

(一)数据泄露风险

人力资源数据涉及员工的个人信息、薪酬、绩效等敏感信息,一旦泄露会对员工的隐私和企业的声誉造成严重损害。因此,企业需要采取严格的数据访问控制和加密措施,确保数据的机密性。

(二)数据篡改风险

为了确保数据的真实性和完整性,企业需要建立数据验证和审计机制,对数据的修改进行严格的控制和记录,防止数据被篡改或滥用。

(三)数据丢失风险

数据丢失可能导致企业无法正常开展工作,给单位带来重大损失。因此,企业需要建立完善的数据备份和恢复机制,确保数据的可靠性和可用性。

(四)外部攻击风险

黑客和恶意软件可能会对企业的数据进行窃取、篡改或破坏。因此,企业需要采取多层次的安全防护措施,包括防火墙、入侵检测系统、病毒防护等,提高数据的安全性。

为了防范这些风险,企业需要制定全面的数据安全策略,并定期进行安全审计和风险评估。同时,加强员工的安全意识培训,提高整个组织的数据安全防护

能力。

二、隐私保护原则在人力资源数据分析中的贯彻与执行

（一）明确告知员工数据收集的目的和范围

在收集员工数据时，企业应明确告知员工收集的目的、范围和用途，并征得员工的同意。同时，确保员工了解其个人数据的处理方式和访问权限。

（二）最小化数据收集和使用原则

企业应仅收集和保留必要的数据，避免收集员工的敏感信息。在数据分析过程中，仅使用必要的数据字段，并采取适当的措施保护数据的隐私。

（三）限制数据访问和使用权限

企业应建立严格的数据访问控制和权限管理机制，确保只有授权人员才能访问相关数据。同时，对数据的访问和使用进行记录和监控，防止数据被滥用或非授权使用。

（四）定期审计和评估隐私保护措施的有效性

企业应定期对隐私保护措施的有效性进行审计和评估，及时发现和纠正潜在的问题。同时，关注法律法规和标准的更新，确保隐私保护措施符合相关要求。

三、构建完善的数据安全管理体系

（一）制定严格的数据安全政策和标准

企业应制定全面的数据安全政策和标准，明确数据的分类、保护级别和处理方式。同时，确保员工了解并遵守相关政策和标准。

（二）建立专门的数据安全管理机构

企业应设立专门的数据安全管理机构，负责监督和执行数据安全政策和标准。该机构应具备足够的专业能力和独立性，以确保数据安全管理的有效性和权威性。

（三）加强数据安全培训和意识提升

企业应定期开展数据安全培训和意识提升活动，确保员工了解数据安全的重要性和风险点。通过培训，员工应能够掌握基本的数据安全知识和技能，提高自我保护意识，减少不安全行为的发生。

（四）强化数据安全技术防护措施

除了制定政策和建立管理机构外，企业还需要采取一系列技术措施来加强数据安全防护。这包括使用加密技术保护数据的机密性、建立防火墙和入侵检测系统来防范外部攻击、采用数据备份和恢复方案应对数据丢失风险等。同时，企业应关注新兴技术发展，及时将新技术应用到数据安全防护中，提高数据安全防护水平。

（五）建立数据安全事件应急响应机制

为了应对可能发生的数据安全事件，企业应建立完善的应急响应机制。该机制应明确事件的分类、分级和处置流程，制定相应的应急预案，并定期进行演练和评估。一旦发生数据安全事件，企业应迅速启动应急响应机制，采取有效措施防止事件扩大，并按照相关法律法规和政策要求及时报告和披露事件。

通过以上措施的落实，企业可以构建完善的数据安全管理体系，确保数据的安全与隐私。这不仅有利于保护员工的权益，也有助于提高企业的声誉和竞争力。在信息化时代，数据安全已经成为企业发展的重要基石，加强数据安全管理和保护是企业义不容辞的责任。

第十四章　员工心理健康与关怀管理

第一节　员工心理健康对组织效能的影响

一、员工心理健康与组织绩效的关联性分析

（一）员工心理健康与工作效率

员工心理健康对组织绩效产生显著影响，其中最为直接的表现就是工作效率。心理健康的员工通常表现出更高的工作积极性和主动性，能够更快地适应工作环境和任务变化，更高效地完成工作。心理健康的员工往往拥有更健康的思维方式和工作态度，能够有效减少负面情绪对工作的影响，从而提高了工作效率和质量。

（二）员工心理健康与创新能力

除了对工作效率的影响外，员工心理健康还与创新能力的发挥密切相关。心理健康的员工往往具备更强的认知能力和情感管理能力，能够更好地应对复杂多变的工作环境，激发更多的创新思维和创造力。心理健康的员工在面对挑战和压力时，能够积极寻找解决问题的方法，而不是被动地应对或逃避问题。这种创新能力的发挥有助于组织在竞争激烈的市场环境中获得优势。

（三）员工心理健康与团队合作

员工心理健康对团队合作的影响也不容忽视。心理健康的员工通常具备良好的人际交往能力和团队协作精神，能够更好地与同事沟通和合作。在团队工作中，心理健康的员工能够发挥积极的榜样作用，带动团队成员共同成长和发展。同时，心理健康的员工更愿意分享自己的资源和知识，促进团队内部的资源共享和协同效应。这种团队合作的精神有助于提高整个组织的执行力和竞争力。

二、心理健康问题对员工工作效率的影响研究

（一）焦虑和抑郁对工作效率的负面影响

焦虑和抑郁是常见的心理健康问题，它们对员工的工作效率产生显著的负面影响。焦虑和抑郁会导致员工在工作中出现注意力不集中、记忆力下降、思维迟缓等现象，从而降低工作效率和质量。此外，焦虑和抑郁还可能导致员工过度关注自身的负面情绪，忽视工作任务和工作要求，进一步降低工作效率。

（二）压力对工作效率的负面影响

压力也是影响员工工作效率的常见心理健康问题之一。长期处于高压力状态下的员工容易出现疲劳、失眠、焦虑等问题，这些问题会直接影响员工的工作状态和效率。压力过大还可能导致员工出现职业倦怠，失去对工作的热情和动力，从而降低工作效率和质量。

（三）应对策略：减轻焦虑、抑郁和压力的方法

为了减轻焦虑、抑郁和压力对员工工作效率的影响，组织可以采取一系列应对策略。例如，提供心理健康教育和心理辅导，帮助员工认识和解决自身的心理健康问题；建立良好的工作环境和工作关系，减少工作中的压力和冲突；提供适当的培训和发展机会，提高员工的心理素质和工作能力；鼓励员工进行适当的锻炼和放松活动，促进身心健康等。通过这些应对策略的实施，组织可以有效减轻员工的焦虑、抑郁和压力问题，从而提高他们的工作效率和质量。

三、员工心理健康在提升组织凝聚力中的作用

（一）员工心理健康与组织氛围

员工心理健康状况与组织氛围之间存在密切的关系。心理健康的员工更有可能积极评价和认同组织文化，形成良好的组织氛围。同时，健康的心理状态有助于员工更好地处理人际关系和工作冲突，减少负面情绪的积累和爆发，从而维护组织的和谐稳定。

（二）员工心理健康与组织认同感

心理健康的员工通常具备较强的自我认知和自我管理能力，能够更好地适应

组织的发展需求和变化。他们更愿意投入时间和精力参与组织的各项活动,为组织的发展贡献自己的力量。这种积极的参与感和认同感有助于增强组织的凝聚力和向心力。

(三)员工心理健康与组织绩效

员工心理健康不仅影响个体的工作表现,还对整个组织的绩效产生深远的影响。心理健康的员工在工作中更自信、乐观和坚韧,能够更好地应对挑战和压力,为组织创造更大的价值。同时,心理健康的员工更善于沟通和协作,有助于建立高效的工作流程和团队关系,进一步提高组织的绩效水平。

第二节 员工心理健康问题的识别与评估

一、员工心理健康问题的常见表现与识别方法

(一)员工心理健康问题的常见表现

员工心理健康问题通常表现为情绪波动、行为异常、人际关系紧张等多个方面。具体来说,员工可能会表现出焦虑、抑郁、易怒、暴躁等情绪,工作积极性下降,工作效率降低,甚至出现缺勤和离职等现象。此外,员工还可能在工作场所中出现过度饮酒、滥用药物等问题,这些也都可能是心理健康问题的表现。

(二)员工心理健康问题的识别方法

观察法:通过观察员工的言行举止、工作表现和情绪状态等,及时发现员工可能存在的心理健康问题。这需要管理者具备相应的观察能力和敏感度,及时发现员工的异常表现,并采取相应的措施。

1.沟通法

通过与员工进行面对面的沟通交流,了解员工的心理状态和困惑,发现员工可能存在的心理健康问题。这需要建立良好的沟通机制,为员工提供倾诉和寻求帮助的渠道。

2.心理测评法

通过专业的心理测评工具,对员工进行全面的心理评估,发现可能存在的心

理健康问题。心理测评工具包括自评量表、他评量表等,可以对员工的情绪状态、个性特点、压力状况等方面进行评估。

3.第三方评估法

通过第三方专业机构或人士对员工进行心理健康评估,发现可能存在的问题。第三方评估可以更加客观、专业地评估员工的心理状态,提供更加准确的诊断和建议。

(三)提高员工心理健康意识的重要性

提高员工心理健康意识是预防和解决心理健康问题的关键。只有当员工具备了足够的心理健康意识,才能更好地关注自己的心理状态,及时发现和解决潜在的问题。同时,提高员工心理健康意识也有助于增强员工的自我保护能力,减少因心理健康问题导致的各种负面影响。

二、心理健康评估工具的选择与应用

(一)选择合适的心理健康评估工具

在选择心理健康评估工具时,应根据评估目的、评估对象的特点以及评估环境的限制等因素进行综合考虑。例如,对于企业而言,可以选择适用于企业环境的心理测评工具,如工作压力测试、职业倦怠感测试等;对于个人而言,可以选择适用于个人的心理测评工具,如抑郁自评量表、焦虑自评量表等。同时,应选择经过验证的、具有良好信度和效度的测评工具,以确保评估结果的准确性和可靠性。

(二)应用心理健康评估工具的注意事项

在使用心理测评工具进行评估时,应注意遵守测评规范和伦理原则,保护被评估者的隐私和权益。同时,应注意对测评结果进行正确的解读和解释,避免误判和误导。对于测评中发现的异常结果,应及时采取相应的干预措施,如提供心理咨询、调整工作环境等,以帮助员工解决潜在的心理问题。

(三)心理健康评估与其他评估方式的结合应用

心理健康评估只是员工评估的一部分,应将其与其他评估方式相结合,如绩效评估、能力评估等,以全面了解员工的综合表现和发展潜力。同时,应将心理健康评估结果与员工的管理和发展相结合,如提供个性化的培训和发展计划、调整工作岗位等，以提高员工的整体素质和工作表现。

三、建立员工心理健康档案与动态监测机制

（一）建立员工心理健康档案的意义

建立员工心理健康档案可以全面记录员工的心理状态和评估结果，为员工心理健康管理提供依据和参考。通过建立心理健康档案，可以及时发现员工的心理问题，采取相应的干预措施，避免问题恶化；同时还可以对员工的心理问题进行跟踪和监测，了解员工的康复情况和发展趋势。此外，建立心理健康档案还有助于企业更好地了解员工的心理素质和潜能，为人力资源管理和人才培养提供更加科学的依据。

（二）如何建立有效的员工心理健康档案

1. 设计合理的档案内容

档案内容包括个人信息、家庭状况、工作经历、健康状况等基本信息；心理测评结果和诊断报告等评估信息；以及相关的干预措施和康复计划等管理信息。这些信息应该全面、准确、可追溯。

2. 选择合适的档案管理方式

可以采用电子化档案管理系统或者纸质档案管理方式。电子化档案管理系统具有方便查询和管理、易于备份和存储等优点；纸质档案管理方式则更易于保密和保护个人隐私。可以根据实际情况选择合适的管理方式。

3. 定期更新和维护

员工心理健康档案应该定期更新和维护，以确保信息的准确性和完整性。更新档案的内容可以根据实际情况进行，比如每年进行一次全面的心理测评，每季度进行一次跟踪观察等。同时，应该及时处理和更新员工的相关信息，以便更好地进行管理和干预。

4. 严格保密和管理

员工心理健康档案涉及个人隐私和机密信息，应该严格遵守相关的法律法规和伦理规范，采取有效的保密和管理措施。只有经过授权的人员才能访问档案，并且应该对档案的使用和访问进行记录和监控。

（三）员工心理健康的动态监测机制

1. 设立心理健康监测岗位或者团队

企业可以设立专门的心理健康监测岗位或者团队，负责员工的心理健康监测和管理。这些人员应该具备相关的专业知识和技能，能够及时发现和处理员工的心理问题。

2. 定期进行心理健康评估

除了建立心理健康档案外，还应该定期进行心理健康评估，了解员工的心理状态和变化趋势。这可以通过心理测评、观察、访谈等方式进行。评估结果可以作为员工管理和发展计划的参考依据。

3. 建立信息共享和沟通机制

企业应该建立信息共享和沟通机制，将心理健康评估结果和管理计划与其他相关部门和人员进行沟通和协调。这有助于更好地了解员工的综合表现和发展潜力，为人力资源管理和人才培养提供更加科学的依据。

4. 及时采取干预措施

一旦发现员工的心理问题，应该及时采取干预措施，如提供心理咨询、调整工作环境、提供培训和发展计划等。这些措施可以帮助员工解决潜在的心理问题，提高工作表现和生活质量。

通过以上措施，企业可以建立有效的员工心理健康档案和动态监测机制，全面了解员工的心理状态和变化趋势，及时发现和处理员工的心理问题，提高员工的工作表现和生活质量。同时，这些措施也有助于企业更好地进行人力资源管理和人才培养，提升企业的整体竞争力和可持续发展能力。

第三节　实施员工心理健康关怀的措施与方法

一、提供心理咨询服务与支持

（一）设立员工心理健康咨询中心

为了满足员工对于心理健康的需求，企业设立专门的员工心理健康咨询中心是十分必要的。这一中心的主要职责是为员工提供专业的心理咨询、心理疏导和心理治疗等服务,确保员工在面临工作压力、人际关系困扰、个人发展困惑等方面时能够得到及时、有效的支持和帮助。

在设立咨询中心的过程中,企业需要充分考虑员工的实际需求,确保中心的功能和设施完善。这包括提供舒适、私密的咨询环境,确保员工能够在安全、保密的空间内自由地表达自己的情感和困惑。同时,企业还需要确保咨询中心具备专业的心理咨询师团队,他们具备丰富的经验和专业知识,能够为员工提供个性化的心理咨询服务。

除了硬件设施和专业团队外,企业还需要建立完善的咨询流程和服务体系。这包括制定明确的咨询流程、服务标准和规范,确保员工能够得到专业、高效的心理咨询服务。同时,企业还需要定期对咨询中心的服务质量和效果进行评估和反馈,不断完善和提升服务质量。

通过设立员工心理健康咨询中心,企业可以为员工提供一个专业、全面的心理健康服务平台,帮助他们解决各种心理问题,提高工作满意度和生活质量。这不仅能够促进员工的身心健康和全面发展,还能够增强组织的凝聚力和稳定性,推动组织的可持续发展。

(二)建立心理咨询服务网络

除了设立实体咨询中心外,企业还可以建立一个心理咨询服务网络,提供更加便捷和个性化的服务。随着科技的发展和互联网的普及,远程心理咨询服务逐渐成为一种趋势。通过在线咨询、电话咨询、邮件咨询等方式,员工可以根据自己的需求和时间选择合适的咨询方式,随时随地获得专业的心理支持和帮助。

建立心理咨询服务网络需要借助现代化的信息技术手段,搭建一个集多种功能于一体的服务平台。这包括在线咨询平台、电话热线、邮件服务等多种形式,确保员工能够通过多种渠道获得心理咨询服务。同时,企业还需要建立完善的用户管理系统,对员工的个人信息和咨询记录进行保密管理,确保服务的安全性和可靠性。

为了提高心理咨询服务网络的专业性和效果,企业需要投入资源建立一支具备专业知识和技能的心理咨询师团队。这支团队可以通过在线、电话或邮件等方式为员工提供个性化的心理辅导和咨询服务。同时,企业还可以邀请外部专家进行交流和指导,引进先进的心理咨询理念和技术,不断提高心理咨询服务的专业性和有效性。

通过建立心理咨询服务网络,企业可以扩大服务的覆盖面,满足更多员工的心理健康需求。这种服务方式不仅方便快捷,而且能够降低服务成本,提高服务效率。同时,网络咨询服务还可以促进信息的交流和知识的分享,为组织内部的心理健康教育和宣传提供有力的支持。

(三)培训专业心理咨询师

为了提高心理咨询服务的质量和效果,企业需要有一支具备专业知识和技能的心理咨询师团队。因此,企业需要投入资源对现有心理咨询师进行专业培训,提高他们的技能水平。同时,企业还可以邀请外部专家进行交流和指导,引进先进的心理咨询理念和技术,不断提高心理咨询服务的专业性和有效性。

在培训专业心理咨询师方面,企业可以从多个方面入手。首先是对现有心理咨询师进行系统的专业培训,包括心理咨询理论、技术、实践等方面的知识和技能。通过定期举办培训班、研讨会、工作坊等活动,让心理咨询师不断更新知识、提升技能水平。此外,企业还可以邀请国内外知名专家进行授课和指导,为心理咨询师提供更广阔的学习和发展机会。

除了专业技能培训外,企业还需要注重培养心理咨询师的职业道德和伦理规范意识。心理咨询是一项高度伦理要求的工作,需要心理咨询师具备高度的责任心、保密意识和服务意识。因此,企业需要加强对心理咨询师的职业道德教育和管理,确保他们能够遵守职业操守和规范,为员工提供专业、可靠的心理咨询服务。

此外,企业还可以通过建立心理咨询师团队的方式促进团队合作和知识共享。团队成员可以共同参与案例讨论、经验分享等活动,互相学习、共同成长。通过团队的力量,企业可以提高心理咨询服务的质量和效果,更好地满足员工的心理健康需求。

二、开展心理健康教育与培训活动

（一）定期开展心理健康教育活动

定期开展心理健康教育活动是提高员工心理健康意识和自我调节能力的重要途径。这些活动可以以多种形式展开，如讲座、工作坊、主题日等，目的是向员工普及心理健康知识，帮助他们了解如何应对常见的心理问题，提高自我调节能力。

在讲座中，可以邀请专业的心理健康专家，向员工讲解心理健康的基本概念、常见问题及应对策略。专家可以通过案例分析、互动问答等方式，引导员工深入了解心理健康问题，并传授一些实用的心理调节技巧。此外，讲座还可以结合实际工作场景，为员工提供解决工作中常见心理问题的思路和方法。

工作坊则是一种更为互动和参与度更高的教育方式。在心理健康工作坊中，员工可以通过角色扮演、小组讨论、互动游戏等方式，亲身体验心理问题的应对方法和调节技巧。工作坊的主题可以针对员工的实际需求进行设计，如压力管理、情绪调节、人际沟通等。通过参与工作坊，员工可以在轻松愉快的氛围中学习心理健康知识，提高自我认知和自我调节能力。

主题日活动则是一种更为灵活和多样化的心理健康教育方式。企业可以根据不同的心理健康主题设立主题日，如心理健康周、心理健康月等。在这些主题日中，可以组织各种活动，如心理健康知识竞赛、心理电影放映、心理健康主题展览等，让员工在多样化的活动中了解心理健康知识，提高自我关注和自我保健意识。

（二）提供个性化的心理健康培训课程

除了集体教育活动外，企业还可以根据员工的实际需求，提供个性化的心理健康培训课程。这些课程可以针对不同层次、不同需求的员工进行定制，如压力管理培训、沟通技巧培训、团队协作培训等。通过个性化的培训课程，企业可以帮助员工解决具体问题，提高工作效能和心理健康水平。

首先，压力管理培训课程可以帮助员工学习应对工作压力的方法和技巧。在课程中，培训师可以引导员工了解压力的来源和影响，教授一些放松身心的方法和应对压力的策略。此外，培训师还可以为员工提供一些实用的工具和技巧，如时间管理、优先级排序、问题解决等，帮助员工更好地应对工作压力。

沟通技巧培训课程则可以帮助员工提高人际沟通能力。通过学习有效的沟通技巧和方法，员工可以更好地与同事、领导和客户进行交流和合作。培训师可以教授员工如何倾听他人、表达自己的观点、处理冲突等技巧，帮助员工建立良好的人际关系，减少人际摩擦和压力。

团队协作培训课程则可以帮助员工提高团队协作能力和合作意识。在课程中，培训师可以引导员工认识到团队协作的重要性，学习如何建立信任、有效沟通、解决冲突等技巧。此外，培训师还可以通过一些团队建设活动和游戏，帮助员工增强团队意识和合作精神。

（三）建立心理健康学习平台

为了方便员工随时随地学习心理健康知识，企业可以建立一个心理健康学习平台。这个平台可以包括在线课程、学习资料、互动讨论等功能，让员工可以根据自己的兴趣和需求进行自主学习。通过建立学习平台，企业可以提高员工的自主学习能力，促进心理健康知识的普及和应用。

在线课程是学习平台的重要组成部分。企业可以邀请专业的心理健康专家录制一系列在线课程，涵盖各种心理健康主题，如情绪管理、焦虑症应对、家庭关系等。员工可以根据自己的需求选择相应的课程进行学习。此外，在线课程还可以包括一些实践练习和互动环节，让员工在学习过程中能够及时运用所学知识和技巧。

除了在线课程外，学习平台还可以提供丰富的学习资料和参考书籍。这些资料可以包括心理健康领域的专业文章、书籍推荐、研究报告等，帮助员工深入了解心理健康知识和最新动态。此外，学习平台还可以提供一些相关的工具和资源，如心理测评工具、放松音乐、冥想练习等，让员工在学习过程中能够得到全面的支持和帮助。

为了促进员工的互动和交流，学习平台还可以设立互动讨论区。在这里，员工可以分享自己的学习心得和体验、提出疑问和建议、参与话题讨论等。通过互动讨论区，员工可以互相支持和鼓励，增强彼此之间的联系和凝聚力。企业也可以通过讨论区了解员工的心理健康需求和学习困难，为后续的培训课程和学习资源提供更加精准的定制和改进方向。

三、营造积极的工作氛围与人际关系环境

（一）创造积极向上的工作氛围

1. 正能量的传递与激发

工作氛围的积极向上来自正能量、正面情绪的传递。企业应注重在日常工作中营造乐观、积极、向上的情绪，例如通过表扬、奖励、正面反馈等方式，激发员工的积极性和创造力。这种正能量的传递不仅可以提高员工的幸福感，还能促进团队合作和组织目标的实现。

2. 鼓励创新与冒险的文化

创新是组织发展的动力源泉。企业应鼓励员工敢于尝试、勇于创新，为员工提供创新的空间和机会。通过建立鼓励创新的机制和文化，企业可以激发员工的创新潜能，提高组织的创新能力。

3. 个人成长与职业发展

员工的个人成长和职业发展是影响工作满意度的重要因素。企业应关注员工的职业规划和发展需求，提供培训、晋升、转岗等机会，帮助员工实现个人成长和职业发展。通过满足员工的职业发展需求，企业可以提高员工的工作满意度和忠诚度。

4. 工作压力的合理管理

工作压力是影响员工心理健康的重要因素之一。企业应关注员工的工作压力状况，合理分配工作任务，避免员工过度劳累和压力过大。通过制定合理的工作计划、提供必要的资源支持、减轻不必要的工作负担等方式，企业可以帮助员工有效管理工作压力，保持工作与生活的平衡。

（二）建立良好的人际关系环境

1. 团队凝聚力与合作精神

团队凝聚力是组织成功的关键因素之一。企业应注重培养员工的团队意识和合作精神，通过组织各种团队活动、加强团队合作训练等方式，促进员工之间的交流与合作。一个团结、和谐的团队能够提高工作效率，增强员工的归属感和忠诚度。

2. 有效的沟通机制

沟通是人际关系中不可或缺的环节。企业应建立有效的沟通机制,鼓励员工之间的交流与合作。这包括定期的团队会议、开放的工作环境、畅通的反馈渠道等,使员工能够及时传递信息、解决问题、增进理解。有效的沟通能够减少误解和冲突,促进人际关系的和谐发展。

3. 倡导平等与尊重

平等与尊重是建立良好人际关系的基础。企业应倡导平等、尊重的文化氛围,让每个员工都感受到自己在组织中的价值和重要性。通过消除歧视、建立公正的奖惩机制等方式,企业可以创造一个公平、正义的人际关系环境,促进员工之间的互信与合作。

4. 跨部门合作与交流

跨部门合作与交流能够拓宽员工的视野、增强组织的协同效应。企业应鼓励不同部门之间的合作与交流,通过组织跨部门项目、开展部门间学习活动等方式,促进员工之间的互动与合作。这有助于打破部门壁垒、提高组织效率,同时也有助于员工拓展人际关系网络、提升个人影响力。

(三)提供多元化的工作方式和时间安排

1. 弹性工作制度的实施

随着社会的发展和员工需求的多样化,弹性工作制度越来越受到关注。企业可以根据工作性质和员工需求,灵活安排工作时间、工作地点和工作方式,如远程办公、弹性工作时间等。通过实施弹性工作制度,企业可以提高员工的工作满意度和幸福感,同时也有助于提高工作效率和创新能力。

2. 时间管理培训

有效的时间管理是实现工作与生活平衡的关键。企业可以组织时间管理培训,帮助员工学会合理规划时间、提高工作效率的方法和技巧。通过时间管理培训,员工可以更好地安排工作和生活,减少工作压力和焦虑情绪的产生。

第四节　构建积极健康的工作环境与文化

一、积极工作环境的特征与构建策略

（一）支持性的管理氛围

支持性的管理氛围是积极工作环境的核心特征之一。在这样的氛围下，员工感受到被重视、被信任和被支持，这有助于激发员工的积极性和创造力。为了营造支持性的管理氛围，组织需要采取一系列策略。

首先，提供足够的资源和支持是至关重要的。这意味着确保员工拥有完成任务所需的一切条件，如提供必要的工作工具、设备和信息等。这样可以让员工减少担忧和不确定感，更专注于工作。

其次，建立有效的激励机制也是营造支持性管理氛围的重要手段。激励机制不仅包括薪酬和奖励，还包括提供晋升机会、培训和发展空间等。通过合理的激励方案，组织可以激发员工的内在动机，使他们更加投入工作，并取得更好的业绩。

此外，鼓励员工参与决策也是营造支持性管理氛围的关键措施之一。参与决策可以增强员工的归属感和责任感，提高他们的工作满意度和忠诚度。通过让员工参与决策过程，组织可以更好地了解员工的意见和需求，从而做出更明智的决策。

除了以上措施外，领导者在营造支持性的管理氛围中也扮演着重要角色。领导者应该以身作则，树立榜样，通过自己的行为和态度来影响员工。领导者需要关心员工的需求和感受，倾听他们的意见和建议，并给予积极的反馈和支持。

通过营造支持性的管理氛围，组织可以创造一个积极的工作环境，使员工感受到被重视和支持。这将有助于提高员工的士气和工作投入度，进一步推动组织的可持续发展。

（二）团队合作与沟通

团队合作与沟通是积极工作环境中必不可少的要素之一。团队合作是指团队成员之间为了实现共同的目标而相互协作、共同努力的过程。良好的团队合作可

以提高团队的整体效能和业绩,增强组织的凝聚力。而有效的沟通则能够促进信息共享、消除误解和冲突,增强团队的协同作战能力。

为了建立良好的团队合作与沟通,组织需要采取一系列措施。首先,建立明确的共同目标是团队合作的基础。组织需要确保团队成员对目标有清晰的认识和理解,并知道自己的角色和责任。这有助于团队成员更好地协作,共同努力实现目标。

其次,组织需要建立有效的沟通渠道和机制。这包括定期的团队会议、面对面的沟通交流、电子邮件和即时通信工具等。通过这些渠道,团队成员可以及时分享信息、交流想法和反馈问题。有效的沟通能够消除误解和冲突,提高团队的协同作战能力。

此外,组织还需要鼓励团队成员之间的互相支持和协作。通过建立合作共赢的机制和奖励措施,组织可以激发团队成员之间的互助合作精神。这有助于提高团队的整体效能和员工的归属感,进一步增强组织的凝聚力。

除了以上措施外,领导者在促进团队合作与沟通中也扮演着重要角色。领导者应该以身作则,树立榜样,通过自己的行为和态度来影响员工。领导者需要关心团队的整体目标和每个成员的需求,与他们建立良好的关系和信任基础。同时,领导者还需要给予团队成员足够的支持和激励,激发他们的主动性和创造力。

通过建立良好的团队合作与沟通机制,组织可以促进员工之间的信息共享、互相支持和协作。这将有助于提高团队的整体效能和员工的归属感,进一步增强组织的凝聚力。

(三) 工作与生活的平衡

关注员工的工作与生活的平衡是积极工作环境的重要组成部分之一。现代社会中,员工面临着越来越多的工作压力和生活挑战,保持工作与生活的平衡对于员工的身心健康和家庭幸福至关重要。同时,组织也需要关注员工的工作与生活的平衡,以保持员工的生产力和创造力。

为了实现工作与生活的平衡,组织需要采取一系列措施来支持员工。首先,组织应为员工提供合理的工作时间和弹性工作时间安排。这包括实施弹性工作制度、提供远程办公条件等,使员工能够更加灵活地安排工作时间和工作方式。这将有助于员工更好地平衡工作和生活需求,减少工作压力和焦虑情绪的产生。

其次,组织应关注员工的职业发展和个人成长需求。通过提供培训和发展机会、职业规划指导等措施,组织可以帮助员工提升自身能力和职业竞争力。这将有助于员工在工作中实现自我价值和成就感,进一步增强员工的归属感和忠诚度。

此外,组织还应关注员工的生活需求和家庭状况。通过提供必要的支持和帮助,如提供托儿服务、健康保险等福利措施,组织可以帮助员工解决生活中的后顾之忧。这将有助于员工更好地平衡工作和生活需求,提高工作满意度和生活质量。

除了以上措施外,领导者在关注员工工作与生活的平衡中也扮演着重要角色。领导者应该树立榜样,通过自己的行为和态度来影响员工。领导者需要关心员工的工作和生活状况,与他们建立良好的关系和信任基础。同时,领导者还需要给予员工足够的支持和激励,激发他们的主动性和创造力。

通过关注员工的工作与生活的平衡需求,组织可以创造一个积极的工作环境,使员工感受到组织的关心和支持。这将有助于提高员工的工作满意度和生活质量,进一步推动组织的可持续发展。

二、健康组织文化的培育与传播途径

(一)树立组织的价值观和使命感

在建设健康的组织文化过程中,首先需要树立明确的价值观和使命感。组织的价值观是组织文化的核心,它决定了组织的行为准则和员工的行为规范。明确的价值观能够为组织提供正确的方向和指引,帮助组织在复杂多变的环境中保持稳定和健康发展。

组织应明确自身的核心价值观,如诚信、创新、卓越等。这些核心价值观应符合组织的使命和目标,并能得到员工的认同和支持。为了使员工更好地理解和接受组织的价值观,组织应通过各种渠道向员工传播这些价值观,如内部培训、员工手册、企业文化墙等。

同时,组织还应让员工明确了解组织的使命和目标。组织的使命和目标是组织存在的基础和发展的动力,也是激发员工归属感和责任感的重要因素。通过让员工了解组织的使命和目标,能够使他们更好地理解自己的工作意义和价值,从而更加积极地投入到工作中。

(二) 领导者在组织文化建设中的作用

领导者在组织文化建设中扮演着至关重要的角色。领导者是组织的代表和象征，他们的行为和态度对员工产生着重要的影响。领导者应通过自身的言行举止来践行组织的价值观，成为员工的榜样和引领者。领导者应具备高尚的品德、卓越的领导才能和良好的人际关系能力，能够为员工树立正确的行为规范和价值观念。

同时，领导者还应积极推动组织文化的变革和发展。随着组织的发展和外部环境的变化，组织文化也需要不断地更新和变革。领导者应敏锐地洞察组织文化的不足和缺陷，引导员工积极面对变革，推动组织文化的创新和发展。在变革过程中，领导者应关注员工的感受和利益，协调各方面的资源，确保变革的顺利进行。

领导者还需要为员工创造一个积极向上的工作环境。他们应关注员工的需求和发展，提供良好的工作条件和资源支持，鼓励员工发挥自己的潜力和才能。同时，领导者还应建立有效的沟通机制，倾听员工的意见和建议，激发员工的创造力和参与度。通过这样的工作环境，员工能够更好地实现自我价值，同时也能为组织的发展做出更大的贡献。

(三) 培训与教育在组织文化建设中的地位

培训和教育是培育健康组织文化的重要途径。通过培训和教育活动，组织可以提高员工对组织文化的认知和理解，培养员工的价值观和行为习惯。

首先，组织应加强员工入职培训。在新员工入职时，组织应向他们介绍组织的文化、价值观、使命和目标，帮助他们更好地了解组织的发展历程和文化传统。通过入职培训，新员工能够更快地适应组织文化，更好地融入团队和工作。

其次，组织还应定期开展文化培训活动。这些活动可以包括文化讲座、文化研讨班、文化工作坊等，旨在加深员工对组织文化的理解和认同。通过这些培训活动，员工可以进一步了解组织的价值观、行为规范和理念，从而更好地践行组织文化。

此外，组织还应鼓励员工参与组织文化的建设和发展。员工是组织文化的创造者和传承者，他们的参与对于组织文化的建设和发展至关重要。组织可以开展文化调研活动，了解员工对组织文化的看法和建议；还可以通过文化沙龙、文化论坛等形式，让员工分享自己的文化见解和实践经验。通过这些方式，员工能够更加积极地参与到组织文化的建设中来，发挥自己的主动性和创造性。

三、员工参与在构建积极健康工作环境中的重要性

（一）提升员工的归属感和忠诚度

在当今高度竞争的商业环境中，员工的归属感和忠诚度对于组织的成功至关重要。员工参与是提高这两项指标的关键要素之一。通过鼓励员工参与组织的决策和管理，企业可以增强员工的归属感和忠诚度，从而提升员工的工作积极性和创造力。

要提升员工的归属感和忠诚度，企业需要创造一个开放、包容的工作环境，让员工感受到自己在组织中的重要性和价值。这需要企业采取一系列措施。

1. 提供参与机会

企业应给予员工参与决策和管理的机会，让他们在工作中拥有更多的自主权和发言权。这可以通过组织员工代表大会、工作小组讨论、意见箱等方式实现。

2. 建立激励机制

企业应建立一套有效的激励机制，对积极参与的员工给予适当的奖励和激励。这可以激发员工的积极性和创造力，提高他们的工作投入度和忠诚度。

3. 培养员工的主人翁意识

企业应培养员工的主人翁意识，让他们感受到自己是组织的主人。通过制定员工持股计划、提供虚拟股票等方式，企业可以激发员工的归属感和忠诚度。

4. 关注员工福利

企业应关注员工的福利和需求，提供良好的薪酬福利、健康保障、职业发展机会等，以满足员工的物质和精神需求。通过关注员工福利，企业可以提高员工的满意度和忠诚度。

通过以上措施的实施，企业可以提升员工的归属感和忠诚度，从而促进员工的工作积极性和创造力，推动组织的持续发展。

（二）促进信息交流与知识分享

信息交流与知识分享是组织内部的重要活动之一，对于组织的创新和发展具有重要意义。通过员工参与，企业可以促进信息交流与知识分享，构建一个开放、包容的工作环境。

要促进信息交流与知识分享，企业需要采取以下措施。

1. 建立沟通机制

企业应建立一套有效的沟通机制，包括定期的团队会议、部门会议、员工座谈会等，鼓励员工之间的交流和互动。通过这些沟通机制，员工可以分享各自的工作经验和知识，促进信息的传递和共享。

2. 搭建知识平台

企业可以搭建一个内部知识平台，让员工可以将自己的经验和知识上传分享，同时也可以获取他人的分享内容。这个平台可以包括文档共享、在线论坛、问答社区等功能模块，方便员工之间的知识交流和传递。

3. 鼓励跨界合作

企业应鼓励不同部门、不同岗位的员工进行跨界合作，打破部门壁垒和知识孤岛。通过跨界合作，员工可以接触到不同的领域和思维方式，拓展自己的知识面和认知能力。

4. 培训与指导

企业可以定期组织培训和指导活动，提高员工的信息交流和知识分享能力。培训内容可以包括沟通技巧、演讲技巧、团队协作技巧等，帮助员工更好地进行信息交流和知识分享。

通过以上措施的实施，企业可以促进信息交流与知识分享，构建一个开放、包容的工作环境。这有助于提高组织的创新能力、协同效应和竞争力。

（三）提高工作效率与创新能力

工作效率与创新能力是组织追求的重要目标之一。通过员工参与决策和管理，企业可以提高工作效率与创新能力。

要提高工作效率与创新能力，企业需要采取以下措施。

1. 优化工作流程

企业应对工作流程进行全面梳理和分析，找出瓶颈和低效环节。通过改进和优化工作流程，企业可以提高工作效率和质量。这可以通过引入先进的生产和管理技术、简化流程等方式实现。

2. 激发创新精神

企业应鼓励员工发挥创新精神，勇于尝试新的思路和方法。通过建立创新奖励机制、提供创新资源支持等方式，激发员工的创新意识和创造力。同时，企业还应营造一个开放、包容的创新氛围，鼓励员工提出新的想法和建议。

3. 强化团队协作

团队协作是提高工作效率和创新能力的关键因素之一。企业应加强团队协作培训和实践，提高员工的团队协作意识和能力。通过加强团队协作，企业可以更好地整合资源、发挥集体智慧和力量。

4. 培养专业素养

专业素养是提高工作效率和创新能力的基石。企业应定期组织培训和学习活动，提高员工的专业知识和技能水平。通过培养专业素养，员工能够更好地应对工作挑战和提高工作效率与创新能力。

通过以上措施的实施，企业可以提高工作效率与创新能力，为组织的持续发展提供有力支持。这有助于提高组织的竞争力和市场地位。

第十五章　灵活用工与人力资源管理创新

第一节　灵活用工的背景与趋势分析

一、灵活用工的定义与特点概述

（一）定义

灵活用工，也称为非传统用工或弹性用工，是一种相对于传统固定全职用工模式的新的用工方式。它允许企业在不签订长期全职劳动合同的情况下，根据业务需求快速调整员工规模和结构，从而更好地应对市场变化和业务波动。

（二）特点

1. 灵活性

灵活用工的最大特点是灵活性。企业可以根据业务需求快速增加或减少员工数量，从而更好地应对市场变化和业务波动。这种灵活性使得企业能够更好地控制成本，提高人力资源配置效率。

2. 短期性

灵活用工通常都是短期的，可以是几天、几周、几个月或几年，但一般不会超过一年。这种短期性使得企业可以根据项目需求或短期业务量来雇佣员工。

3. 兼职性

灵活用工通常都是兼职的，员工的工作时间可能比全职员工要少，而且往往没有全职员工享有的福利待遇。这种兼职性使得企业可以在不增加全职员工数量的情况下，满足临时或短期的业务需求。

4. 契约精神强

灵活用工往往基于合同协议进行，企业和员工之间需要签订明确的合同协议，明确双方的权利和义务。这种契约精神强的特点,使得企业和员工之间能够建立起互信关系,从而更好地促进企业的发展。

二、全球灵活用工的发展现状与趋势分析

(一)发展现状

随着经济的全球化和信息技术的快速发展,灵活用工在全球范围内得到了广泛的应用。尤其是在发达国家,由于劳动力市场的竞争激烈和法律法规的完善,许多企业都采用灵活用工的方式来解决用人需求。据统计,在一些发达国家,灵活用工已经占据了相当大的市场份额,成为企业不可或缺的一种用工方式。

(二)发展趋势

1. 市场规模不断扩大

随着经济的发展和人口结构的变化,灵活用工市场规模将会不断扩大。一方面,随着劳动力市场的竞争加剧,越来越多的劳动者选择灵活就业;另一方面,随着企业对于灵活用工的认识加深,越来越多的企业将采用灵活用工方式来解决用人需求。

2. 技术进步推动发展

信息技术的发展为灵活用工提供了更好的平台和工具。例如,在线招聘、远程办公、项目管理软件等技术手段的应用,使得企业可以更加便捷地招聘和管理灵活用工人员。未来,随着技术的不断进步,灵活用工将更加智能化、高效化。

3. 法律法规逐步完善

随着灵活用工市场的快速发展,相关的法律法规和政策也将逐步完善。各国政府将根据市场需求和劳动法规制定更加规范的管理办法和政策支持,以保障劳动者的权益和企业的发展需求。

4. 多元化发展

未来灵活用工将朝着多元化的方向发展。企业可以根据业务需求和员工特点选择不同的灵活用工方式,如临时工、派遣工、外包工、远程办公等。这种多元化的灵活用工方式将更好地满足企业的用人需求,提高人力资源配置效率。

第二节　灵活用工模式下的人力资源管理挑战与机遇

一、灵活用工模式下的人力资源管理挑战分析

（一）员工多样性与管理复杂性增加

在传统的全职用工模式下，企业员工大多具备相似的技能、背景和工作风格，管理者能够较为统一地进行培训和指导。但在灵活用工模式下，由于员工队伍的多样化程度显著提高，不同员工在文化背景、工作习惯、沟通方式等方面存在较大差异。这种差异性不仅增加了日常管理的工作量，还对管理者的能力提出了更高的要求。管理者需要充分了解不同员工的特性和需求，采取针对性的管理措施，以确保团队的整体效率和协作。同时，企业需要建立包容性的文化氛围，鼓励员工之间的交流与合作，以充分发挥多样性的优势。

（二）员工忠诚度降低

在灵活用工模式下，员工与企业的关系多为短期或项目合作关系，而非长期的全职雇佣关系。这种松散的关系可能会导致员工对企业缺乏归属感和忠诚度。员工可能更加关注个人职业发展而非企业长期目标，从而导致工作积极性下降、团队合作受阻等问题。为了提高员工的忠诚度，企业需要建立与灵活用工模式相适应的激励机制。例如，提供具有竞争力的薪酬福利、创造良好的工作环境、关注员工的职业成长等。此外，企业可以通过加强团队建设、增进员工之间的交流与合作，提高员工的凝聚力和归属感。

（三）法律合规风险加大

企业在灵活用工过程中需要特别关注不同国家和地区的劳动法律法规，以确保合规运营。然而，由于全球各地的法律法规千差万别，企业在跨国或跨地区的灵活用工中可能面临较大的法律合规风险。一旦违反相关法律法规，企业将面临罚款、声誉损失等风险。为了降低法律合规风险，企业需要采取一系列措施。首先，企业需要对各地的法律法规进行深入了解和评估，制定详细的合规指南和操作流程。其次，企业需要加强与当地律师或咨询机构的合作，确保用工过程的合法性。

此外，企业应定期对用工过程进行内部审计和风险评估，及时发现和解决潜在的法律问题。同时，企业应加强员工的法律培训和教育，提高员工的法律意识和合规意识。

（四）人才流失问题加剧

在灵活用工模式下，员工流动性和人才流失问题可能更加突出。由于企业与员工之间的关系较为松散，员工可能更容易受到外部机会的吸引而离职或跳槽。关键人才的流失不仅会降低团队的稳定性和凝聚力，还可能影响到企业的核心竞争力和业务发展。为了解决人才流失问题，企业需要采取一系列措施。首先，企业需要建立完善的激励机制和福利体系，提高员工的工作满意度和忠诚度。其次，企业应关注员工的职业成长和发展机会，为员工提供广阔的晋升空间和学习平台。此外，企业可以通过加强团队建设和文化建设，提高员工的归属感和凝聚力。同时，企业应建立完善的人才留任机制，如设立留任奖金、提供定制化的培训和发展计划等。

二、灵活用工为企业带来的机遇与优势探讨

（一）降低企业成本

在传统的用工模式下，企业需要承担员工的固定工资、社保、福利等费用，即使在业务量减少或淡季时，这些费用也依然存在，给企业带来了较大的成本压力。而灵活用工模式使得企业可以根据业务需求和市场变化来调整人力配置，避免了人力浪费和成本叠加。

具体来说，在灵活用工模式下，企业可以采取项目制、临时工、外包等形式来雇佣员工，员工与企业的关系不再是长期雇佣关系，而是基于短期或项目目标的合作关系。这样，企业可以根据项目的大小、周期以及市场变化来合理配置人力，避免盲目扩张或缩减人员，从而有效降低企业的成本。

此外，灵活用工模式还可以通过提高员工的生产效率和工作质量来实现降低成本的目标。由于灵活用工模式下员工通常是基于项目或任务来工作的，因此他们的工作更具目标性和针对性，这有助于提高员工的工作积极性和工作效率。同时，由于这种模式下员工的技能和经验得到了更好的利用和发挥，因此可以减少

培训和磨合成本,提高工作质量,进而降低企业的成本。

(二)提高企业创新能力

在当今竞争激烈的市场环境中,创新能力已经成为企业生存和发展的关键因素之一。而灵活用工模式为企业吸引和留住创新人才提供了新的途径。

首先,灵活用工模式能够满足企业对于不同领域和专业技能人才的需求。由于这种模式可以根据项目需求来雇佣员工,因此企业可以快速地聚集一批具备不同专业背景和技能的人才,为企业提供多角度、全方位的创新思路和建议。

其次,灵活用工模式有助于激发员工的创新精神。在这种模式下,员工不再受到传统雇佣关系的束缚和制约,他们可以更加自由地发挥自己的创造力和想象力。同时,由于这种模式下的员工通常是基于项目或任务来完成工作的,因此他们更加注重工作成果和贡献,这有助于形成一种以成果为导向的创新氛围。

最后,灵活用工模式还可以促进企业与外部创新资源的合作与交流。通过与外部专业人才或机构的合作,企业可以获取更多的外部知识和资源,进一步增强自身的创新能力。

(三)优化企业组织结构

传统的企业组织结构通常是层级式的、部门分割的,这种结构在稳定的环境下能够发挥较好的作用,但在快速变化的市场环境下则显得反应迟钝、缺乏灵活性。而灵活用工模式为企业优化组织结构提供了新的思路和方法。

首先,灵活用工模式有助于企业实现组织结构的扁平化。由于这种模式下企业与员工之间的关系不再是传统的长期雇佣关系,因此企业的管理层级可以相应减少,使得组织结构更加扁平化。扁平化的组织结构能够加快信息传递速度,提高决策效率和响应速度。

其次,灵活用工模式有助于企业打破部门壁垒。在传统组织结构下,部门之间存在着一定的利益冲突和竞争关系,这可能导致资源重复配置和信息孤岛现象。而灵活用工模式下,企业可以根据项目需求来聚集不同部门和领域的员工,形成跨部门的协作团队。这种团队以项目目标为导向,打破了部门壁垒,促进了企业内部资源的共享和协同工作。

最后,灵活用工模式使得企业可以根据市场变化快速调整组织结构。由于这种模式下企业的组织结构是基于项目和任务来构建的，因此当市场环境发生变化时，企业可以快速地调整组织结构以适应市场需求。这种灵活性使得企业在应对市场不确定性时更加从容和高效。

三、应对灵活用工挑战的人力资源管理策略建议

（一）制定有针对性的招聘策略

在灵活用工模式下，员工的多样性成为一大特点。企业需要针对不同员工的特点制定有针对性的招聘策略，以确保招聘到最适合企业需求的人才。这要求企业在招聘过程中注重员工的技能、文化背景和工作风格的匹配度。

首先，企业需要对空缺职位进行深入分析，明确岗位职责、技能要求和员工特质等。这样可以确保招聘到的人才能够胜任工作，并且能够融入企业文化。

其次，企业需要采用多种渠道进行招聘，包括线上招聘平台、社交媒体、专业论坛、人才猎头公司等。通过多种渠道的招聘，企业可以吸引到更多符合要求的候选人，并且能够扩大企业的影响力。

此外，企业还需要注重员工入职培训。对于新员工，企业需要提供必要的培训，帮助他们更好地了解企业文化、团队和工作内容等。通过培训，新员工可以更快地融入团队，提高工作效率。

最后，企业还需要定期对招聘策略进行评估和调整。通过分析招聘数据和员工绩效表现，企业可以了解招聘策略的有效性，并及时进行调整和优化。

（二）强化员工激励与关怀机制

提高员工的忠诚度是企业在灵活用工模式下需要重点关注的问题之一。为此，企业需要建立完善的员工激励与关怀机制。

首先，企业需要制定合理的薪酬体系。薪酬是员工最为关心的因素之一，合理的薪酬体系能够激发员工的工作积极性和创造力。企业需要根据员工的岗位、能力和绩效表现等制定相应的薪酬标准，并且定期进行评估和调整。

其次，企业需要提供丰富的福利政策。除了基本的福利政策外，企业还可以提供健康保险、休闲旅游、培训课程等福利项目。这些福利政策可以帮助企业吸引和留住优秀人才，提高员工的满意度和忠诚度。

再次，企业还需要建立完善的晋升机制。员工晋升是企业发展的重要组成部分，通过晋升机制的建立，企业可以为员工提供更多的发展机会和晋升空间。这有助于激发员工的工作积极性和创造力，提高员工的忠诚度。

最后，企业需要关注员工的工作满意度和心理健康。在工作中，员工可能会遇到各种问题和挑战，企业需要及时关注并提供必要的支持和帮助。此外，企业还可以通过定期的员工满意度调查和心理健康辅导等方式来提高员工的工作满意度和心理健康水平。

（三）加强法律法规学习与合规管理

企业在灵活用工过程中需要严格遵守相关法律法规要求，以确保企业的合规经营。为此，企业需要加强法律法规学习与合规管理。

首先，企业需要对相关法律法规进行深入学习和研究，包括劳动法、劳动合同法、社会保险法等。通过学习和研究法律法规，企业可以更好地了解法律要求和规定，避免违法行为的发生。

其次，企业需要建立健全的合规管理体系。企业可以制定相应的规章制度和操作流程等，确保企业在用工过程中遵守法律法规要求。同时，企业还需要定期进行自查和整改，及时发现和纠正违法行为。

此外，企业可以寻求专业法律咨询机构的帮助。专业法律咨询机构可以为企业提供专业的法律意见和解决方案，帮助企业解决用工过程中的法律问题。通过与专业法律咨询机构的合作，企业可以提高自身的法律意识和合规水平，降低法律风险。

第三节 创新人力资源管理策略以适应灵活用工模式

一、灵活招聘策略的制定与实施效果评估

随着灵活用工模式的兴起，传统的人力资源招聘策略已经无法满足组织的需求。为了适应这一变化，制定和实施有效的灵活招聘策略至关重要。

（一）明确招聘需求

组织需要明确自身的招聘需求，包括所需的岗位、人员数量、技能要求等。这有助于确保招聘策略的针对性和有效性。

（二）拓宽招聘渠道

除了传统的招聘渠道，如招聘网站、招聘会等，组织还可以利用社交媒体、专业论坛、人才猎头公司等途径，扩大招聘范围，吸引更多优秀人才。

（三）优化招聘流程

简化招聘流程，缩短招聘周期，提高招聘效率。这包括优化简历筛选、面试安排、评估考核等环节，确保整个流程高效、顺畅。

（四）强化内部推荐机制

鼓励员工参与人才推荐，利用内部人脉资源，降低招聘成本，提高招聘质量。为此，组织可以设立内部推荐奖励机制，激励员工积极参与。

（五）实施灵活的招聘合同

针对灵活用工的特点，组织可以制定更为灵活的招聘合同，包括短期合同、项目合同等，以满足组织在不同阶段和项目中的用人需求。

（六）定期评估实施效果

为了确保招聘策略的有效性，组织应定期对实施效果进行评估。这可以通过分析招聘数据、员工满意度调查等方式进行，以便及时调整和优化招聘策略。

二、弹性福利制度的设计与优化探讨

弹性福利制度是灵活用工模式下的一种重要的人力资源管理策略。它为员工提供多样化的福利选择，以满足员工的个性化需求，提高员工的满意度和忠诚度。

（一）福利需求调查

在制定弹性福利制度之前，组织应进行福利需求调查，了解员工对福利的期望和需求。这有助于确保福利制度的设计更加贴近员工的实际需求。

（二）福利项目设计

根据调查结果和组织的实际情况，设计多样化的福利项目，包括健康保险、休闲旅游、培训课程等。组织还可以提供定制化的福利组合，让员工自由选择适合自己的福利组合。

（三）福利沟通与推广

为了确保员工充分了解和利用福利项目，组织应加强福利沟通与推广工作。这可以通过内部网站、员工手册、培训会议等方式进行，让员工充分了解福利制度和利用方式。

（四）福利调整与优化

弹性福利制度并非一成不变，组织应根据员工的需求变化和反馈意见进行适时的调整与优化。这有助于确保福利制度始终保持其针对性和有效性。

三、绩效管理在灵活用工模式下的变革与挑战应对

绩效管理是人力资源管理的重要组成部分，对于提升组织绩效和员工工作积极性具有重要作用。在灵活用工模式下，绩效管理面临着诸多变革与挑战。

（一）明确绩效目标与期望

在灵活用工模式下，员工的工作内容和职责可能更加多样化。因此，组织应明确员工的绩效目标与期望，让员工清楚了解自己的工作重点和考核标准。这有助于确保员工的工作方向与组织目标保持一致。

（二）制定合理的绩效考核体系

针对灵活用工的特点，组织应制定更为合理的绩效考核体系。这包括设置合理的考核指标、权重分配、考核周期等，以确保考核结果客观、公正、有效。同时，组织还应建立有效的绩效反馈机制，及时向员工反馈考核结果，并针对不足之处提出改进建议。

（三）激励与奖励机制的完善

在灵活用工模式下，员工的激励与奖励机制也应相应完善。组织可以根据员工的绩效表现给予相应的奖励和激励措施，如奖金、晋升机会、培训机会等。通过激励与奖励机制的完善，提高员工的工作积极性和创造力。

（四）关注员工职业生涯发展

在灵活用工模式下，员工的职业生涯发展也应得到关注。组织可以提供职业规划指导、技能培训等支持措施，帮助员工提升自身能力，实现个人职业价值。同

时，组织还可以通过建立职业发展通道和晋升机制，激发员工的潜力，提高员工的工作满意度和忠诚度。

第四节　实现灵活用工与人力资源管理创新的协同发展

一、构建协同发展的组织架构与流程优化建议

（一）组织架构调整

传统的组织架构往往是以固定的全职员工为基础，但随着灵活用工的兴起，组织架构需要进行相应的调整。企业需要设立专门的灵活用工管理部门，负责规划、招聘、培训、管理灵活用工人员，确保他们能够快速融入企业，发挥最大的价值。同时，企业还需要建立跨部门的协作机制，确保灵活用工人员能够与其他部门进行有效的沟通和协作。

（二）流程优化建议

1.招聘流程

企业需要建立快速、高效的招聘流程，以便快速招聘到符合需求的灵活用工人员。在招聘过程中，企业需要注重候选人的专业技能、工作经验和综合素质，以确保他们能够快速适应企业的工作环境和文化。

2.培训流程

由于灵活用工人员往往缺乏对企业的了解和认识，企业需要为他们提供必要的培训和指导。在培训过程中，企业需要注重培养灵活用工人员的团队协作精神和跨部门沟通能力，以便他们能够更好地融入企业。

3.考核流程

为了确保灵活用工人员的工作质量和效率，企业需要建立科学的考核机制。考核指标应该包括工作质量、工作效率、团队协作等方面，以确保考核的全面性和公正性。

4.薪酬福利设计

在制定薪酬福利政策时，企业需要充分考虑灵活用工人员的特殊需求和特点。

例如，提供弹性的工作时间、灵活的福利待遇等，以提高灵活用工人员的工作积极性和满意度。

二、强化跨部门沟通与协作，提升灵活用工效率的实践探索

（一）加强信息共享与沟通

在灵活用工模式下，各部门之间的信息共享和沟通至关重要。由于灵活用工人员可能分布在不同的部门、项目组或地区，企业需要建立有效的信息沟通机制，确保各部门能够及时了解和掌握灵活用工人员的工作状态、项目进展等情况。这种信息共享有助于消除组织内的信息孤岛，加强部门之间的联系与合作。

首先，企业可以建立定期的跨部门会议制度，如项目进展汇报会、部门协调会等，以便及时了解各项目的进展情况、存在的问题以及所需的资源支持。通过会议，各部门可以共同探讨解决问题的方案，协作解决问题。

其次，企业可以利用先进的信息化工具和平台，如企业内部社交网络、协作平台等，促进员工之间的交流和分享。这些平台可以提供实时的信息传递、文件共享和在线协作等功能，有助于提高工作效率和团队协作能力。

此外，企业可以鼓励员工在工作中主动分享自己的经验和知识，通过知识分享提高整个团队的技能水平。为了更好地促进员工之间的交流和分享，企业可以设立知识分享奖励机制，对那些在知识分享方面表现突出的员工给予适当的奖励和激励。

（二）明确职责与分工

在灵活用工模式下，各部门的职责和分工需要进行相应的调整，以确保各部门能够更好地协同工作。首先，企业需要明确各部门在灵活用工管理中的角色和责任，制定明确的职责描述和分工安排。这有助于消除职责模糊地带，减少推诿扯皮现象。

同时，企业需要根据项目需求和工作内容，合理分配工作任务和资源。这包括根据项目的紧急程度、员工的技能特长和工作量等因素进行合理分配，以确保工作效率和质量。

为了更好地明确职责与分工，企业可以采取以下措施。

(1)制定详细的岗位职责说明书,明确各岗位的职责范围、工作内容和要求等;

(2)建立有效的任务分配机制,确保工作任务能够及时、准确地分配给相应的员工;

(3)加强部门间的沟通与协作,促进信息的流通和共享,确保各部门能够协同工作;

(4)定期进行工作评估和反馈,及时发现和解决工作中存在的问题和不足之处。

(三)建立协作平台与机制

为了更好地促进各部门之间的协作与配合,企业需要建立协作平台和机制。通过这些平台和机制的建立,企业可以提高工作效率和质量,增强组织的整体竞争力。

首先,企业可以建立跨部门工作小组或团队,以便更好地协同工作。这些小组或团队可以由不同部门的员工组成,共同完成某一特定的任务或项目。通过这种方式,员工可以跨越部门界限进行合作,实现资源的共享和优化配置。

其次,企业可以制定协作规范和流程,以便各部门能够按照统一的标准和流程进行工作。这些规范和流程可以包括沟通机制、工作流程、文件格式等各个方面,有助于确保各部门之间的协作顺畅高效。

此外,企业还可以利用现代信息技术手段,如企业内部社交网络、协作平台等,建立协作平台。这些平台可以提供实时的信息传递、文件共享和在线协作等功能,有助于提高工作效率和团队协作能力。通过这些协作平台,员工可以随时随地进行沟通和协作,打破时间和空间的限制。

为了确保协作平台与机制的有效运行,企业需要采取以下措施。

(1)制定明确的协作规范和流程,确保各部门能够遵循统一的标准和流程进行工作;

(2)提供必要的培训和支持,帮助员工熟悉协作平台的使用方法和操作流程;

(3)建立有效的激励机制和评价机制,鼓励员工积极参与协作和分享经验;

(4)定期对协作平台和机制进行评估和改进,以适应不断变化的市场环境和组织需求。

三、借助先进技术手段，提升人力资源管理效能以适应灵活用工需求

（一）人力资源管理系统升级

随着灵活用工的兴起和发展，企业需要升级或改造传统的人力资源管理系统，以便更好地管理灵活用工人员。这涉及从招聘到离职的各个环节，需要有针对性的策略和措施。

首先，企业需要建立专门的灵活用工人员信息库，对员工的个人信息、工作经历、技能特长等进行详细记录。这有助于企业更好地了解员工的实际情况，为招聘和岗位分配提供依据。同时，通过建立信息库，企业可以实现对灵活用工人员的集中管理，提高管理效率。

其次，企业需要制定针对性的薪酬福利政策。由于灵活用工人员的职业特点和需求不同于传统员工，企业需要根据市场情况和员工绩效制定合理的薪酬体系。同时，提供适当的福利政策，如健康保险、弹性工作安排等，以吸引和留住优秀人才。

此外，人力资源管理系统还需要具备强大的报表生成和分析功能，以便对灵活用工人员的使用情况进行监测和评估。通过对报表的分析，企业可以及时发现问题并采取相应措施，提高管理效果。

通过人力资源管理系统升级，企业可以实现对灵活用工人员的精细化管理，提高管理效率和质量，更好地满足灵活用工需求。这有助于降低企业成本、提高人力资源配置效率，为企业的发展提供有力支持。

（二）采用数字化技术手段

数字化技术手段在人力资源管理中发挥着越来越重要的作用。通过采用数字化技术手段，企业可以提高人力资源管理的效率和灵活性，更好地适应灵活用工需求。

首先，企业可以利用在线招聘平台发布招聘信息，吸引更多的灵活用工人员应聘。在线招聘平台可以降低招聘成本、提高招聘效率，同时扩大招聘范围，帮助企业找到合适的人才。此外，通过社交媒体、专业论坛等渠道也可以吸引更多的

灵活用工人员关注和应聘。

其次，企业可以利用在线培训平台对灵活用工人员进行培训。在线培训平台可以提供丰富的培训内容和灵活的学习方式，满足不同岗位和层次的需求。通过在线培训，企业可以提高员工的技能水平和综合素质，促进企业的发展。

此外，企业还可以利用项目管理软件进行任务分配和管理。项目管理软件可以帮助企业实现项目进度的实时监控、任务分配和协作沟通等功能，提高项目管理效率和质量。通过项目管理软件的应用，企业可以更好地协调和管理灵活用工人员的工作，确保项目按时完成。

通过数字化技术手段的应用，企业可以提高人力资源管理的效率和灵活性。这有助于降低管理成本、提高管理效果，更好地适应灵活用工需求。同时，数字化技术手段还可以帮助企业实现人力资源管理的转型升级和创新发展。

（三）智能化数据分析与决策支持

借助先进的数据分析工具和人工智能技术，企业可以对灵活用工人员的相关数据进行深入挖掘和分析，从而为决策提供更加科学、准确的依据。智能化数据分析与决策支持是提高人力资源管理水平的关键要素之一。

首先，企业可以利用数据分析工具对灵活用工人员的个人信息、工作表现、技能特长等进行全面分析。通过数据分析，企业可以深入了解员工的实际情况和潜在能力，为人力资源配置提供依据。同时，数据分析还可以帮助企业发现员工流动率的规律和原因，制定相应的措施降低员工流失率。

其次，企业可以利用人工智能技术对员工的工作过程和成果进行智能分析和评价。人工智能技术可以自动识别员工的绩效表现和工作问题，并提供相应的改进建议。通过智能分析和评价，企业可以提高员工的工作质量和效率，促进企业的发展。

最后，企业可以根据数据分析结果制定更加精准的灵活用工策略。例如：根据员工的技能特长和市场需求预测灵活用工需求的趋势和变化；根据员工的工作表现和绩效评价制定合理的薪酬福利政策等。通过精准的灵活用工策略制定，企业可以提高人力资源配置效率和管理效果。

通过智能化数据分析与决策支持的应用，企业可以对灵活用工人员进行全面而深入的分析和管理,从而做出更加科学、准确的决策,提高人力资源配置效率和灵活性,更好地适应灵活用工需求,推动企业的发展壮大。

(四)强化网络安全与隐私保护

随着数字化技术的广泛应用,网络安全和隐私保护问题也日益突出。在灵活用工模式下,企业需要更加重视网络安全和隐私保护工作,确保灵活用工人员的个人信息和数据安全。强化网络安全与隐私保护是企业在灵活用工模式下必须重视的问题之一。

首先,企业需要建立严格的信息安全管理制度,确保员工在使用数字化技术工具时能够遵守相关规定,防止敏感信息的泄露和滥用。同时,加强对员工的网络安全教育,提高员工的信息安全意识,让员工意识到保护个人信息和数据安全的重要性,并自觉遵守相关规定。

其次,加强数据加密和备份措施也是必不可少的措施之一。对于存储在数据库中的个人信息和数据,需要进行加密处理,确保只有授权人员才能访问和使用这些信息。同时定期进行数据备份,以防止数据丢失或损坏,确保数据的完整性和可用性。

再次,建立完善的权限管理体系也是必要的措施之一。对于不同的人员赋予不同的访问权限,确保只有授权人员才能访问和使用敏感信息。对于离职员工需要及时调整或撤销相关权限,防止离职员工继续访问公司内部敏感信息。

最后,定期进行安全漏洞扫描和风险评估也是必要的措施之一。及时发现和修复存在的安全漏洞,降低潜在的安全风险,确保系统的安全稳定运行。同时定期进行风险评估以了解可能存在的安全隐患和风险,制定相应的应对措施,提高整个系统的安全性和可靠性。

通过以上措施的实施,企业可以加强网络安全与隐私保护工作,确保灵活用工人员的个人信息和数据安全,降低潜在的安全风险,提高整个系统的安全性和可靠性,为企业的可持续发展提供有力保障。

第十六章 未来人力资源管理趋势与挑战

第一节 技术变革对人力资源管理的影响与应对策略

一、人工智能技术在人力资源管理中的应用前景与挑战分析

(一)人力资源管理的智能化发展

随着人工智能技术的不断进步,其在人力资源管理领域的应用前景日益广阔。人工智能技术能够提高人力资源管理的自动化和智能化水平,优化人力资源的配置和使用。例如,通过智能招聘系统,企业可以快速筛选和匹配候选人,提高招聘效率;通过智能绩效管理系统,企业可以对员工绩效进行自动评估和反馈,提高绩效管理的准确性和及时性。

(二)数据驱动的决策支持

人工智能技术还可以帮助企业实现数据驱动的人力资源管理决策。通过对大量数据的分析挖掘,企业可以更加科学地制定人力资源战略和政策,提高决策的准确性和有效性。例如,通过分析员工的绩效数据、离职率等,企业可以发现潜在的人才和问题,从而制定更有针对性的人力资源措施。

(三)新型培训与员工发展

人工智能技术可以为员工的培训和发展提供新的方式和工具。例如,利用虚拟现实(VR)和增强现实(AR)技术,企业可以创建逼真的培训场景和模拟实践,增强培训效果;通过智能辅导系统,企业可以为员工提供个性化的职业发展规划和指导,促进员工的职业成长。

(四)员工关系与企业文化

人工智能技术也可以在员工关系和企业文化建设方面发挥积极作用。例如,

通过智能心理辅导系统,企业可以及时了解员工的心理状态和需求,提高员工的工作满意度和幸福感;通过智能社交媒体平台,企业可以更好地传播企业文化和价值观,增强员工的归属感和凝聚力。

然而,人工智能技术在人力资源管理中的应用也面临一些挑战。首先,数据安全和隐私保护问题需要引起重视。在人力资源管理过程中,涉及大量的员工个人信息和敏感数据,如何保障数据安全和隐私不被泄露是一项重要的任务。其次,人工智能技术的实施和应用需要相应的技术支持和专业人才。企业需要具备足够的技术实力和专业人才来进行人工智能技术的研发和应用。此外,企业还需要关注员工的接受度和适应性。人工智能技术的应用可能会对员工的传统工作方式和思维模式造成一定的影响,因此需要关注员工的反馈和适应情况,并采取相应的措施来降低影响。

二、云计算技术在提升人力资源管理效率方面的作用

(一)提高数据共享和管理效率

云计算技术可以为人力资源管理提供高效的数据共享和管理平台。通过将人力资源数据存储在云端,企业可以实现数据的集中管理和实时更新,各部门之间可以更加便捷地共享和使用数据。这有助于避免数据孤岛现象,提高人力资源管理的效率和准确性。

(二)降低成本和提高灵活性

云计算技术可以帮助企业降低人力资源管理的成本和提高灵活性。通过云计算平台,企业可以实现在线招聘、在线培训、在线绩效管理等功能的自动化和智能化管理,减少人力投入和资源消耗。此外,企业可以根据需求灵活地调整云平台的使用规模和服务范围,提高人力资源管理的灵活性和可扩展性。

(三)促进团队协作和创新

云计算技术还可以促进企业内部的团队协作和创新。通过云平台,员工可以随时随地进行沟通和协作,打破时间和空间的限制。此外,云计算平台上的丰富资源和工具可以为员工的创新和发展提供支持,促进企业内部的知识共享和创新氛围。

然而，云计算技术在人力资源管理中的应用也面临一些挑战。首先，数据安全和隐私保护是一个重要的问题。企业需要选择可信赖的云服务提供商并采取必要的安全措施来保障数据的机密性和完整性。其次，企业需要关注员工的接受度和适应性。对于一些习惯传统工作方式的员工来说，适应云计算平台可能需要一定的时间和培训支持。此外，企业在选择云计算服务时需要进行全面的评估和比较，确保所选的服务能够满足自身需求并具备可扩展性和灵活性。同时也要注意到对于跨国或跨地区的企业来说，可能涉及不同国家和地区的法律法规问题需要加以关注和遵守。

三、应对技术变革，提升人力资源管理能力的策略建议

（一）建立适应技术变革的战略规划

企业需要认识到技术变革对人力资源管理的重要影响，并制定相应的战略规划来应对挑战和抓住机遇。战略规划应该明确企业的技术变革目标、实施步骤和保障措施，确保企业在人力资源管理方面能够跟上时代的步伐并取得竞争优势。

（二）加强技术研发和创新投入

企业应该注重技术研发和创新投入，不断探索新技术在人力资源管理领域的应用前景。通过自主研发或合作创新的方式，企业可以开发出适合自身需求的人力资源管理工具和平台，提升人力资源管理的智能化水平和效率。同时也要关注新兴技术的发展趋势及时跟进并进行相应的研究和应用探索。

（三）培养和引进高素质人才队伍

应对技术变革的挑战需要培养和引进高素质的人才队伍。企业应该加强人才的选拔和培养机制建设注重培养员工的创新思维和技术能力，提高员工对于新技术和新方法的掌握和应用能力，同时也要积极引进外部优秀人才充实到企业的人才队伍中来，为企业的发展注入新的动力和活力，另外，还需要加强员工培训和发展机制建设，帮助员工不断提升自身的能力和素质，以适应技术变革的要求，通过不断学习和成长来更好地为企业的发展做出贡献。

第二节 组织变革对人力资源管理的挑战与机遇分析

一、组织扁平化对人力资源管理的影响与挑战

随着企业规模的扩大和市场竞争的加剧,传统的层级组织结构逐渐显现出灵活性不足、决策效率低下等弊端。为了更好地适应外部环境的变化和满足内部发展的需求,许多企业开始推行组织扁平化改革。组织扁平化是指通过减少管理层级、压缩组织结构来提高组织的敏捷性和效率。然而,组织扁平化对人力资源管理也带来了一些挑战。

(一) 员工角色模糊化

随着组织结构的扁平化,传统职位间的界限逐渐变得模糊,员工需要具备更广泛的技能和知识,以适应不同领域的工作需求。这使得员工的角色和职责变得模糊化,需要人力资源部门重新思考和定义员工的职责和角色。

为了应对这一挑战,人力资源部门需要与相关部门密切合作,重新设计职位体系,使职位角色更加灵活和多样化。同时,人力资源部门还需要提供相关培训和发展机会,帮助员工提升自身的技能和知识水平,以适应更加复杂多变的工作环境。

在重新定义员工职责和角色的过程中,人力资源部门需要充分了解员工的职业兴趣、能力和发展需求,为员工提供更加适合的职位和发展机会。这样可以激发员工的积极性和创造力,提高员工的工作满意度和忠诚度,推动组织的持续发展。

(二) 培训与开发难度加大

组织扁平化对员工的素质和能力提出了更高的要求,员工需要具备更广泛的技能和知识,以适应不同领域的工作需求。这使得培训与开发的难度加大,人力资源部门需要加大培训和开发的力度,提升员工的技能水平。

为了更好地应对这一挑战,人力资源部门需要制定更加全面、科学的培训计划和方案,提供多样化的培训形式和内容,以满足不同员工的个性化需求。同时,

还需要建立完善的培训评估机制,对培训效果进行科学评估,及时调整培训计划和方案,提高培训质量。

此外,人力资源部门还需要加强对员工的职业规划和发展指导,帮助员工了解自身的职业兴趣、能力和发展目标,为员工提供更加适合的职位和发展机会。这样可以提高员工的自我认知和职业规划能力,增强员工的职业竞争力,推动组织的持续发展。

(三)绩效管理难度增加

组织扁平化使得绩效管理的难度增加。由于职位角色变得更加灵活和多样,传统的绩效考核方法可能不再适用。为了更好地应对这一挑战,人力资源部门需要重新设计绩效管理体系。

首先,人力资源部门需要建立更加全面、科学的考核指标和标准,以适应组织扁平化的变革。这些指标和标准应该能够反映员工的综合素质和能力水平,并且应该具有可衡量性和可操作性。同时,这些指标和标准应该与组织的战略目标和发展计划相一致,以提高绩效管理的效果和意义。

其次,人力资源部门需要制定更加科学、合理的考核方法和管理流程。这包括建立完善的考核机制、制定具体的考核标准和程序、进行公正公平的考核评价等。在这个过程中,人力资源部门需要充分考虑员工的意见和建议,让员工参与考核标准的制定和考核评价的过程,以提高员工的参与度和接受度。

最后,人力资源部门还需要建立完善的绩效反馈机制。通过及时、有效的反馈,让员工了解自己的工作表现和发展情况,指导员工改进工作方法和提高工作效率。同时,通过绩效反馈机制,还可以让员工了解组织的战略目标和期望绩效,增强员工的责任感和使命感,推动组织的持续发展。

(四)薪酬体系面临挑战

随着组织结构的扁平化,薪酬体系的设置和管理也面临着挑战。传统的薪酬体系可能无法适应扁平化组织的变革需求,需要重新设计薪酬体系以满足组织的战略目标和员工的期望。

首先,人力资源部门需要重新评估员工的价值和贡献,建立更加科学、合理的薪酬管理制度。这需要考虑员工的职位、能力、绩效等多方面因素,并且需要与市场薪酬水平进行比较和调整。同时,还需要制定灵活的薪酬调整机制,根据员工的表现和工作贡献进行及时的薪酬调整。

其次,人力资源部门还需要关注员工的工作满意度和福利需求。通过提供多样化的福利政策和措施,如健康保险、年假制度、员工培训等,可以提高员工的归属感和忠诚度。同时,还需要及时收集员工的反馈和建议,了解员工的福利需求和关注点,以制定更加符合员工需求的福利政策。

最后,人力资源部门还需要加强与员工的沟通和交流。通过定期的员工满意度调查和反馈会议等方式,了解员工对薪酬体系的看法和建议,及时发现和解决问题。同时,还可以向员工介绍组织的战略目标和业务发展情况,让员工更加了解组织的价值和意义,增强员工的归属感和忠诚度。

二、无边界组织在人力资源管理中的实践探索与经验分享

无边界组织是指组织结构的各个组成部分之间不再是完全独立的,而是相互渗透、相互融合的。无边界组织的实践探索与经验分享可以帮助企业更好地理解组织变革的趋势和方向,提高人力资源管理的适应性和有效性。

(一)跨职能团队建设

在无边界组织中,跨职能团队的建设是实现组织高效运作的关键。跨职能团队是指由不同职能部门的人员组成的、旨在完成特定任务的团队。这种团队形式打破了传统部门间的隔阂,促进了不同部门之间的交流与合作。

为了建立有效的跨职能团队,人力资源部门需要采取一系列措施。首先,人力资源部门需要识别出组织内具有不同专业背景和技能的人才,并组建多元化的团队。这种多元化的团队能够更好地应对复杂多变的外部环境,提高组织的适应性和创新能力。

其次,人力资源部门需要建立跨职能团队的沟通机制。沟通是团队合作的基石,只有通过良好的沟通,团队成员才能够充分了解彼此的工作内容和需求,协调工作流程,解决潜在问题。为此,人力资源部门可以定期组织团队会议、培训和团建活动,加强团队成员之间的沟通和了解。

此外,人力资源部门还需要为跨职能团队提供必要的支持和资源。这包括提

供必要的培训和技能提升机会,帮助团队成员提高自身能力;提供充足的资源和预算,确保团队能够顺利完成工作任务;提供必要的行政支持,如协助团队成员协调会议、安排差旅等。

通过以上措施的实施,企业可以建立起一支高效、协作的跨职能团队,实现资源的优化配置和流程的协同运作。这种团队形式能够提高工作效率和创新能力,增强组织的竞争优势。

(二)人才流动与共享

在无边界组织中,人才流动与共享成为一种重要的管理方式。这种管理方式打破了传统的人才招聘和职位晋升模式,使得人才能够在组织内部自由流动,共享知识和技能。这种管理方式有助于提高人才的使用效率和价值,促进企业文化的传播和融合。

为了实现人才流动与共享,人力资源部门需要采取以下措施:首先,建立人才流动机制。这意味着企业需要打破传统的人才招聘和职位晋升模式,鼓励员工在不同部门、不同项目中流动,以获取更广泛的经验和技能。企业可以通过建立内部人才市场、设立临时项目组等方式来实现这一目标。

其次,建立共享平台。共享平台可以是一个线上平台或实体空间,用于促进员工之间的交流与合作。在这个平台上,员工可以分享自己的知识和经验,学习他人的技能和特长,从而提高自身的综合素质和能力水平。企业可以通过定期举办分享会、建立知识库等方式来建设共享平台。

同时,为了更好地实施人才流动与共享管理方式,企业还需要关注以下几个方面:一是建立完善的激励机制,鼓励员工积极参与人才流动和知识分享;二是加强员工的培训和发展,提高员工的综合素质和能力水平;三是关注员工的职业生涯规划,帮助员工实现个人发展和组织目标的统一。

通过以上措施的实施,企业可以实现人才的优化配置和共享,提高人才的使用效率和价值。同时,这种管理方式还有助于促进企业文化的传播和融合,增强员工的归属感和凝聚力。

(三)知识管理与创新

在无边界组织中,知识管理与创新也是非常重要的。知识管理是指通过一系列手段和方法,对组织内部的知识进行获取、存储、分享和应用的过程。通过知识管理,企业可以更好地整合资源、优化流程和提高工作效率。同时,知识管理还有助于激发员工的创新精神和实践能力。

为了实现有效的知识管理与创新,人力资源部门需要采取以下措施。

首先,建立知识共享平台。这个平台可以是一个线上系统或实体空间,用于存储、分享和应用知识。员工可以通过这个平台获取他人的经验和技巧,也可以将自己的知识和经验分享给其他人。知识共享平台可以促进员工之间的交流与合作,提高工作效率和创新能力。

其次,建立激励机制。企业需要制定一系列奖励措施,鼓励员工积极参与知识管理和创新活动。例如,可以设立知识贡献奖、创新项目奖等奖励措施,激发员工的积极性和创造力。同时,企业还需要为员工提供必要的培训和支持,帮助他们提高自身的知识管理和创新能力。

此外,为了更好地实施知识管理与创新管理方式企业,还需要关注以下几个方面:一是加强对知识产权的保护和管理,确保企业的核心技术和创意得到充分保护和有效利用;二是关注市场动态和行业发展趋势,及时更新和调整企业的知识库和数据库;三是加强与其他企业和研究机构的合作与交流,共同推动行业的发展和创新。

通过以上措施的实施,企业可以实现有效的知识管理与创新,提高组织的竞争力和可持续发展能力,为企业的长远发展奠定坚实的基础。

三、敏捷组织模式下的人力资源管理策略调整与优化

敏捷组织模式是指企业能够快速适应外部环境变化,灵活调整战略和组织结构,抓住市场机遇的一种组织形式。在敏捷组织模式下,人力资源管理需要做出相应的策略调整与优化,以适应组织变革的需求。

(一)员工能力模型的构建与更新

在敏捷组织模式下,员工的能力要求更加多样化和动态化。人力资源部门需要建立员工能力模型,明确员工需要具备的知识、技能和能力。同时,还需要根据组织战略和市场环境的变化,及时更新员工能力模型,以确保员工的能力与组织

的需求相匹配。

（二）人才储备与快速招聘

在敏捷组织模式下，企业需要具备快速招聘和人才储备的能力。人力资源部门需要制定有针对性的人才招聘策略，建立人才储备库，以便在需要时能够迅速找到合适的人才。同时，还需要加强内部推荐机制，鼓励员工推荐优秀的人才，提高招聘的效率和效果。

（三）培训与发展计划的动态调整

在敏捷组织模式下，员工的培训与发展计划需要具备动态调整的能力。人力资源部门需要关注员工的职业发展需求，制定个性化的培训和发展计划。同时，还需要根据组织战略和市场环境的变化，及时调整培训与发展计划，以提高员工的综合素质和能力水平。

（四）绩效管理与激励机制的优化

在敏捷组织模式下，绩效管理与激励机制需要更加科学和合理。人力资源部门需要建立基于目标的绩效管理体系，明确员工的绩效目标和期望。同时，还需要制定针对性的激励机制，激发员工的积极性和创造力。通过绩效管理与激励机制的优化，企业可以提高员工的绩效表现和组织的竞争力。

四、应对组织变革，提升人力资源管理适应性的策略建议

随着组织变革的不断深入，人力资源管理也需要不断调整和优化。为了提升人力资源管理的适应性，企业可以采纳以下策略建议。

（一）强化人力资源部门的核心职能

人力资源部门是企业人力资源管理工作的核心。企业需要明确人力资源部门的核心职能，加强人力资源部门的战略地位和影响力。同时，还需要加强人力资源部门的专业能力和素质培养，提高人力资源管理的水平和效果。

（二）建立灵活的组织结构和职位体系

为了更好地适应外部环境的变化和满足内部发展的需求，企业需要建立更加灵活的组织结构和职位体系。通过减少管理层级、压缩组织结构、优化职位体系等方式，提高组织的敏捷性和效率。同时，还需要关注员工的职业发展需求和个

性化特点,为员工提供更加广阔的发展空间和机会。

(三)优化薪酬福利体系和激励机制

薪酬福利体系和激励机制是吸引和留住人才的重要手段。企业需要优化薪酬福利体系和激励机制,制定更加科学、合理的薪酬制度和福利政策。同时,还需要关注员工的个性化需求和职业发展规划,提供有针对性的培训和发展机会,激发员工的积极性和创造力。

(四)加强企业文化建设和员工关系管理

企业文化建设和员工关系管理是企业提高员工凝聚力和向心力的重要途径。企业需要关注员工的需求和情感体验,加强企业文化建设和员工关系管理。通过建立共同的价值观念和行为规范,促进员工之间的交流与合作;通过关注员工的工作满意度和福利需求,提高员工的归属感和忠诚度。同时还需要加强对员工的关怀和支持,让员工感受到企业的温暖和支持,增强员工的凝聚力和向心力。

第三节 未来人力资源管理的新趋势与展望

一、以人为本的人力资源管理理念深入人心

(一)人才是企业的核心竞争力

随着知识经济的崛起,人才成为企业竞争的核心。知识经济是指以知识为基础的经济,这种经济以智力资源的占有、配置,以科学技术为主的知识的生产、分配和使用为重要因素。因此,人才成为企业竞争中的关键因素。企业之间的竞争逐渐转化为人才的竞争,人才成为企业发展的核心竞争力。

为了在竞争中获得优势,企业需要更加重视人才的引进、培养和留用。首先,企业需要制定科学合理的人才引进计划,采用多种渠道招聘优秀人才。除了传统的招聘方式,企业还可以通过社交媒体、专业人才网站等途径招聘到所需的人才。此外,与高校、研究机构等建立合作关系,共同培养具备专业知识和技能的人才也是重要的途径之一。

在引进人才之后,企业需要重视人才的培训和发展。通过提供个性化的培训

计划和职业发展规划,帮助员工提升自身能力和素质,实现个人价值。同时,企业还需要建立完善的晋升机制和激励机制,激发员工的工作热情和创造力。通过晋升和奖励的方式,让员工感受到企业的认可和重视,进一步提高员工的归属感和忠诚度。

留住人才是企业人力资源管理的关键环节之一。除了提供良好的薪酬待遇和福利保障之外,企业还需要关注员工的生活和工作状况,及时解决员工的问题和困难。同时,建立良好的企业文化和管理制度也是留住人才的重要手段之一。通过营造积极向上、团结协作的工作氛围,让员工感受到企业的关怀和重视,进一步增强员工的归属感和忠诚度。

(二)员工福利和关爱计划的普及

随着市场竞争的加剧和企业对于人才的需求增加,员工福利和关爱计划逐渐成为企业吸引和留住优秀人才的重要手段之一。福利和关爱计划的普及,不仅有助于提高员工的满意度和忠诚度,还能够进一步提升企业的凝聚力和向心力。

首先,企业需要关注员工的健康和安全。提供健康保险是关爱员工健康的重要措施之一。除了基本的医疗保险,企业还可以根据实际情况提供额外的健康保险,如健身卡、视力保健等。此外,定期组织员工进行体检和健康咨询也是关爱员工健康的重要手段之一。

其次,退休金计划也是员工福利的重要组成部分之一。通过制定合理的退休金计划,让员工在退休后能够享有稳定的收入来源和生活保障,从而进一步增强员工的忠诚度和归属感。同时,也有助于吸引更多的优秀人才加入企业。

此外,家庭关爱假也是关爱员工家庭的重要措施之一。通过提供家庭关爱假,让员工有更多的时间和家人相处,减轻家庭压力,提高员工的工作积极性和效率。同时,也能够增强员工对于企业的认同感和忠诚度。

除了以上福利和关爱计划之外,企业还可以根据实际情况制定其他福利和关爱计划。例如,提供免费午餐、交通补贴、住房补贴等福利措施;组织员工参加各类培训和学习活动;为员工提供心理咨询和帮助等关爱措施。这些福利和关爱计划的普及将有助于提高员工的满意度和忠诚度,进一步提升企业的凝聚力和向心力。

（三）员工参与和民主化管理

随着社会的发展和管理的进步，员工参与和民主化管理已经成为现代企业人力资源管理的重要趋势之一。员工参与和民主化管理是指企业在管理过程中注重员工的参与和意见表达，通过民主的方式制定决策和管理制度，从而实现更好的管理效果和员工满意度。

首先，企业需要建立有效的沟通机制和参与渠道。通过定期召开员工代表大会、设立意见箱、建立内部沟通平台等方式，让员工能够及时反馈问题和意见，提出建议和想法。同时，企业还需要建立有效的反馈机制，及时回应员工的意见和建议，让员工感受到企业的关注和重视。

其次，企业需要制定民主化的管理制度和决策程序。在制定管理制度和决策程序时，企业需要充分听取员工的意见和建议，尊重员工的参与权和表达权。通过民主的方式制定决策和管理制度，可以增强员工的认同感和归属感，提高员工的工作积极性和效率。

此外，企业还需要注重员工的自主管理和自我发展。通过制定个性化的工作目标和计划，让员工自主管理自己的工作进度和质量。同时，鼓励员工自主学习和发展自己的技能和能力，提高自身的综合素质和工作能力。这将有助于增强员工的自信心和工作动力，进一步提高员工的工作效率和贡献度。

二、数字化技术在人力资源管理中的应用前景广阔

（一）人力资源数据分析和智能化

随着大数据和人工智能技术的不断发展，人力资源数据分析和智能化已经成为企业人力资源管理的重要趋势。通过数据分析，企业可以更加全面地了解员工的绩效、行为和需求，从而制定更加精准的人力资源策略。同时，人工智能技术也在人力资源管理中发挥着越来越重要的作用，如自动化招聘、智能排班、语音识别等，提高了人力资源管理的效率和准确性。

要实现人力资源数据分析和智能化，企业需要建立完善的人力资源数据体系，收集和整理员工的各种数据，如绩效数据、行为数据、能力数据等。同时，企业还需要引进先进的数据分析工具和人工智能技术，对数据进行深入挖掘和分析，以

发现员工的潜力和需求。在此基础上，企业可以制定更加精准的人力资源策略，例如个性化培训计划、职业发展规划、人才招聘策略等，以提高员工的工作满意度和忠诚度。

人力资源数据分析和智能化不仅可以提高企业的人力资源管理水平，还可以为企业带来更多的商业机会和竞争优势。例如，通过对员工的绩效数据进行分析，企业可以发现员工的潜力和优势，从而更好地利用员工的才能和能力。同时，企业还可以通过数据分析来了解市场和客户需求，从而制定更加精准的市场营销策略和产品开发计划。

（二）远程办公和虚拟团队管理

随着互联网的普及和远程办公技术的发展，越来越多的企业开始采用远程办公的方式。远程办公可以让员工在不同的地点协同工作，提高工作效率和员工的灵活性。同时，远程办公还可以降低企业的租金和人力成本，提高企业的经济效益。

然而，远程办公和虚拟团队管理也存在着一些挑战和风险。例如，沟通不畅、协作困难、管理难度大等问题可能会影响团队的工作效率和协作效果。因此，企业需要建立有效的沟通机制和协作平台，以确保团队成员之间的有效沟通和协作。例如，企业可以采用实时通信工具、在线协作软件、视频会议系统等工具，以提高团队成员之间的沟通效率和协作效果。

此外，为了更好地管理虚拟团队，企业还需要建立完善的管理制度和流程。例如，制定明确的工作计划和任务分配、建立有效的项目管理机制、进行及时的绩效评估和反馈等。同时，企业还需要加强对团队成员的培训和管理，提高团队成员的技能和能力，以确保团队的工作质量和效率。

（三）灵活用工和共享经济的影响

随着共享经济的发展和劳动力市场的变化，灵活用工和临时工作方式逐渐成为企业人力资源管理的重要趋势。这种方式可以让企业更加灵活地应对市场需求和变化，降低人力成本和风险。例如，企业可以根据业务需求和市场变化，随时招聘或解聘员工，提高企业的灵活性和应对能力。

然而，灵活用工和临时工作方式也存在着一些挑战和风险。例如，如何保障临时员工的权益、如何确保临时员工的工作质量和效率、如何建立稳定的劳动关系等。因此，企业需要建立完善的用工制度和流程，以确保灵活用工的合理性和合法性。

首先，企业需要制定明确的招聘标准和流程，确保临时员工的素质和能力符合企业的需求。在招聘过程中，企业应该注重候选人的技能、经验和潜力，而不是仅仅关注学历、年龄等表面信息。同时，企业应该公平、公正地对待每一位候选人，避免歧视和偏见。

其次，企业需要建立有效的培训和管理机制，提高临时员工的工作质量和效率。在培训方面，企业应该根据临时员工的需求和工作要求，提供有针对性的培训课程和资料，帮助员工快速熟悉工作并提高技能水平。在管理方面，企业应该建立健全的考勤制度、工作记录和考核标准，确保临时员工的工作符合企业的要求和质量标准。

最后，企业需要提供合理的薪酬和福利，保障临时员工的权益。在薪酬方面，企业应该根据市场情况和临时员工的能力水平，制定合理的薪酬标准，确保员工的收入与付出相匹配。在福利方面，企业可以提供一些额外的福利待遇，如健康保险、年假等，增强员工对企业的认同感和忠诚度。

三、跨界融合为人力资源管理带来新的发展机遇

（一）跨行业合作与资源整合

随着市场竞争的加剧和产业环境的不断变化，企业需要不断地拓展自身的资源和能力，以应对市场的挑战和机遇。跨行业合作与资源整合成为企业发展的重要趋势。这种合作方式可以帮助企业实现资源共享、优势互补，提高自身的竞争力和市场地位。同时，跨行业合作还可以为企业提供更广阔的视野和更多的机会，促进企业的创新和发展。

在人力资源管理方面，跨行业合作与资源整合也具有重要意义。通过与其他行业的领先企业进行合作，企业可以共同开展人才培养、组织架构优化等方面的探索和实践。这种合作方式可以带来新的思维方式和经验，为企业的人力资源管理提供更多的启示和借鉴。同时，跨行业合作还可以促进企业之间的知识共享和交流，帮助企业提高自身的知识水平和创新能力。

为了实现跨行业合作与资源整合,企业需要采取一系列措施。首先,企业需要积极寻找合作伙伴,了解不同行业的市场需求和竞争态势,发掘潜在的合作机会。其次,企业需要制定明确的合作计划和目标,明确双方的权利和义务,建立互信和共赢的合作机制。同时,企业需要建立有效的沟通渠道和协作机制,确保合作过程中的信息畅通和高效协作。最后,企业需要建立评估和反馈机制,对合作效果进行及时评估和调整,确保合作的长期稳定发展。

(二)多元化人才引进和培养

在全球化时代,人才是企业最重要的资源之一。具备全球视野和多元文化背景的人才更是企业争夺的焦点。为了吸引和培养这种具备创新能力、团队协作精神和跨文化沟通能力的人才,企业需要采取多元化的招聘渠道和培训计划。

首先,企业可以通过校园招聘、社会招聘等多种渠道引进具备不同背景和技能的优秀人才。在招聘过程中,企业需要注重人才的综合素质和潜力,而非仅仅关注学历和经验。同时,企业可以通过提高福利待遇、提供职业发展机会等方式吸引人才的加入。

其次,企业需要建立完善的培训体系,针对不同层次和岗位的员工开展有针对性的培训。培训内容可以包括专业技能培训、领导力发展、团队建设等多个方面。通过培训,企业可以提高员工的综合素质和能力水平,促进员工的个人成长和企业的发展。

此外,企业还可以通过建立内部人才市场、实施员工轮岗制度等方式,促进员工的内部流动和职业发展。这不仅可以提高员工的综合素质和能力水平,还可以增强员工的归属感和忠诚度,降低人才流失率。

(三)跨界思维在人力资源管理中的运用

跨界思维,指的是将不同领域的知识、技术和方法相互融合、创新应用的思维方式。在人力资源管理中运用跨界思维,可以从其他领域汲取灵感和方法,创新人力资源管理模式和实践。这可以帮助企业更好地满足员工的需求、市场的变化和社会责任的要求,实现可持续发展。

首先,企业可以将心理学、社会学等领域的知识应用于员工关系管理、组织文化建设等方面。例如,运用心理学原理了解员工的心理需求和行为特点,制定更

第十六章 未来人力资源管理趋势与挑战

加人性化的管理制度和激励机制；借鉴社会学理论构建更加和谐的企业文化和社会责任体系，提高企业的品牌形象和社会影响力。同时，也可以引入组织行为学中的最新研究成果，以更好地理解员工的行为和心理，从而制定出更符合员工需求的政策和措施。

其次，企业可以将数字化技术应用于人力资源数据分析和智能化等方面。随着大数据和人工智能技术的发展，人力资源管理已经进入了数字化时代。企业可以通过收集和分析人力资源数据，了解员工的需求和行为特点，制定更加精准的管理策略和个性化的人才培养计划。同时，数字化技术还可以提高人力资源管理的效率和智能化水平，降低管理成本和提高企业的竞争力。例如，通过引入人工智能技术，可以实现自动化招聘、智能面试等，大大提高了招聘的效率和准确性。

最后，企业可以将可持续发展理念应用于员工福利和环保等方面。可持续发展已经成为当今社会的共识和发展趋势。企业可以将可持续发展理念融入人力资源管理中，关注员工的健康和福利、企业的环保责任等方面。例如制定健康的企业制度和员工健康管理计划；实施环保的生产方式和管理制度等。通过将可持续发展理念融入人力资源管理中企业可以提高自身的社会责任意识和品牌形象促进企业的可持续发展。同时，企业也可以引入社会企业的理念，通过开展社会公益活动等方式，提高企业的社会责任感和形象。

参 考 文 献

[1] 李锦秀. 典型性事业单位人力资源管理改革研究 [J]. 今日财富 (中国知识产权), 2023(12): 52-54.

[2] 初晓菲. 基于内部治理结构的人力资源经济管理研究 [J]. 今日财富 (中国知识产权), 2023(12): 101-103.

[3] 郭永梅. 基于新经济背景下企业人力资源经济管理的思考 [J]. 今日财富 (中国知识产权), 2023(12): 122-124.

[4] 崔轻歌. 人力资源管理如何优化与变革 [J]. 今日财富 (中国知识产权), 2023(12): 37-39.

[5] 张嘉琪. 数字化时代企业人力资源管理改革 [J]. 合作经济与科技, 2024(01): 124-126.

[6] 陈洪冉. 大数据时代企业人力资源管理策略研究 [J]. 商展经济, 2023(23): 157-160.

[7] 李红梅. 数字经济时代人力资源管理创新研究 [J]. 商展经济, 2023(23): 161-164.

[8] 王婷婷. 企业人力资源管理绩效考核机制的构建 [J]. 商场现代化, 2023(24): 84-86.

[9] 刘洁安. 柔性管理在企业人力资源管理中的应用思路 [J]. 商场现代化, 2023(24): 81-83.

[10] 陈红. 国有企业人力资源管理中培训机制的优化思考 [J]. 商场现代化, 2023(24): 75-77.

[11] 王秀凤. 浅议企业人力资源中绩效与薪酬福利管理 [J]. 商场现代化, 2023(24): 90-92.

[12] 孙珍珍. 企业人力资源管理的优化策略探讨 [J]. 商场现代化, 2023(24): 72-74.

[13] 林瑜. 新时期企业人力资源管理的数字化转型路径 [J]. 上海企业, 2023(12): 91-93.

[14] 高琨. 探索新时代事业单位人力资源管理的发展方向 [J]. 人才资源开发, 2023(24): 47-49.

[15] 陈祥亮. 事业单位人力资源管理与绩效考核探析 [J]. 人才资源开发, 2023(24): 50-52.

[16] 罗嘉璇. 浅析人事档案在医院人力资源管理中的现状及实践 [J]. 人才资源开发, 2023(24): 73-75.

[17] 高金金. 人事档案在事业单位人力资源管理中的重要性分析 [J]. 人才资源开发, 2023(24): 44-46.

[18] 彭春香. 关于行政事业单位人力资源科学化管理办法的思考 [J]. 人才资源开发, 2023(24): 53-55.

[19] 张苏珊. 高职院校人力资源管理工作优化路径分析 [J]. 人才资源开发, 2023(24): 56-58.

[20] 蔡文琴. 简析国企人力资源管理中的绩效考核 [J]. 人才资源开发, 2023(24): 82-84.

[21] 叶莺, 许菲菲. 浅谈优化人力资源薪酬管理的意义 [J]. 人才资源开发, 2023(24): 91-93.

[22] 崔永悦. 行政事业单位如何加强人力资源经济管理 [J]. 中国商界, 2023(12): 192-193.

[23] 刘静. 大数据时代人力资源管理迎来新的机遇和挑战 [J]. 中国商界, 2023(12): 198-199.

[24] 杜兴. 企业人力资源管理的激励机制完善策略研究 [J]. 现代商业, 2023(23): 132-135.

[25] 杜崇燕. 人力资源管理中的绩效考核分析 [J]. 中国市场, 2023, (35): 99-102.

[26] 姚永亮. 大数据时代人力资源管理变革新思路 [J]. 中国市场, 2023, (35): 87-90.